**印度研究丛书**

顾　问：薛克翘

主　编：姜景奎

副主编：贾　岩

　　　　王春景

传统的现代性：

# 甘地宗教思想研究

周骅　著

中国大百科全书出版社

图书在版编目（CIP）数据

传统的现代性：甘地宗教思想研究/周骅著.—
北京：中国大百科全书出版社，2020.6
（印度研究丛书/姜景奎主编）
ISBN 978-7-5202-0781-2

Ⅰ.①传… Ⅱ.①周… Ⅲ.①甘地(Gandhi, Mohandas
Karamchand 1869–1948)—宗教哲学—哲学思想—研究
Ⅳ.①B929.351

中国版本图书馆CIP数据核字（2020）第103285号

出 版 人　刘国辉
策 划 人　曾　辉
责任编辑　鞠慧卿
封面设计　天下书装
责任印制　魏　婷
出版发行　中国大百科全书出版社
地　　址　北京阜成门北大街17号　　　邮政编码　100037
电　　话　010-88390636
网　　址　http://www.ecph.com.cn
印　　刷　北京地大彩印有限公司
开　　本　710毫米×1000毫米　1/16
印　　张　22
字　　数　274千字
印　　次　2021年5月第1版　2021年5月第1次印刷
书　　号　ISBN 978-7-5202-0781-2
定　　价　88.00元

# 总　序

　　中国的印度研究源远流长。公元前 139 年，张骞第一次出使西域，至大夏（今阿富汗境内）时，在集市上发现当地商人贩售于大夏东南"可数千里"的印度转销汉地的"蜀布"和"邛竹杖"，便向汉武帝汇报："以骞度之，大夏去汉万二千里，居汉西南。今身毒国又居大夏东南数千里，有蜀物，此其去蜀不远矣。"汉武帝反应积极，"天子欣然，以骞言为然，乃令骞因蜀犍为发间使，四道并出；出駹，出冉，出徙、邛、僰，皆各行一二千里……初，汉欲通西南夷，费多……及张骞言可以通大夏，乃复事西南夷"（《史记……元前 122 年，张骞派出四支探路队伍，分别从四川的……宾出发，向青海南部、西藏东部和云南境内前进，目的地都是印度，只是因故受阻皆返回。所以，印度很早就进入了中国人的视野。后来，汉明帝夜梦金人、唐玄奘赴印度取经，以及中印在各个领域的文化交流等更使印度研究在中国成为显学，风行千年而不衰。近代以来，印度沦为殖民地，中国则进入半封建半殖民地形态，两大文明间的交往骤减，印度逐渐成为中国人眼中的"神秘"国度。中华人民共和国和印度共和国成立之后，两国关系步入新时期，20世纪50年代曾有一段兄弟般的情谊往来，中国的印度研究也随之重新勃发，再显生机。60年代初的中印边界冲突使双方关系进入不正常状态，中国的印度研究虽未中断，却在相当长的时间内沉寂为冷门，国人对印度研究的热情持续低迷，以致当下的印度研究跟不上时代步伐，没能很好适应中印关系发展的需要，为国家发展大计发挥应有作用，印度依然是国人眼中的"神秘"国度。悲也！

中国大百科全书出版社是重要的国家级出版社，近几年承担了中印两国政府的两个重大文化交流项目——《中印文化交流百科全书》和"中印经典和当代作品互译出版项目"。出版社领导非常重视这两个项目，希望借此机缘把"印度/南亚研究"打造成该社的一个出版品牌，使中国大百科全书出版社成为印度/南亚研究主要成果的出版中心。笔者有幸成为上述两个项目的主要参与者，与出版社相关领导接触颇多，因此很能体会他们的心情和期许。2020年1月14日上午，刘国辉社长表示，中国大百科全书出版社将设立"印度中心"，把印度/南亚研究出版纳入出版社的发展战略之中，为中国的印度研究做出重要贡献。实乃大智慧也。

中印同为新兴经济体，亦是国界未定之邻邦，虽然发展友好关系的大方向一致，但仍时有龃龉。实际上，在两千年前，印度在彼时国人眼中已不再神秘，物资互通，佛教流传，国人西去，印人东来，两大文明交流频繁密切，逐渐形成了中华文明儒、释、道三位一体的完美构图。如果说，在 20 世纪上半叶，乃至整个 20 世纪，国人认为印度神秘还算情有可原的话，那么在新时代的今天，仍然认为印度神秘就难免有悖情理了，而事实是，印度神秘依然。我们对印度的理解仍停留在过去的条条框框之中，抑或轻视和不甚重视，抑或隔革化挠痒（只用英语研究印度），抑或大众意识薄弱（只重传统精英，不重新兴精英，不研究非政府组织等），根本不屑花时间去认真解读这一文明。此于国家发展有害无益也。

由此，我们与中国大百科全书出版社规划出版印度研究丛书，一者延续之前两个项目和南亚研究丛书的出版情势，二者为"中国大百科全书出版社印度中心"添彩。我们计划，该套丛书暂不设数量，也不设时长，拟长期出版相关研究成果。需要说明的是，本丛书奉行宁缺毋滥原则，从严要求，以质量为第一要义，出版学界真正的优秀著述，推进和丰富中国的印度研究，为国家发展服务。还需要说明的是，印度研究丛书中的"印度"并非狭义的印度，而是地理概念，指代南亚；也就是说，这里的印度研究丛书不仅出版与印度相关的研究成果，也出版与南亚其他国家和地区相关的研究成果。

感谢为本丛书付出辛劳的诸多大德和学人。

是为序。

姜景奎

北京燕尚园

2021 年 2 月 11 日

# 绪　论

甘地（Mohandas Karamchand Gandhi, 1869—1948）是印度现代史上最具世界性影响的政治家、思想家与宗教改革者。2007 年 6 月 15 日，在第 61 届联合国大会上，圣雄甘地的诞辰 10 月 2 日被定为"国际非暴力日"，借此希望各国政府反对任何形式的暴力行为。对于这样一个具有世界影响的历史人物，在很长一段时间，我们更多地是将甘地视为现代印度的革命家、政治家。作为一名超凡的政治领袖，甘地巨大的号召力与极强动员群众参与运动的能力都与其宗教思想密切相关。在世界宗教史、思想史的历史长河中，甘地留下的精神遗产并不比欧洲哲学家福柯、德里达要少。可在当下，我们对欧洲学者的关注度却远远高于对东方国家思想者的重视。在新时代背景下，重启对甘地的研究，特别是以宗教为切入点进行学术探讨，是深入了解印度宗教与圣雄甘地，研究印度现任总理莫迪连续执政背后的民众心理，分析宗教与现代性之复杂关系所必需。

作为东方文明古国的印度堪称人类"宗教文化博物馆"，从多神信仰到一神崇拜，从自然神论到泛神论，都能从中找到宗教"样本"。在前现代社会，就普遍性和广泛性而言，人类生活在一个"有神"的世界里。现代社会的本质特征之一便是神圣性的瓦解与世俗主义的兴起。"一切稳固的东西都烟消云散，一切神圣的东西都将被亵渎。"马克思在《共产党宣言》中对资本主义社会的批判，其实也是对现代社会本质的形象化表述。对启蒙运动之后的人类现代社会而言，等级制消亡与众神退场是各文明体渐次出现的现象，而率先进入现代社会的欧洲，公民自由与现代科学成为不可分离的孪生兄弟。虽然宗教开始从现代性社会中制度性"退场"，但却又"弥散"于各类共同体的生活中，隐蔽而深远地发挥作用。宗教对于共同体的凝聚、现代民主政治的展开、个体灵魂的安顿等依然有着不可忽视的作用。而对于后发国家，对于处在传统向现代转型的国家而言，宗教所具有的组织力与动员力，更不容忽视。

甘地生活的年代正值印度最后一个王朝莫卧儿帝国瓦解之际，那时近代启蒙运动已经在印度拉开帷幕。莫卧儿帝国时期就已经开始的印度教改革运动——帕克蒂运动，伊斯兰教与印度教激荡交融，势头未减。近代罗易（Ram Mohan Roy）、达耶难陀（Dayanada Sarasvati）、辨喜（Swami Vivekananda）、奥罗宾多（Sri Aurobindo）等人开启的印度教改革运动，承接印度中世纪后期的改革浪潮。但由于有了来自西方的参照，便呈现出别样的色彩。甘地的宗教思想，在承接印度教传统、吸纳西方文化等方面，表现得更为明显。甘地植根于印度本土传统宗教，吸纳近代西方民主意识，借鉴基督教的部分教义学说，提出了不少印度教新的宗教观念与实践方式，对印度低种姓阶层、广大百姓具有极大的感召力，对底层民众参与印度独立运动具有极强的政治动员力。甘地的宗教思想，在印度民族独立运动中，借助现代性的政党组织与群众运动，发出耀眼的光芒。

在这个意义上，研究甘地的宗教思想，梳理印度的宗教传统，不仅仅对深入理解印度文化有益，也有利于深入理解人类多样的宗教文化形态，深入分析传统宗教之于现代社会的多维效用，乃至对研判当代印度教右翼势力的发展，都具有十分重要的价值与意义。

## 一、相关术语界定与内涵

在本著中，使用宗教思想这一术语，而不用哲学、宗教或宗教哲学等术语，是基于如下考量：

第一，在现代学科体系里，宗教与哲学分属不同领域。

宗教与哲学的分途，肇始于现代学科体系的建立。一般而言，缪勒①开创的宗教学是基于理性认知而非宗教信仰的角度去研究宗教。宗教的研究对象既可以是世界三大宗教基督教、佛教、伊斯兰教，也可以是其他民族宗教，如锡克教、道家、耆那教、神道教等。可以从宗教人类学、宗教社会学、宗教心理学等领域进行共性研究，也可以从各自宗教发展历史角度进行个性研究。宗教的研究领域与研究对象，自然需要理论支撑，但不是关注纯理论本身。哲学则是从人类观念的演化与论证入手，更为侧重关于知识如何可能，真理如何论证。宗教哲学则一般会注重某种宗教观念体系的建构。甘地不是一个纯粹的哲学家，或印度教的神学家，而恰恰杂糅了政治家与宗教领袖的特性。若使用宗教哲学容易将问题滑向纯理论的探讨，而忽视甘地在政治、社会、经济领域的诸多理论与实践。

第二，从印度宗教的实际情况来看，用宗教思想更契合印度圣徒之于多数信徒与民众的生活实际。

---

① 麦克斯·缪勒（Max Müller，1823—1900），他在1870年以"宗教科学"（the Science of Religion）为名给英国皇家学会做系列讲演，三年后汇集讲稿出版了《宗教学导论》，这系列事件标志着现代宗教学学科的诞生。

印度教（Hinduism）这一名词的出现，是英国在南亚次大陆开拓资本市场，进行殖民统治之后才有的术语。东方国家的诸宗教，进入西方学术研究领域，都是19世纪之后才被发现并命名。哈佛大学比较宗教史专业的荣誉教授史密斯曾言："我还没有发现有哪一种对某一宗教之命名的提出要早过19世纪，Buddhism（佛教，1801年）、Hinduism（印度教，1829年），Taouism（道教，1839年）。"[①]也就是对于西方学界而言，印度教这一术语的出现是非常晚的事情，至今不到200年的时间。但对印度而言，作为一种生活方式与信仰形态的印度教已经存在了几千年之久。印度人有属于自己的宗教信仰与修行，"古典时期的印度人比任何其他民族都更早地形成了宗教理念和实践，它有着更为丰富多彩的形式和更为精巧的理智深度"[②]。也就是，现代西方学术界用通行的印度教指称印度人的宗教信仰与实践时，容易忽视了印度教内部的多样性。印度教是世界上信众甚多的多神教，它与世界三大宗教的最大区别恰恰是其宗教与生活的深度融合。毗湿奴教派、梵天教派、湿婆教派是印度教的三大支柱。同时，基于不同种姓而形成的各种亚文化群体，都有自己崇拜的神灵，或为老鼠，或为神猴，或为大象等等。

第三，从宗教与作为现代主权国家的印度之关系来看，以现代民族国家作为共同体的印度，其组织架构、行政区划、文明形态与历史上以宗教文化作为凝聚力的印度大为不同。宗教文化共同体的瓦解、民族国家的兴起，是欧洲为代表的西方现代化的重要表征。发轫于欧洲的宗教改革运动，配合资本主义经济的兴起，工业技术的广泛使用，使得原本属于罗马帝国的地方语言与民族国家次第兴起。正是

①〔加〕威尔弗雷德·坎特韦尔·史密斯：《宗教的意义与终结》，董江阳译，中国人民大学出版社，2005年，第132页。
②同上书，第127页。

在这样的历史背景下，英国、德国、法国、西班牙、意大利等欧洲国家实现了从传统的中世纪王朝体系向现代民族国家的转型。从政治学的角度看，"近代国际政治的变迁，可视为西欧主权国家体系在近代向外扩张，与其他国际体系逐一解体的过程"[①]。现代化的大潮对欧洲、北美、东亚都产生了深远影响。但印度的独特之处在于，它虽然于1947年建立了现代意义上的主权国家，但宗教的组织、社团、影响，在从封建时代的莫卧儿王朝到印度共和国的转变过程中，都起到了至关重要的作用。在印度建立主权国家的过程中，作为政治领袖的甘地，恰恰是借力宗教才极大地推动了印度民族独立运动的发展。

因此，使用宗教思想更能揭示甘地在信仰领域的不同之处。这也是哈佛大学史密斯教授用《宗教的意义与终结》作为其论著标题的原因，他希望带有本质论与西方中心论的宗教一词退出学术领域，而采用"累积的传统"与"个人信仰"这样的表达。甘地在印度民族独立运动中，兼具精神领袖与政治首领的双重身份，用宗教学家或哲学家术语易于将甘地的思想滑向学院派，而非行动派。

用宗教思想而非宗教哲学或宗教来涵盖甘地独具特色的宗教观念、政治抗争、静修实践，是契合印度文化之现实与甘地本来面貌的。要全面分析甘地宗教思想的内涵，就必然需要由表入里，从其宗教思想外显的观念与实践入手，如甘地的哲学观、政治观、社会历史观，进而探究其宗教思想的来源与流变（甘地宗教思想是如何形成的）、宗教思想的特性（甘地宗教思想的独特之处）、宗教思想的影响（对印度独立运动的影响）、宗教思想的当代价值（对其他国家，如南非曼德拉，

---

[①] 张锡模：《圣战与文明：伊斯兰与西方的永恒冲突》，生活·读书·新知三联书店，2014年，第90页。

现代环保运动，抗议政治的精神影响）。

本著以宗教为核心，首先梳理甘地宗教思想的内涵，分析甘地宗教思想的构成要素。在此基础上，分析甘地宗教思想的真理观、非暴力不合作、印度自治、废除贱民制度等核心观念及其形成过程。甘地的思想在印度民族独立运动中之所以成为具有指导意义的思想，并对民族独立运动的发展起了重要的推动作用，一方面在于甘地提出的政治纲领与目标符合当时民族独立运动的方向；另外一方面在于甘地思想中宗教传统和理念吸引着普通民众参与到民族独立运动中去。本著通过对甘地宗教思想的分析和探讨，客观评价其在印度民族独立运动中所起到的积极作用和产生的消极影响。

甘地宗教思想是在印度民族独立运动中逐步发展形成的，它既继承了印度传统的宗教观念，也受到西方现代政治思想的影响，其思想本身经历了种种发展与变化。在新的历史条件下，特别是世俗化不断推进的今天，印度出现了各种宗教复兴的新态势，从宗教思想的角度展开研究，更契合印度历史文化传统的需要，也是深刻理解当下印度崛起的需要。印度当下的宗教纷争并没有随着世俗化的推进而减少，反而有不断增多的趋势。印度现任总理莫迪（Narendra Modi，1950— ）推行的印度教优先策略，极大地激发了印度教民族主义思潮的繁荣，但也激发了印度与周边国家关系的紧张，引发了国内的教派冲突。[①]在此背景下，重新审视圣雄甘地的宗教思想，对于有效地理

---

① 2019 年 12 月 10 日和 11 日，印度议会上下两院通过了《公民身份法》，并由总统批准后正式生效。该法案规定，2014 年 12 月 31 日之前因受到宗教迫害逃离到巴基斯坦、孟加拉等国来到印度的六种宗教信徒，如果在印度居留时间超过六年，可申请加入印度国籍。这份备受争议的法案，便视为边缘化穆斯林、制造宗教极端对立的举措，引发了阿萨姆邦广泛的抗议示威活动。

解现代印度的"国父"圣雄甘地，客观理性地分析印度世俗化与宗教的复杂关系都具有重要而深远的意义。


## 二、研究材料与现状

对甘地的宗教思想进行研究，首先要获得关于他思想的表现材料，也就是获得所要研究的对象。思想是人的内心活动，除了思想者本人，外人不可亲知，但思想的一部分会表露在言说、论述、行动上，这些则是可见的。文章可以直接表达作者的所思所想，但文字的表达会失去人的外貌与神态信息，它表露出的是一个人的精神面貌。而人的精神面貌除了受身体气质的影响外，思想也在不断地塑造人的精神面貌，所以神态方面的分析也可以对思想做一些了解，但文字难以传达出这方面的信息。言说可以传达出人内心的言语与外表的神貌，表明了人的所思与所想，但说出来的不一定能够真正表达了人的思想，存在所说与所信不一致的现实。行为在某种程度上体现着思想，有些行为是身体力行地践行着思想，所以某些行为是思想的现实表现。因此，后人对前辈人物的思想进行研究时，既要听其"言"，更要观其"行"。文本是前人思想的结晶，是了解其思想最直接的依据；但实践是前人思想之践行，可能更能体现其根本追求。之所以对思想的表现形式的优点与不足做一些评说，目的是为了获得真实的研究对象。

因此，甘地宗教思想的研究，需要结合多方面的材料，既有甘地文集中收录的甘地自传、书信、演讲稿等文字内容，也包括结合同时代的政治同僚、对手、英国殖民统治者对甘地的评论，还应该包括他自身的一系列的政治斗争、宗教践行来分析。对人物进行思想研究，无论是思想内涵的挖掘，还是思想来源的梳理，单独从书本方面做分析是远远不够的。从文字到文字，从文本到文本，容易陷入"考证主义"的陷阱。人类历史上备受关注和饱有争议的大人物，他们的实践活动、现实抗争、他人评判等方面的信息同样要受到重视，不然容易在获得研究对象方面导致失真。如果在一些研究中，首先在研究对象的获得方面就已失真或不全，那么所得出的结论便很有可能出现偏差或错误。

## （一）论著的研究材料

对甘地宗教思想的探析以文本分析为主，这就要求对甘地宗教思想著作的整理情况与获得情况有一个基本的了解。甘地本人的书籍与文章在印度政府成立的"甘地著作全集"项目的运作下得到完整的收集，项目从 1956 年 9 月开始至 1999 年 10 月结束，总计 100 卷，暂没有汉语翻译出版。这部全集可以在甘地遗产网站[①]上查看，这个网站还能查看到甘地的一些手稿，所需的原始材料在这个网站大都可查阅与获取。另外由甘地服务基金开设的网站[②]提供了电子版下载，更方便用户获取。

本著研究的对象是甘地的宗教思想，研究甘地宗教思想的第一书是甘地的自传《我体验真理的故事》，在这本书中甘地讲述了自己宗教思想的形成过程。甘地本人认为他写这本自传的目的不在于述说着自己的一生如何，而是在于说明他是如何体验到真理、上帝，书中表达了他所笃信的"宗"与"教"，描述了他如何用生命去践行他所信奉的

---

① 参见 https://www.gandhiheritageportal.org/the-collected-works-of-mahatma-gandhi，后面行文如无特别说明，本论文所引用《甘地全集》的内容均来自此网站。

② 见 http://gandhiserve.org/e/cwmg/cwmg.htm。

道义，甘地将这本书视为一本传道书。

国外有学者将甘地的著作按专题进行编排，宗教专题是编排中的一个重要主题，这种编排为我们研究甘地的宗教思想提供了很大的方便，使我们能够直接了解甘地宗教思想方面的著作。《甘地文集·道德宗教》是甘地专门讨论宗教问题的书，这本书集中表达了甘地的宗教观。纳瓦吉万出版社（Navajivan Publishing House）出版了《真理就是神：来自圣雄甘地关于神、神的现实和神的道路的著作的收集》（ *Truth is God: Gleanings from the writings of Mahatma Gandhi bearing on God, God-Realization and the Godly Way* ）[1]，这本书是对甘地宗教思想的汇编，突出了甘地关于"真理就是神"的论述。孟买全体幸福社（Bombay Sarvodaya Mandal）与甘地研究基金（Gandhi Research Foundation）开设了一个网站[2]，网站有将甘地的关于宗教方面的文章以"GANDHI'S VIEWS ON GOD"标题列在一起，除了上面所讲的《真理就是神：来自圣雄甘地关于神、神的现实和神的道路的著作的收集》外，还包括《通往上帝的道路》（ *Pathway to GOD* ）、《我的上帝》（ *My God* ）、《罗摩那摩》（ *Ramanama* ）、《对薄伽梵歌的论述》（ *Discourses on the Gita* ）、《印度教的本质》（ *Essence of Hinduism* ）、《耶稣对我意味着什么》（ *What Jesus Means To Me* ）、《薄伽梵歌的训示》（ *The Message of the Gita* ）。

甘地曾将英国人约翰·鲁斯金的《给那后来的》翻译为古吉拉特文，在翻译中的序言与结语中甘地表达了自己的一些观点。甘地将这本书翻译为古吉拉特文的目的是让想印度人知道西方文明所存在的问题，特别是那些转变为以利益为目的商人的印度人以及对西方追捧的

---

① 著作内容见 https://www.mkgandhi.org/truthisgod/truthisgod.htm。

② 见 https://www.mkgandhi.org/ebks/gandhiebooks.htm。

印度青年，尤其是在南非的印度商人，劝告印度商人勿丢失道德而坠入利益的追求中。这本书虽不是甘地所写，但甘地却用这本书间接地表达了他的思想，是从宗教思想出发展开的对西方工商业文明的批判。翻译汉成语的书籍有吴蓓女士翻译的《圣雄箴言录》《圣雄修身录》，这两本书是抽取一些甘地的重要著作进行汇编，其中大部分材料是甘地关于宗教问题的阐述。

照片可记录人的外貌，录像可记录人的所说、所行与所发生的事件。外貌包括人的着装、神态，而着装也表达着人的思想，甘地从着西装、打领结转变为拄着一个木棍、穿着一双凉鞋、半搭着衣服的僧人装扮，这本就是一种宗教的俭朴与苦行精神的表现。录像可以展现社会氛围，而社会是人的活动的场域；一个人的思想不是自身纯粹思辨的结果，而是在个人与社会的交互中形成，所以忽略思想所形成的背景不能切实理解一个人的思想。忽略这些社会背景信息，会犯脱离历史背景去谈论的错误，脱离具体的历史背景的谈论难免造成臆断。一些照片与影像资料在甘地遗产网站中也有大量的收集，照片、录音、录像可弥补文字的抽象性，增强真实性。为力求客观与真实，照片与影像资料也应在研究中得到应用。

## （二）已有的研究状况

对甘地思想的研究，在 20 世纪 20 年代就已经开始。国际学术界对甘地的研究在 20 世纪 60 年代形成了一个高潮，有关甘地生平、传记、思想类的著作层出不穷。20 世纪 90 年代以后，虽然甘地的研究著作在出版数量上有所减少，但从总体上看，研究甘地及甘地思想的著作一直数量众多。现就相关研究情况梳理如下。

### 国内外甘地及甘地思想研究概述

对甘地以及甘地思想的研究，按照内容可大致分为两大类别：传记类和思想分析类。以哈佛大学图书馆为例[①]，输入关键词查询，能查到甘地（Gandhi, Mahatma, 1869—1948）的结果是 2 463 种（含书籍、报纸、杂志或音像资料等），而这 2 463 种各类著作中，署名为甘地的文集、传记、书信集共有 506 种。总括起来，全世界目前纯粹研究甘地思想的著作大约 2 000 种。

通过对哈佛大学馆藏这 2463 种图书资料按照不同主题归类统计，我们可以发现，英文文献中研究甘地"黏合"程度最高的关键词是："非暴力""政治思想""民族主义""消极抵抗""政治家""甘地主义""历史"等，而与"宗教"相关程度一直以来都不是很高，与之相关的研究著作总数仅为 27 部。当然，这仅仅是从文献的标题上的一种统计，不排除其他主题文献中可能包含"宗教"相关的分析和论述。但至少说明，在大量研究甘地的著作中，以"宗教"为切入点进行分析的，在全球范围来看为数不多。

现有的中文资料中，最早有关甘地的著作是 1923 年由高山、化鲁、亦庵合著的《甘地主义》。此书由东方杂志社编印，商务印书馆发行，1913 年 12 月出版。而中文资料中有关甘地的各类研究成果，到 2020 年为止共有 31 种，中国国家图书馆馆藏 33 种（含缩微胶卷、电影等），香港中文大学馆藏 35 种。对其进行归类整理，其中绝大多数是甘地的传记（具体书目见附录）。国内有关甘地的学位论文，截止到 2017 年 12 月，仅 2 篇博士论文、11 篇硕士论文（详见附录参考文献）。这些学位

---

① 哈佛大学图书馆馆藏图书相对丰富，而且相关检索软件较为完备。在某一关键词的检索结果中，会自动依据年份和类别进行再归类和再统计，易于检索者进行相关分析。所以本著中英文文献甘地研究历史与现状部分，以哈佛大学图书馆检索结果为主要来源。

论文，也多是从历史或哲学的角度对甘地及其思想的分析，其中都涉及了甘地思想的某些方面，如王楷的《甘地非暴力主义述评》。但总体而言，作为一种精神现象的甘地宗教思想，尚缺乏深入的研究。

### 国内外研究甘地宗教思想的具体材料

国内专门研究甘地宗教思想的第一人为尚劝余，他于 2004 年出版了一部研究甘地宗教思想的专著《圣雄甘地宗教哲学研究》，发表的关于甘地宗教思想的文章颇多，如《论甘地宗教和谐思想的实践》[①]《圣雄甘地宗教思想探源》[②]《甘地宗教哲学中的神的概念》[③]《圣雄甘地独特的宗教人生观》[④]，以及他与张来仪共同发表的《甘地宗教思想特征探析》[⑤]，张来仪也单独发表了一篇《圣雄甘地对世界宗教的不朽贡献》[⑥]。

除了尚劝余与张来仪发表的文章外，国外还有一些研究甘地宗教思想的文章，分别是：《论甘地的宗教观》[⑦]《真理是一切的本质——略论甘地的宗教思想》[⑧]《托尔斯泰的宗教思想与"南非时代"的甘地》[⑨]

---

① 尚劝余：《论甘地宗教和谐思想的实践》，《史林》，2009 年第 3 期，第 169–174 页。

② 尚劝余：《圣雄甘地宗教思想探源》，《重庆工学院学报》，2004 年第 5 期，第 5–10 页。

③ 尚劝余：《甘地宗教哲学中的神的概念》，《南亚研究季刊》，2004 年第 2 期，第 56–61 页。

④ 尚劝余：《圣雄甘地独特的宗教人生观》，《世界宗教文化》，1997 年第 2 期，第 50–54 页。

⑤ 张来仪、尚劝余：《甘地宗教思想特征探析》，《历史教学（高校版）》，2008 年第 4 期，第 17–22 页。

⑥ 张来仪：《宗教和谐：圣雄甘地对世界宗教的不朽贡献》，《世界宗教文化》，2008 年第 3 期，第 15–18 页。

⑦ 方尔加：《论甘地的宗教观》，《中国青年政治学院学报》，1997 年第 1 期，第 73–77 页。

⑧ 杨国庆、常利锋：《真理是一切的本质——略论甘地的宗教思想》，《美与时代》，2003 年第 5 期，第 21–22 页。

⑨ 张倩红、刘银萍：《甘地与托尔斯泰宗教思想之比较》，《南亚研究季刊》，1990 年第 3 期，第 72–79 页。

《托尔斯泰的宗教思想与"南非时代"的甘地》①《甘地宗教思想与政治思想的关系》②《甘地与托尔斯泰宗教思想之比较》③《甘地宗教思想的主要内容及其特征》④《宗教宽容从洛克到甘地》⑤《浅论甘地思想中的宗教与政治》⑥《浅谈甘地非暴力主义的宗教性与民族性》⑦。

以上是国内研究甘地宗教思想的著作与文章的基本情况，发表的这些著作与文章从思想的内涵、性质、特征、来源、贡献等方面探讨了甘地的宗教思想。

关于甘地宗教思想内涵的探究即研究甘地所崇拜的宗教到底是一种什么样的宗教，以及甘地对各种宗教的看法。国内现有的研究都指出标指甘地宗教的思想内涵的词语是："神""真理""仁爱"。尚劝余在《甘地宗教哲学中的神的概念中》指出甘地的"神"是指"神是造物之主—宇宙法则 —法则制订者"。甘地所说的"神"是其宗教观中的一个核心概念，这个概念指明了甘地所信奉的东西是什么，但这个概念只有抽象的意义，只有宇宙观上的意义。甘地指出，神在认知上就是真理，而他所说的真理就是人的良知，神人在情感上的表现就是仁爱之心。

关于甘地宗教思想的来源也就是探讨甘地的宗教思想受到哪些因

① 李义中：《托尔斯泰的宗教思想与"南非时代"的甘地》，《安庆师院社会科学学报》，1997年第 3 期，第 43–47 页。

② 吴宏阳：《甘地宗教思想与政治思想的关系》，《南亚研究季刊》，1991 年第 3 期，第 40–45 页。

③ 张倩红、刘银萍：《甘地与托尔斯泰宗教思想之比较》，《南亚研究季刊》，1990 年第 3 期，第 77–84 页。

④ 王辉云：《甘地宗教思想的主要内容及其特征》，《世界历史》，1986 年第 9 期，第 18–24 页。

⑤ 张春贵、李兴伟：《宗教宽容—从洛克到甘地》，《中国宗教》，2009 年第 9 期，第 63–65 页。

⑥ 李桔芬：《浅论甘地思想中的宗教与政治》，《上海师范大学学报（哲学社会科学版）》，1992 年第 3 期，第 108–112 页。

⑦ 李义中：《浅谈甘地非暴力主义的宗教性与民族性》，《安庆师院社会科学学报》，1996 年第 4 期，第 43–46 页。

素的影响，在这个问题上尚劝余认为甘地的宗教思想既受到东方因素的影响，又受到西方因素的影响。东方因素的影响主要是甘地受到印度宗教文化的影响，这些因素主要有两方面，一个是他从小的生活环境，另一个是他对印度宗教文学的阅读。甘地的家庭信奉毗湿奴（Visnu），他的宗教信仰从小就受到了父母的影响。另外印度社会的宗教环境也影响甘地的宗教思想，除了毗湿奴教外，印度社会还有许多形态的教派，而影响较大的是印度本土的耆那教，耆那教的不杀生教规深深地影响了甘地的非暴力思想。伊斯兰教也对甘地的宗教思想产生了重大影响，甘地从穆斯林朋友那里获得了对伊斯兰教的体会与认知，并研读了《古兰经》。印度宗教文学从感性上影响了甘地的宗教思想，《薄伽梵歌》《摩诃婆罗多》《罗摩衍那》这些宗教文学深深吸引了甘地。影响甘地宗教思想的西方因素有基督教、通神学、无神论。在了解基督教后，甘地认为耶稣是非暴力的代表。在英国学习期间，甘地结识了通神学会的一些成员，安妮·贝赞特夫人（Annie Besant, 1847—1933）的《我为何成了一名通神学者》和布拉瓦茨基夫人（Madam Blavatsky, 1831—1891）的《通神学入门》两部著作影响了甘地宗教统一观的形成。甘地的宗教统一观指各种宗教在本质上是相通的，各种宗教以不同的形式追求真理与非暴力。甘地还吸收了英国一些无神论者的思想，对甘地影响较大的英国无神论者是布莱德劳。布莱德劳虽然是一名无神论者，但甘地认同他对真诚、爱、道德的强调，这些强调使得甘地更加注重宗教信仰内在的虔诚向度，而不是停留在表面的宗教仪式上。

　　国内关于甘地宗教思想的研究显著的特点就是从宏观的方面进行研究，所以国内的研究分析普遍存在一种状况：缺乏细微、具体的分析，或多或少显得有些空泛。

　　国外研究甘地宗教思想的主要资料有《甘地与基督教》（*Gand-*

*hi and Christianity*）①、《甘地对基督教的挑战》(*Gandhi's Challenge To Christianity*）②、《与神智真理的体验：甘地、神秘主义与全球宗教历史》(*Experiments with Theosophical Truth: Gandhi, Esotericism, and Global Religious History*）③、《甘地论宗教、信仰与皈依：当今相关的世俗蓝图》(*Gandhi on Religion, Faith and Conversion: Secular Blueprint Relevant Today*）④、《圣雄甘地与比较宗教》(*Mahatma Gandhi and Comparative Religion*）⑤《甘地的宗教思想》(*Gandhi's Religious Thought*）⑥《圣雄甘地生活与思想中的普世宗教》(*Universal Religion in the Life and Thought of Mahatma Gandhi*）⑦、《甘地的基督观》(*Gandhian Conception of Christ*）⑧。国外的研究着重于甘地的宗教与基督教的比较研究，着重分析基督教在甘地宗教思想形成过程中的影响，以及甘地的宗教思想对基督教的影响。国外研究视角反映了甘地的宗教思想在西方产生了较大的影响力，

---

① M .Chatterjee, *Gandhi and Christianity*, Gandhi's Significance for Today, Palgrave Macmillan UK, 1989.

② S. K. George, *Gandhi's Challenge To Christianity*, Navajivan Publishing House, 1947. https://www.mkgandhi.org/ebks/gandhis_challenge_to_christianity.pdf

③ M. Bergunder, "Experiments with Theosophical Truth: Gandhi, Esotericism and Global Religious History", *Journal of the American Academy of Religion*, 2014, 82(2): pp.398–426.

④ A. R. Singh and S A. Singh, "Gandhi on Religion, Faith and Conversion", *Secular Blueprint Relevant Today*, Mens Sana Monographs, 2004, 2(1-3): pp.79–88.

⑤ A. B. Creel, *Mahatma Gandhi and Comparative Religion*. by RaoK. L. Seshagiri., Motilal Banarsidas, 1978. xvi, 147, Select Bibliography, Index. Rs. 50 (cloth); Rs. 35 (paper)., *Journal of Asian Studies*, 1982, 41(3):pp.147–626.

⑥ G. Richards and M. Chatterjee, "*Gandhi's Religious Thought*", *Philosophy East and West*, 1986, 36(1):p.61.

⑦ A. Sharma, *Universal Religion in the Life and Thought of Mahatma Gandhi* (1868–1948), The Concept of Universal Religion in Modern Hindu Thought. Palgrave Macmillan UK, 1998.

⑧ P. T. Subrahmanyan, "Gandhian Conception of Christ", *Journal of Indian Council of Philosophical Research*, 2016, 33(3):pp.363–374.

当甘地的宗教思想影响到西方人的宗教观念时，就会面临甘地的宗教与基督教之间的关系问题，所以西方人的研究视角集中在甘地与基督教的比较研究上。这种研究促使西方反思未来宗教的走向，也就是未来各种宗教的发展态势。甘地认为各种宗教在本质上是统一的，各种宗教本质上是教导人向善。西方人注意到了甘地的这种思想，也就是关于各种宗教的特殊性与宗教在本质上的统一。西方人企图从甘地的宗教统一观中获得思想指南，以指导未来全球各种宗教之间的交流与融合发展。

### 研究现状梳理

从前述的研究成果看，甘地研究大致有三种研究视角：解殖视角、现代化视角、宗教 / 文化的多元视角，并且这三种视角和历史的线性发展大致吻合。

（1）解殖视角，也可以称之为冷战视角。这种视角下的甘地研究，将甘地视为被压迫阶级的代表，注重分析甘地的阶级立场。这一研究持续时间大约从 20 世纪 30 年代至 60 年代。这一时间段正是第二次世界大战爆发、亚非拉等殖民地半殖民地国家为赢得民族独立而斗争的年代。"在允许印度独立的时候，英国实际上移走了地跨三大洲的帝国拱门下的基石。缅甸和锡兰在随后的几年里以和平方式赢得了独立。印度的独立……也鼓舞了 20 世纪五六十年代加纳、尼日利亚和其他非洲殖民地独立的成功斗争。"[①]这一阶段的研究著作，也多是关注作为政治家的甘地在印度民族独立运动中的作用。此阶段的代表作是印度学者南布迪里巴德的《圣雄甘地与甘地主义》[②]，其结论是："甘地先生之

---

① 〔美〕皮特·斯特恩斯：《全球文明史》（第三版）下册，赵轶峰译，中华书局，2006 年，第 896 页。

② E.M.S.Namboodiripad, *The Mahatma and the Ism*, People Publishing House, 1958.

所以成为国父，恰恰因为他在反对帝国主义斗争的年代所皈依的理想主义实际上成了资产阶级手中的有用武器；此外，他晚年或多或少地与资产阶级有了隔阂，因为他的理想主义在独立后的岁月里确实成为资产阶级自身利益的障碍了。"①显然，这也是站在印度反对殖民统治，赢得民族独立运动的立场上对甘地及其思想进行的深度分析。

20世纪90年代以前，我国的甘地研究也主要是在解殖视角下进行的。1984年中国南亚学会结集出版的《论甘地——中国南亚学会甘地学术讨论会论文集》②汇集了我国一批著名学者的文章，如金克木、林承节、彭树智、黄心川等人有关甘地思想、影响的论述。这是中华人民共和国成立后到改革开放之初，甘地研究在中国的第一次基本总结，也是最高水平的一次总结。收录的论文主要沿袭了甘地研究中对政治和阶级的重视，以马克思主义辩证唯物史观客观、辩证地评价和看待甘地和甘地主义。文集中彭树智的《论甘地思想的基本内容》、林承节的《甘地主义的形成和甘地领导权的确立》都采取了历史唯物主义的立场，对甘地的思想体系、历史地位，以及在民族独立斗争中的作用做出了深刻的分析和评价。林承节认为："甘地是一个渗透着宗教思想、带有浓厚的小生产者意识的资产阶级政治家……他不是典型的资产阶级政治家。他的思想体系是被宗教神圣化了的资产阶级观念和小生产观念的混合体。"③文集中多位学者富有启示性的论述及结论性的观点，实际上都成为国内后继研究者对甘地和甘地思想进一步研究的

---

① 〔印〕南布迪里巴德：《圣雄甘地和甘地主义》，何新译，生活·读书·新知三联书店，1961年，第125页。

② 任鸣皋、宁明编：《论甘地——中国南亚学会甘地学术讨论会论文集》，上海社会科学院出版社，1987年。

③ 林承节：《印度民族独立运动的兴起》，第23章《甘地在印度民族独立运动中领导权的确立》，北京大学出版社，1984年。

重要尺度和参考。

（2）现代化视角，时间跨度为 20 世纪 60 年代到 90 年代。印度独立后，在外部关系上面临美国苏联的"冷战"格局，但是内部如何发展，如何推进印度的现代化建设，成为印度国内的中心议题。从国际范围来看，二战后科技的迅速发展带来了战后经济的繁荣和现代化进程的加速。从 20 世纪 50 年代开始，国际上对甘地的研究就开始置于世界民族主义思想史、现代史等更为开阔的视野中考察，并且采用多种研究方法，如从心理学切入、以现代化视角重新解读甘地等等，各种不同的研究方法极大地拓宽了甘地研究的空间。

20 世纪 60 年代，甘地研究最重要的成果之一便是由印度政府信息与广播出版局出版发行的 90 卷本《甘地全集》，该书的出版为各国学者提供了甘地研究可靠的第一手资料。《甘地全集》在后来重版的过程中时有补充，2000 年出版的《甘地全集》，已达到 98 卷。除此之外，甘地所撰写的各种专题单行本也得到整理和再版。

登都尔卡（Tendulkar）编撰的《圣雄甘地：莫汉达斯·卡兰昌德·甘地的生平》[①]，是另外一种形式的资料汇编，全书共 8 卷。此书独特之处在于运用评传的方式，择选甘地的事迹、甘地在各地演讲、与友人或政要书信往来及各类报刊上发表的文章，从整体上对甘地一生进行了全景式描绘和评论。该书对甘地在南非的日子（1920 年以前）记录较少，只有 1 卷，其余 7 卷都是记录甘地后半生在印度投身民族独立事业的光辉业绩。台湾学者吴俊才所著《甘地与现代印度》一书中很多的参考资料即来源于此。

《甘地全集》以及有关甘地言论集的汇编、整理与出版，为研究

---

① Tendulkar, Dinanath Gopal, *Mahatma: Life of Mohandas Karamchand Gandhi*, Government of India, Ministry of Information and Broadcasting, Publications Division, 1960.

甘地思想提供了重要条件。但是，甘地不是学院派哲学家，而是个行动主义者。甘地在文字表达上可能还有相互矛盾之处，仅从他文字上去研究其思想是远远不够，甚至是没有说服力的。正因为如此，西方，特别是美国 20 世纪六七十年代社会心理学派的学者们，如鲁道夫夫妇（Lloyd I.Rudolph, Susanne Hober Rudolph）、著名记者埃里克等，尝试从精神分析，甚至从弗洛伊德的理论出发，分析甘地个体心理机制及其性格在社会运动中的影响力。鲁道夫夫妇是美国芝加哥大学教授，他们出版了《传统的现代性：印度的政治发展》（*The Modernity of Tradition: Political Development in India*）。在著作中，两位作者对印度近代以来民族心理的变化，对甘地性格及心理状态的形成有比较深入的分析。美国普利策新闻奖和国家图书奖的获得者埃里克（Erik Erikson）1969 年出版的《甘地的真理：论坚持真理运动的起源》[1]，以甘地 1918 年 2 月所领导的艾哈迈巴德的工人罢工运动为核心，从心理分析的角度详细分析了甘地取得成功的个人因素与时代背景，并且剖析了甘地最终形成独特的、具有一定进攻性（好战的）非暴力思想的起源。除了分析甘地个人心理之外，该著作还探寻了甘地是如何成功地从精神上动员印度人民，最终成为印度大规模群众运动领袖的过程。埃里克是美国著名的精神分析学家，他曾在哈佛、耶鲁大学等医学院和人类关系学院任职，他的自我心理学理论超出了精神分析学派临床分析的范围，渗透到社会科学其他领域，在国际学术界具有广泛影响。

甘地是一位政治运动领袖，对于他如何利用宗教为政治服务，如何调动群众参与政治，如何协调政治对立两极的关系，一直是西方政治学家关注的问题。在甘地研究的第二阶段，有关甘地政治哲学的研

---

[1] Erik Erikson, *Gandhi's truth: on the Origins of Militant Non-violence*, W. W. Norton & Company publish, 1969. 中文译本由中央编译出版社 2010 年 6 月出版发行。

究则更为集中。在这方面，做得最好的有三位，琼·邦杜兰特（Joan Bondurant, 1919—2006）、艾耶尔（Raghavan N. Iyer, 1930—1995）和帕瑞克（Bhikhu Parekh, 1935—　）。

琼·邦杜兰特，出身钢琴世家，自学日语和印地语，二战期间曾为美国战略情报部（中央情报局 CIA 前身）工作人员，派驻印度收集有关日本的军事情报。驻印期间，她结识甘地并对他的非暴力学说产生兴趣。1948 年返回美国后退役，在加州大学伯克利分校任教。1958年出版《征服暴力：甘地的冲突哲学》①，此书出版后轰动一时，尼赫鲁亲自为该书作序。此书被认为是除《甘地自传》之外，最能全面反映甘地思想的著作。《征服暴力：甘地关于冲突的哲学》以比较政治的思想为方法来考量甘地政治哲学，分析了甘地五次坚持真理运动，也是关于甘地非暴力不合作研究的一本重要著作。

艾耶尔，出生于印度马德拉斯（Madras），1962 年在牛津大学获得哲学博士学位。1964 年执教于美国加利福尼亚大学民主制度研究中心，是英国和美国多所学校的讲座教授。《甘地的道德与政治思想》②是他的代表作，全书以西方柏拉图、马基亚维里、尼采等相关政治思想为参照系，以甘地非暴力（Ahimsa）与坚持真理（Satyagrah）为核心，分析甘地思想中政治与道德之间的关系，并对坚持真理运动所具有的独特的政治学价值进行了阐释。艾耶尔的很多论点被后来研究甘地的学者反复引用，其采用的比较研究方法也得到了很多研究者的认同。

当代研究甘地政治思想成就最大者当属帕瑞克。他出生于印度古

---

① Joan Valérie Bondurant, *Conquest of violence: the Gandhian Philosophy of Conflict,* Princeton University Press, 1958.

② Raghavan N.Iyer, *The Moral and Political Thought of Mahatma Gandhi*, Oxford University Press, 1973.

吉拉特邦，在印度接受本科及硕士教育，在英国伦敦经济学院获得博士学位（1966年）。因为他对印度及非西方国家政治传统研究的出色表现，1988年成为英国皇家艺术协会成员；1999年被授予"终身贵族"的男爵（Baron Parekh）封号；2007年获得印度政府颁发的莲花奖（Padma Bhushan）。帕瑞克在《甘地的政治哲学》[①]中认为，近代以来非西方的政治思想资源一直没有得到很好的"开发"，以印度为代表的东方国家与西方国家之间的思想交流呈单边化，非西方国家出口各自的"政治经验"，而西方国家则出口成型的"政治理论"。甘地的价值恰恰在于他不但反抗西方既定的政治理论，而且开创出了属于印度本土的政治理论。

国内在20世纪80年代之后，开始从现代化的视角对甘地和甘地主义展开了新分析。张力在《传统和"西化"阴影下的现代化：印度现代化的文化心理》[②]一文中，将甘地、尼赫鲁置于印度现代化的进程中进行分析；黄心川的《甘地哲学和社会思潮述评》[③]，除了关注甘地为常人所知的非暴力思想外，还特别研究了甘地的社会政治理论，分析了甘地反对过分集中的工业经济思想；尚劝余的《尼赫鲁与甘地在印度民族民主运动目标与方法上的分歧》[④]《论尼赫鲁——甘地关系的实质及意义》[⑤]两篇文章基本肯定了甘地的宗教道德民族主义，认为这是对前期印度教复兴思潮的继承和发扬。这一时期，还有研究者从对甘地

① Bhikhu Parekh, *Gandhi's Political Philosophy: A Critical Examination*, MacMillan Press, 1989.

② 张力：《传统和"西化"阴影下的现代化：印度现代化的文化心理》，《南亚研究》，1990年第4期，第58~64页。

③ 黄心川：《甘地哲学和社会思潮述评》，《南亚研究》，1985年第1期，第5~17页。

④ 尚劝余：《尼赫鲁与甘地在印度民族民主运动目标与方法上的分歧》，《湛江师范学院学报（社会科学版）》，1996年第3期。

⑤ 尚劝余：《论尼赫鲁——甘地关系的实质及意义》，《南亚研究》，1997年第2期，第68~72页。

的策略性影响和"工具论"的局部研究，转向甘地对印度现代化进程的影响的研究，使甘地研究有了更深的探索。代表性的文章有王立新的《甘地：印度民主的反对者还是创造者——一项对个人魅力权威与政治发展关系问题的个案研究》[1]《印度农民政治文化变迁和现代民族运动兴起》[2]。

但从总体上看，20世纪90年代之后国内的甘地研究，无论是研究人员，还是研究的成果或相关的学术活动，较中印20世纪50年代"蜜月期"相比，都有不同程度的下降。

（3）宗教/文化多元视角，时间跨度20世纪90年代至今。20世纪90年代之后，世界格局发生了新的变化。甘地的相关研究呈现出多元化的视角。宗教文化的视角、后殖民的立场、环保主义、身份政治的追问等，都成为研究甘地的新切入点。甘地与宗教的复杂关系研究在这一时期逐渐增多。

1993年，哈佛大学国际问题专家亨廷顿（Samuel P. Huntington）教授在美国《外交》杂志上发表的一篇题为《文明的冲突？》的论文，甫一发表就成为国际学界的焦点话题。以此论文为核心，亨廷顿后来出版了专著《文明的冲突与世界秩序的重建》。全球各地学者对他的观点见仁见智，但不可否认的是亨廷顿提出的理解世界的新范式，开创了一个有别于冷战式思维的新视角——文化的视角。这也给甘地研究在新时期打开了别样的阐释空间。印度进入20世纪90年代之后，种族冲突、宗教纷争呈现出上升之势。2001年美国"9·11"事件之后，宗教问题更成为一个热门话题，甚至诸如《甘地和本·拉登：作为极

---

[1] 王立新：《甘地：印度民主的反对者还是创造者——一项对个人魅力权威与政治发展关系问题的个案研究》，《史学集刊》，2003年第1期，第96–101页。

[2] 王立新：《印度农民政治文化变迁和现代民族运动兴起》，《史学月刊》，2004年第12期，第67–73页。

端主义的宗教》①的著作也引起了人们的极大关注。宗教问题自古以来就不仅仅是个人信仰的问题，而是和族群、种族、民族国家紧密相连，这一点在新时期表现得更加明显。

除了全球宗教复兴带来的甘地研究的新变化外，站在后殖民的立场，反思西方启蒙以来的现代性，赋予甘地思想以更多的思考，也成为新的研究方向。率先对甘地及其思想展开后殖民分析的是印度"庶民学派"（Subaltern Studies School），以拉依特·古哈（R.Guha，1923— ，印度裔澳大利亚历史学家）和查特吉（Partha Chattejee，1947— ，印度加尔各答社会科学研究中心主任，美国哥伦比亚大学人类学教授）为主要代表。古哈认为，印度近代以来的历史研究，长期被精英主义学派主宰，"他们是英国在印度统治的思想产物，可他们却在政权更迭中保留了下来……（这种立场）带有这样的偏见，即把印度民族形成渗透的意识完全和主要的归结于精英者的成就"②。古哈对于传统的历史大叙事开始表示怀疑，肯定了碎片化的、断裂的、缺失的庶民历史的存在。查特吉则在《民族主义思想与殖民地世界：一种衍生的话语？》第四章《甘地与对市民社会的批判》对甘地进行了专门的论述："甘地的思想根本不涉及民族主义的问题，他的解决方案，其设计目的仍然是普世的，要对西方国家和印度一样的民族同样适用。"③庶民学派怀疑18世纪以来人们普遍接受的观念：西方给印度带来了民主意识、教育体系、法制观念，将印度从蒙昧状态带进了现代文明，只有英国人或印度精英才能治理好印度，将印度带入光明的未来。可是印度独立30年后，印度农村越来越多的农民失去土地，陷入赤贫状况；阶级、种姓的隔阂依旧

---

① James L.Rowell, *Gandhi and Bin Laden: religion at the extremes*, University Press of America, 2009.

② 刘健芝、许兆麟选编：《庶民研究》，中央编译出版社，2005年，第3页。

③〔印〕查特吉：《民族主义思想和殖民地世界：一种衍生的话语？》，范慕尤、杨曦等译，译林出版社，2007年，第123页。

存在；妇女依然处在无权和弱势地位；从殖民时期就存在的教派冲突没有根本性好转；以语言为基础设立的邦级政府，因与中央分权的矛盾，分离主义倾向加重。独立前后诞生的一代知识分子，曾经对印度充满玫瑰色幻想，可现实却让他们失望，他们开始对现代化进程中的核心观念——民族国家的宏大叙事进行反思。在此背景下，一直反对工业文明，坚持手纺车的甘地思想有了新解读的可能。

在反思现代性的视角之外，追问甘地的身份政治，探讨甘地的环保、教育、生态思想也成为甘地研究的新方向。2002 年，尼赫鲁纪念馆的创办人南达（B.R.Nanda）出版了一部标题颇有意味的著作《寻找甘地》①，在解殖时期、现代化时期，政治家或学者对甘地及甘地可能看法各异，但是甘地是作为"圣雄"（Mahatma）的存在，这是确凿无疑的。但在当下，甘地的身影却日渐模糊，需要寻找。这种寻求并不是否认作为历史人物甘地的存在，而是甘地在不断生成的现代解释中，具有了重重新意或歧义，需要学者来重新阐释与定位，赋予民族英雄新的形象和认同。萨米尔·达雅（Samir Daya）于 2002 年出版了《反抗现代性：印度独立前的民族反叙事和男性气质》②。该书第四章《建构作为家庭的国家：甘地、安倍德卡尔和后民族观念》，也是基于抵抗西方现代性的立场对甘地进行了再分析。以"甘地和环境"为关键词在哈佛大学图书馆检索，近十年的著作有 41 部之多。南非的约翰·姆拉卡杜（John S. Moolakkattu）教授撰写了专著《甘地和环境：甘地的环保思想分析》③，这是一部代表性作品。很多从事教育、环保等非政府组

---

① B.R.Nanda, *In Search of Gandhi: Essays and Reflections,* Oxford University Press,2002.

② Samir Dayal, *Resisting modernity: counternarratives of nation and masculinity in pre-independence India*, Cambridge Publishing, 2007.

③ T.N. Khoshoo and S. John Moolakkattu, *Mahatma Gandhi and the Environment: Analysis Gandhian Environmental Thought*, TERI Press, 2009.

织（NGO）成员都乐于从甘地庞杂的思想库中汲取他们认为有益的养分，这也从侧面促进了甘地思想的研究和普及。

国内对后殖民主义理论的翻译和介绍始于 20 世纪 90 年代，"后殖民主义涉及反对不平等的激进主义的政治和哲学，并且以一种新的方式继续进行着过去的那种反殖民的斗争。后殖民主义者不仅断言亚洲、非洲、拉丁美洲的民族应该享有资源和物质的福祉，而且断言它们的文化——正在介入和改变西方社会的文化"①。采取后殖民文化研究立场对甘地及其思想进行分析的代表性文章，是中国社科院外文所石海峻的《甘地主义、马克思主义和后殖民主义》②。文章认为甘地对西方物质文明的排斥，采取的是心理对抗的形式，跳出了与西方争夺话语权的窠臼；对于甘地思想中的宗教色彩、神秘主义和复古倾向，作者也从提高民族自信、反思现代性的角度进行了肯定。

纵观甘地与宗教关系的研究现状，我们可以发现有三方面突出特征：

首先，此类主题研究数量偏少。有关甘地的研究汗牛充栋，但多数研究是基于一种政治与历史的视角，而从宗教的角度进行研究的较为缺乏。这一点在国内有关甘地的研究中表现得更为明显。到目前为止，整个汉语研究圈，没有一篇硕士或博士学位论文讨论甘地与宗教的关系。

其次，相关研究多，深度研究少。即便英语世界中具有世界性影响的专著，如邦杜兰特的《征服暴力：甘地的冲突哲学》、艾耶尔的《甘地的道德与政治思想》、鲁道夫夫妇的《传统的现代性：印度的政治发展》以及埃里克的《甘地的真理：论坚持真理运动的起源》尽管都已成为研究甘地最具代表性的成果，但这四部专著前两部是从政治

---

① 〔英〕罗伯特·杨：《后殖民主义与世界格局》，容新芳译，译林出版社，2008 年，第 4 页。
② 石海峻：《甘地主义、马克思主义和后殖民主义》《南亚研究》，2004 年第 1 期，第 72–77 页。

哲学的角度分析甘地及其思想，后两部是从社会心理机制入手分析甘地的形成和巨大影响。这四部著作中都涉及甘地与宗教关系的论述，而且相关的论述都是在为著作中的政治主题或心理主题服务，并不是专题研究甘地与宗教的关系。

最后，现有研究成果较少从印度背景、宗教传统内部分析甘地与宗教的关系。已有的甘地与宗教的关系研究可分为两大类。第一类，研究甘地宗教思想形成过程中接受的外部影响和继承的印度本土宗教传统。尚劝余在《圣雄甘地宗教哲学研究》第一章中，全面列举了甘地宗教哲学的渊源——东方渊源：印度教、耆那教、佛教、伊斯兰教、琐罗亚斯德教；西方渊源：基督教、神通学、无神论。这个研究为后来者提供了线索，但没有就某个具体宗教与甘地宗教思想的关系进行更深入的探讨。印度学者查特吉的《甘地的宗教思想》[①]，同样是从外部分析甘地。将甘地与弗洛伊德、达尔文、马克思对比，没有分析甘地宗教思想的成因和影响。韦伯（Thomas Weber）研究甘地 20 余年，2007 年出版的《作为导师和门徒的甘地》[②]研究内容也大致相仿，较为关注甘地宗教思想形成过程中的外在因素和对后世的影响。第二类，以甘地为旗帜，研究后殖民主义、身份政治、环境伦理等问题。这类研究多着眼于甘地独特的宗教思想，在后殖民语境下重新阐释甘地的宗教观，以期为印度的庶民政治、为全球环境变迁、为后现代的身份诉求创造一个可供言说的基点和对话平台。这些研究成果固然是对甘地思想的发扬光大，但是更多的应该是属于扩展性阅读，并没有对甘地思想的内在审视，更缺乏对其宗教思想的分析。

甘地与宗教的关系，并不是个新鲜的课题，但却是一个"人人心

---

① Margaret Chatterjee, *Gandhi's Religious Thought*, The Macmillan Press Ltd, 1983.

② Thomas Weber, *Gandhi as Disciple and Mentor*, Cambridge University Press, 2007.

中有，个个笔下无"的状态。虽然直接相关研究不多，但甘地相关研究却十分丰硕。面对已有的研究成果，本著可能的创新之处在哪里？

第一，本著是有关甘地与宗教关系的专题研究。现有研究中专题研究少，对于甘地与宗教的复杂关系，其实各国学者都注意到了。林承节在《印度史》中曾这样写道："和一般的政治家不同，甘地带有浓厚的宗教意识。他把政治和宗教揉为一体，主张政治宗教化，宗教政治化，并宣称自己的使命就是把这一原则变成现实。"[①]但是甘地的政治究竟是如何结合宗教，或者说甘地在哪些方面充分地表现出作为杰出政治人物的特别之处，在宗教传统浓厚的印度，成功地运用宗教手段调动起民众的热情参与到政治斗争中去？林先生在著作中并没有展开。研究者都意识到了甘地与宗教的关系，但并没有深入分析甘地的宗教思想。甘地所提出的种种口号与政治斗争策略，如非暴力（Ahimsa）、坚持真理（Satyagraha）、自治（Swaraj）、罗摩之治（Ramarajya）等等，其中很多词汇在印度宗教传统中就已经存在。甘地借用了这些古老的词汇，赋予它们新的内涵。挖掘甘地思想这些新词汇与表达背后的宗教依托，分析甘地是如何利用宗教为民族独立运动服务，都是前人较少涉及的研究领域。

第二，结合甘地所著述的文字、社会活动以及同时代人的影响，动态地把握甘地宗教思想的形成。甘地不是个学院派理论家，但不可否认的是，他一生写下了大量著述。电子版《甘地全集》的发布与上线，为笔者研究甘地提供了极大地便利。同时，也是甘地及其思想主张不断补充与完善的过程。现有的甘地研究，更多地看到的是成型后甘地思想的内容，如彭树智在《论甘地思想的基本内容》一文中认为："甘地的思想体系（尤其是哲学思想）渗透了宗教内容，但是我们不能把他看作是一个宗教家……无论在理论和实践方面，都发展了先驱们

①　林承节：《印度史》，人民出版社，2004年，第337页。

的宗教政治化，政治宗教化和用政治提携宗教的传统。"[1]在这里，彭树智主要是谈甘地思想的基本内容，而对于甘地思想中所依托的宗教只有一个定性的结论，没有深入地分析和细致地展开。本著则会注意到甘地宗教思想是如何形成的。在这个过程中，从宗教的角度看，印度本土传统、国大党激进派与温和派的不同主张、西方的基督教思想等对于甘地思想的形成又存在着怎样的复杂互动的关联。这些都是前人较少涉及的范围，而在本著中都会展开相关论述。

第三，对于甘地宗教思想的影响，进行新的分析。由于甘地与宗教的复杂关系，对于印度民族独立运动产生的影响，特别是其中负面影响，这是研究者，特别是中国研究者较为关注的问题。甘地的观点在发动民众参与独立运动的同时，也有很多负面影响。国内有代表性的看法是锋钧在1989年《国际政治研究》发表的文章，他认为甘地思想的负面影响主要表现在两个方面：第一，甘地所运用的宗教手段对于印度教教徒与穆斯林之间的团结，弊多利少；第二，甘地的非暴力学说从理论上与马克思主义的暴力学说相违背，不利于工农斗争的深入发展。[2]这是国内20世纪90年代以前，基于阶段斗争的立场对甘地思想负面影响的代表性意见。但在当下，阶级斗争的话语分析已经不是学界的主流形态。本著将把甘地思想置于民族独立运动与现代化建设的双重维度下，重新思考甘地宗教思想的影响，并给予新的分析。

---

[1] 任鸣皋、宁明编：《论甘地：中国南亚协会甘地学术讨论会论文集》，上海科学院出版社，1987年，第41页。

[2] 锋钧：《甘地主义介评——纪念甘地诞辰120周年》，《国际政治研究》，1989年第3期，第57页。

## 三、研究思路与方法

本著试图做出新的努力，揭示甘地宗教思想的来龙去脉、本质特质、历史贡献与局限、对当代世界的影响等。对于甘地的宗教观，已有著作讨论过，很多研究者都注意到甘地思想与宗教彼此交织的关系。但如前所述，无论是从政治学或者民族运动的视角，现有的研究更多是从既定的现状出发，将甘地的宗教观作为既定的现象展开分析，而没有从内部分析甘地思想与宗教、现实政治之间复杂互动、相互促进的过程。

本著主要内容与思路是，首先梳理印度最后一个王朝莫卧儿帝国中晚期各宗教发展态势，特别是伊斯兰教与印度教。南亚次大陆这两大宗教的交融、冲突，直接影响着现代印度的政治版图。印度西部古吉拉特邦也是印度近代商贸较为活跃的区域。印度知识分子在宗主国英国的学习，给近代印度带领了思想领域的革新。其次，分析甘地宗教思想的具体构成。分析甘地思想中无法割裂的宗教渊源是什么。并且，着重分析甘地作为现代政治家又根据现实进行了哪些创造性的改造从而形成了独具特色的甘地宗教思想。宗教不仅仅是个人信仰，更是社会组织，它在印度民族独立运动中对于动员群众发挥了怎样的效用。最后分析，甘地的宗教思想对民族独立运动及独立后印度现代化进程的影响如何。甘地作为印度 20 世纪具有全世界影响的人物，他的宗教思想对其他国家有何影响。

甘地宗教思想的形成，与甘地自身成长经历相关，更与印度民族独立运动的时代大潮相连。因此，要较为清晰地揭示出甘地宗教思想的来龙去脉，甘地一生的独特经历、甘地思想形成之前的印度近代启蒙运动、印度民族独立运动等都将以宗教为纲贯穿和联系起来。而对于甘地宗教思想的特点，则需要在一定的比较中去凸显；至于甘地宗教思想的影响，则更是要放在当时的背景以及拉开一定时空后，置于现代化的过程中分析。联系的观点、对比的方法以及辩证的态度将是本著的基本研究方法。

甘地一生有大量著述，但他不是一个学院派哲学家，不是书斋中的理论工作者。因此，对于甘地宗教思想研究，既要参考《甘地全集》这样的第一手文献资料，也要结合甘地实际的政治行动、同时代的重大历史事件、甘地的战友或对手的评价等等，去分析其宗教思想的形成与影响。本著研究的第一手资料主要来源是印度政府官方网站上的《甘地全集》，这为检索甘地所写的著作、文章、自传、书信提供了极大的便利。前面业已罗列的诸位学者有关甘地的研究成果、甘地研究史上重要的著作，也都是本著参考的重要文献。本著研究的基本立场是坚持历史唯物主义与唯物辩证法的统一，尽可能真实地还原历史原貌，深入分析甘地的宗教思想，探讨甘地宗教思想对印度民族独立运动、印度现代化进程产生的影响。

风云激荡：甘地之前的印度宗教格局

现代印度的形成，不只是从英国对印度的殖民统治开始的。自 18 世纪开始，莫卧儿帝国的统治力在减弱，底层社会组织日趋活跃，印度教也在变革新生之中。在传统的"欧洲中心论"者看来，亚非拉国家在近代遭遇西方资本主义的入侵，打破了原有的社会结构，被动地卷入了全球"现代化"的历程。哈佛大学费正清（John King Fairbank, 1907—1991）提出了著名的"冲击—回应"（Impact-Response）理论来解释中国的现代化。马克思也于 1853 年在《不列颠在印度统治的未来》指出："英国在印度要完成双重使命：一个是破坏性的使命，即消灭旧的亚洲式社会；另一个是建设性的使命，即在亚洲为西方式的社会奠定物质基础。"① 这些都是在强调作为"外力"的欧洲资本主义对当时广大殖民地的"刺激"作用。但上述研究范式，轻视了被殖民国家内部变革的因素与动力。在 20 世纪 70 年代，随着后殖民主义理论的兴起，关注被殖民地区在欧洲资本主义到来之前，南亚、东亚文明

---

① 〔德〕马克思：《不列颠在印度统治的未来结果》，载中共中央马克思恩格斯列宁斯大林著作编译局：《马克思恩格斯选集》第 2 卷，人民出版社，1972 年，第 70 页。

体内部转型的研究、自身演变的研究，已经开始出现。"尽管研究还处在非常基础的阶段，却已经出现了一种新观点。18 世纪似乎并不是莫卧儿统治集团的衰落，而是转型，以及底层社会群体的公开政治力的提升。"①

现代印度的形成与印度内部自我革新密切相关。欧洲资本的入侵，强化了作为精神纽带的印度教的统一性；现代民族国家的政党组织，激发了印度近代社会组织的变革。因此，近代印度的宗教改革，包含有两大方面的维度。其一，印度教从宗教观念到宗教仪轨的变革，从而带动了社会习俗与价值观念的变革。理性、自由、民主的观念在印度扎根。其二，宗教组织在朝着现代政治组织、政党组织演变。而新型政治组织的出现，是传统帝国向现代民族国家转型的"政治要件"。他们决定沿着西方现代理性的线路，改革印度教的传统陋习，从而达到学习西方来振兴印度社会的目的。正是这一时期的印度教改良运动，为 20 世纪印度教民族主义运动奠定了意识形态与组织模式基础。②

① 〔英〕C.A. 贝利：《新编剑桥印度史·印度社会与英帝国的形成》，段金生、蒋正虎译，云南出版集团公司，2015 年，第 12 页。

② John Zavos, "The Arya Samaj and the Antecedents of Hindu Nationalism," *International Journal of Hindu Studies*, 1999, Vol.3, p.57.

# 第一节
## 南亚次大陆的伊斯兰教

❋

伊斯兰教是公元 7 世纪初穆罕默德（Muhammad，570—632）于阿拉伯半岛创立的一神教，与佛教、基督教并称世界三大宗教。穆罕默德约于公元 610 年开始创教活动，伊斯兰教后来逐步发展成为阿拉伯半岛的主要宗教。公元 8 世纪初，伊斯兰教在世界传播，逐步成为横跨亚洲、非洲和欧洲的世界性宗教。自从"四大哈里发"建立统治后，伊斯兰教一直是各政教合一的伊斯兰国家统治的精神支柱。伊斯兰教在南亚的传播，不是单向度的征服与被征服的关系，而是双方都有所保留、有所互渗。南亚次大陆穆斯林是各国中最大的穆斯林群体，但他们与印度尼西亚或其他地区的穆斯林在文化上大不相同。"在印度，伊斯兰教既没有失去自己的特点，也没有从文化上征服整个国家，双方都从对方获取了一些东西。"①这种彼此独立又彼此渗透的情况，在未来印度和巴基斯坦独立建国的过程中，表现得更为明显。

---

① 〔印〕D.P. 辛加尔：《印度与世界文明》（下卷），庄万友等译，商务印书馆，2015 年，第179 页。

### 伊斯兰教在南亚的传播

伊斯兰教在南亚次大陆的传播，从地理上看主要有三条路径。其一，经由海路从孟买登陆传播。早在公元5世纪前后，阿拉伯商人就在南亚次大陆活动，促进了双方的贸易。商贸往来中，伊斯兰教得以传播，这一过程持续时间很长。公元636年，伊斯兰教的第二任哈里发欧麦尔（Umar ibn al-Khattab，586—644）派海军进攻印度西海岸的塔纳（今孟买北），未得逞。此后，阿拉伯人继续试图从海路发动进攻，都没有成功。其二，经由信德地区传播。实际上，早在644年，上面提及的伊斯兰教第二任哈里发欧麦尔就派军队从陆路攻信德西部，但同样遭到失败。阿拉伯人此后的武力侵略仍以失败告终。这种情况一直持续到8世纪初。711年，伍麦叶王朝（Umayyad Caliphate，661—750）的军队开始征伐信德，并于次年占领信德，于713年占领木尔坦。他们在信德、木尔坦维持统治达3个世纪之久，对当地影响很大。其三，开伯尔（Khaybar）山口线。11世纪初，突厥穆斯林大举侵略印度，他们打败了同样信仰伊斯兰教的阿拉伯人，夺取了木尔坦和信德①，征服了印度教国家"沙希"②。后来，他们又以此为基地，进一步深入印度，圈地掠城，直至1206年取得北印度大片土地的统治权，建立了德里苏丹国。这是穆斯林在印度建立的第一个全国性政权。德里苏丹国历经5个王朝，统治320年，于1526年被具有蒙古血统的中亚察合台突厥人建立的莫卧儿帝国所取代。

德里苏丹国（Delhi Sultanates，1206—1526）和莫卧儿王朝（Mughal Empire，1526—1857）是贯穿印度中世纪后半期的两大帝国。莫卧儿

---

① 木尔坦位于现在巴基斯坦中部；信德位于巴基斯坦东南部的省。信德东邻印度，南濒阿拉伯海。从地理上看，巴基斯坦处在阿富汗与印度之间的位置。

② 沙希是印度西北边境的一个印度教国家，位于信德地区，曾抵抗过阿拉伯人的侵略，1026年为突厥人所征服。

时期，也是伊斯兰教在印度发展的鼎盛时期。在此期间，王朝统治者和上层穆斯林权贵乌里玛们相互支持，在政治、军事、经济诸领域推行伊斯兰文化，同时对印度教徒等非穆斯林进行压制。[①]从意识形态上看，伊斯兰教是国教，国家的军政部门都由正统穆斯林把持，印度教徒无权参与国家事务；在经济上，来自中亚和西亚的穆斯林占据了南亚幅员辽阔的次大陆，采取不平等的税收政策，向非穆斯林商人征收比穆斯林商人多几倍乃至几十倍的商业税；在文化艺术上，伊斯兰教特有的艺术与建筑美学深刻地影响了印度的文化。享有盛誉的泰姬陵（Taj Mahal），是典型的伊斯兰教的建筑风格。

在统治者和宗教上层以军事、政治、经济等手段等推广伊斯兰教的同时，伊斯兰教苏非派也在印度扎下根来，在民间以和平方式传播伊斯兰教。"苏非派从11世纪传入印度，到德里苏丹国建立，经历了一个半世纪的发展历程，使神秘主义思潮在印度得到广泛传播。"[②]德里苏丹国时期，苏非派在印度的发展比世界任何地方都显得有声势，成为南亚次大陆一种不可忽视的社会力量。苏非派与穆斯林上层统治者的主张并不一致，他们的主张更为温和。"他们反对伊斯兰教正统派乌里玛的宗教专制，鄙视他们对统治者的阿谀奉承，宣传平等博爱的思想，赢得了群众，在缓和宗教压迫，促进印度教徒和穆斯林相互接近方面发挥了重要的作用。"[③]从伊斯兰教与印度教交流的角度看，苏非派的传教无疑起到了促进作用。

印度的苏非派在云游四方的同时，积极传播伊斯兰教教义，修建清真寺。苏非的修道院等，不只是传播教义的宗教场所，对底层民众

---

① 莫卧儿王朝的第三代皇帝阿克巴（1556—1605年在位）采取的是宗教宽容政策，在以伊斯兰教为国教的同时兼容印度教等其他宗教。

② 唐孟生：《印度苏非派及其历史作用》，经济日报出版社，2002年，第44页。

③ 同上书，第50页。

而言，也是贫困救济，进行儿童教育的重要场所。印度苏非们既与社会等级较低的中下层民众接触，又积极与统治阶层与贵族联系沟通。苏非们传教的对象也不局限于印度教徒，而是广泛涉及南亚的佛教徒、耆那教徒、拜火教徒等。苏非们克己、守贫、慷慨的品性，所宣传的平等对待一切人的思想，以及他们倡导的对神的神秘的爱，对饱受种姓制束缚的低种姓印度人而言，具有很大的吸引力。苏非们的活动在某种程度上消除了印度教徒和穆斯林之间的矛盾，促进了两种文化的融合。14、15世纪，印度北部苏非教派的到来造成该地区政治和宗教结构的重要变化。"尽管卡尔吉和图格鲁克早期对高原单纯掠夺财物或索取贡金式的侵略是不人道的，但是，苏非教派宗教主权观念的扩张为后来的印度—穆斯林主权做了铺垫，奠定了其合法性的基础。"①

### 伊斯兰教对印度文化的吸纳

一神信仰的伊斯兰教，进入南亚以后，无疑成为南亚次大陆占据主导地位的宗教。从最初的军事占领到建立政教合一的国家，作为外来的伊斯兰教，经历了不断"本土化"的过程。在与本土的印度教交涉的过程中，南亚伊斯兰教深受印度文化的影响，从而逐渐有别于其他地区的伊斯兰教，成为具有南亚特色的伊斯兰教，我们称之为南亚伊斯兰教。南亚伊斯兰教具有如下特质。

首先，南亚伊斯兰教独特的种姓制度。

伊斯兰教在西亚和中亚，本身是没有与宗教相结合的种姓制度。"真主面前人人平等""穆斯林皆兄弟"的教义，表明伊斯兰教有平均

---

① 〔美〕理查德·M.·伊顿：《新编剑桥印度史·德干社会史（1300—1761）——八个印度人的生活》，马骥、杜娟、邓云斐译，云南出版集团，2014年，第60页。

主义哲学的倾向。穆斯林可以进入同一个清真寺，可以祈祷过后相互拥抱，还可以一起用餐。这在等级森严的印度种姓制看来，简直不可思议。在印度教里，不同种姓的人连一起吃饭、共享食物都根本不可能，被认为是不洁净的。但伊斯兰教在南亚次大陆的传播与发展过程中，不可避免地接受了印度种姓制度。大致而言，印度穆斯林种姓分为阿什拉夫（Ashraf）和非阿什拉夫两种。阿什拉夫被视为早期阿拉伯、波斯、突厥等穆斯林征服者的后裔。内部又分为四等，其中最尊贵的是赛义德（Sayyids），号称是先知的后裔。其次是谢赫（Shaikh）、帕坦（Pathān）和莫卧儿（Mughal）。与先知的亲缘关系越近，等级地位就越高。

非阿什拉夫又包含阿吉拉夫和阿贾尔两种。阿吉拉夫主要是一般的改宗印度教徒，而阿贾尔则是由贱民改宗而来。宗教学者宣扬，阿什拉夫是"穆罕默德之子"，而非阿什拉夫则天生低劣，这乃是神的意志。

其次，南亚乌尔都语的出现。

早期进入南亚次大陆的穆斯林使用母语阿拉伯语，后来的征服者使用受阿拉伯语影响和被它改变的突厥语与波斯语。波斯语是外来穆斯林的通用语言，德里苏丹国和莫卧儿王朝的朝廷和统治语言都是波斯语。不过，当地皈依者有自己的语言，而他们在穆斯林总数中又属于多数派。这样，久而久之，印度穆斯林必然在阿拉伯语与波斯语的使用中，掺杂当地的语言。这个结果，便是乌尔都语的诞生。莫卧儿王朝统治时期，波斯语和乌尔都语在穆斯林中就并行使用了。在北印度以及现在的巴基斯坦，使用的便是乌尔都语。其文字、词汇、书写方式及文学等都带上了非常浓厚的伊斯兰教色彩，但仅就发音而言，乌尔都语与印地语有70%都是相通的，普通民众使用不同的书写体例，但日常交流毫无障碍。"乌尔都语是波斯语与印地语的结合，是印度一伊斯兰教结合的极好例子。共同语的演进表明两个宗教集团之间日益密切，也是将来互相理解的保证。"①

最后，独特风格的南亚伊斯兰教建筑与艺术。

伊斯兰教在南亚留下的物质遗产中，现在还能观摩与欣赏的，非建筑莫属。印度首都德里的红堡、世界七大奇迹之一的泰姬陵，无一不是南亚伊斯兰教留下的艺术杰作。这些建筑物，整体看是伊斯兰风格的，但其细微之处却时常出现印度元素，如圆顶上出现的倒挂莲花、壁面上出现的动物形象、外墙上出现的类似印度教神龛型的格子间，等等。再如绘画，著名的莫卧儿细密画就是伊斯兰艺术和印度教艺术完美结合的典范。在阿拉伯半岛荒凉的沙漠环境中，伊斯兰教的艺术特征主要是简朴、刚健。完整的穹顶、尖角拱门和细长的尖塔是阿拉伯半岛伊斯兰教建筑的主体风格。相反，由于南亚次大陆土地肥沃、物产富饶，印度教的建筑以丰富多彩的多样性著称。

伊斯兰教在南亚次大陆统治时间长，对政教关系、文化习俗、经济发展、种姓结构、建筑艺术都产生了深远影响。在莫卧儿帝国时期，伊斯兰教苏非派与印度教自身的虔诚派运动一起，共同推动着自我意识的觉醒、神权政治的松动，而这些恰恰是近代启蒙运动所宣扬的价值理念。伊斯兰教成为印度次大陆上的重要宗教之一，其地位和影响仅次于印度教。具体而论，伊斯兰教在以下诸多方面深刻地影响了南亚次大陆。

第一，建立了中央集权的帝国统治模式。

南亚次大陆是个多语言、多种族、多宗教的地理单元，在很长一段时间里，小国林立，城邦众多，是南亚农业社会典型的政治形态。

---

① 〔印〕D.P. 辛加尔：《印度与世界文明》（下卷），庄万友等译，商务印书馆，2015 年，第196 页。

自给自足的农业社会，依托种姓制度和潘查亚特制度而具有高度的自治特征。"印度古代国家虚弱的立法能力受制于印度教正法思想，正法主导着业报轮回，规定了种姓社会的总体秩序。"[1]印度历史除孔雀王朝（前4—前2世纪）和笈多王朝（4—6世纪）出现过两次大一统帝国外，其他时间都处于诸国割据状态。德里苏丹国在南亚次大陆建立政权后，延续伊斯兰教国家的政教合一制度，苏丹遵循伊斯兰教法典进行统治，他既是国家元首，又是伊斯兰教最高教长，集君权和神权于一身。中央政府有36个部，中央政府的首席大臣"瓦齐尔"名义上掌管各部，实际上只管理财政。他与军事部总督、宗教和司法部大臣、机要秘书兼情报大臣成为苏丹国家的四根栋梁。"苏丹征服了那些已经统治着农业领土的武士，他们在要塞城镇……将从达卡到伊斯坦布尔南亚所有内陆走廊的城市中心连接在一起。"[2]

第二，促进了南亚多元宗教的融合渗透，锡克教借机创立。

多神崇拜的印度教与一神信仰的伊斯兰教在教义和仪轨上确有巨大差异。但随着伊斯兰教在南亚统治地位的确立，穆斯林的统治不得不印度化，以保障政权的长治久安。"印度教徒逐渐克服对于在刀剑的伴随下来自国外的事物的自然敌意，最初的冲突之后，在整个印度出现的是联合和综合。"[3]在宗教领域，最具有融合性代表的便是锡克教的产生。

锡克教诞生的地理位置，正好处在伊斯兰教与印度教交汇的地

---

① 张弛：《印度政治文化传统研究》，中国政法大学出版社，2014年，第32页。

② 〔美〕大卫·卢登：《新编剑桥印度史·南亚农业史》，资谷生译，云南出版集团，2015年，第88页。

③ 〔印〕D.P. 辛加尔：《印度与世界文明》（下卷），庄万友等译，商务印书馆，2015年，第191页。

区——旁遮普。"旁遮普"的字面意思是"五水",意指五河流域[1]。旁遮普地区作为印度通往外界的要冲,是外来民族从西亚、中亚进入南亚次大陆的必经之路。伊斯兰教进入南亚之后,除了带来语言、建筑、艺术方面的交融之外,最为重要的是伊斯兰教一神信仰对印度教多神信仰的冲击。

锡克教的创始人、首任祖师那纳克(Nanak)于 1469 年出生在谢库普拉县的塔尔万迪村(今巴基斯坦境内拉合尔西南)的一个刹帝利家庭。经由他创立并发展的锡克教在宗教哲学上,有如下特质:

(1)坚持"一神信仰"。那纳克认为宇宙之中神只有一个,他可以有多个名号,但实际上指的都是一个。锡克教的"一神论"与伊斯兰教的"一神论"并不完全相同。那纳克综合了印度教虔诚派无形论和伊斯兰教视安拉为唯一真神的观点,将锡克教的神高度抽象成一个精神实体,这个精神实体虽然也是物质实体,是一切物质的本源,但毕竟因其无形而神秘莫测,不可企及。

(2)主张宗教世俗化。在印度教理想人格模式中,有"梵行期、家居期、林栖期、遁世期"等四个阶段,这里能看出"家居"与"梵行""遁世"之间是融合的,只是每个教徒在不同的年龄阶段,他的使命不同。伊斯兰教政教合一的传统下,更是将信徒的修行与日常生活紧密地结合在一起。这些都是南亚次大陆,两大主体宗教——印度教与伊斯兰教最突出的特质,也是本著使用"宗教思想"来概括甘地的历史根源所在。锡克教到第二任祖师安格德时代,这种世俗化原则被进一步强调和突出出来,这一原则体现了一种社会责任。那纳克主张信徒通过劳动自食其力,不但不给社会增加负担,而且能为社会服

---

[1] 旁遮普, Punjab, 词根 punj 的意思是"五", ab 的意思是"水"。"五水"指印度河上游的五条支流:杰卢姆河、切纳布河、拉维河、比阿斯河和萨特累季河。

务，为他人服务。这种对社会负责的原则也在以后的锡克教信徒中得到贯彻。

（3）宗教仪轨简便易行。上古及中世纪的印度教，一直强调"吠陀天启""婆罗门至上"，婆罗门阶层通过掌握的知识与烦琐的宗教仪轨，掌握着宗教的话语权。随着社会历史的演进，宗教仪式简单化、宗教经典普及化成为人类宗教发展的共同现象。锡克教的创始人那纳克提出了念诵神名的修行方法，他的继任者更是强调念诵神名便被确定为锡克教信徒日常修行的第一要务。这种做法非常简单，信徒们不管文化程度如何，都可以得其要领，坚持不懈。同时，锡克教也不像伊斯兰教那样有每日的"五功"，而是简化了礼拜仪式，一般只有进入圣庙以后才有一定的礼仪。

第三，刺激了印度教自身的改革，推动了帕克蒂运动的发展。

公元 6 世纪前后，为了打击佛教、耆那教的势力，南印度泰米尔地区的印度教高等种姓支持低等种姓对宗教拜神权的要求，与广大印度教信徒一起发起了延续千余年的帕克蒂（Bhakti）运动。至 10 世纪前后，该运动在南方基本完成，佛教、耆那教势力大大减弱，低等种姓的宗教权利有所提高。运动转移到北印度时，恰逢伊斯兰教进入次大陆。伊斯兰教进入本身就激发了印度教的民族热情，其信徒平等、一神论、反对偶像崇拜、祭拜仪式简单等教义教规更为帕克蒂运动注入了活力。于是，帕克蒂运动在北印度迅速发展，并很快传到整个次大陆。

在伊斯兰教的影响下，不论是罗摩支或黑天支，还是格比尔派或锡克派，都不同程度地对印度教种姓制度做出了反抗，锡克派和格比尔派反对种姓制度，罗摩支和黑天支主张缓和种姓不平等的程度。种姓制度关乎整个印度教社会的统治秩序、法律法规、伦理道德以及生活习俗等方面，是印度教社会最为坚固的基石，却在伊斯兰教的影响下发生了某些松动，印度教社会的种姓观和平等观发生了变化，这无疑有益于整个印度社会的发展和进步。

　　伊斯兰教传入南亚次大陆，改变了印度的政治格局。在当时，除伊斯兰教中央政府外，各地还有印度教地方政权和伊斯兰教地方政权，这些地方政权有时依附于中央政府，有时独立于中央政府。而在此前，政治格局并非如此，一者没有中央政府，二者各政权之间的宗教差别也没有这么大。此外，这一影响一直持续到现在，可以说，现在印度次大陆上的独立国家印度、巴基斯坦和孟加拉国三足（虽然不平衡）鼎立的政治格局完全是伊斯兰教进入南亚次大陆的直接"产品"。

# 第二节
# 中古后期印度教的自我变革

❦

印度教是一种古老而富有生命活力的宗教，它产生于公元前 3000
年前后的印度河文明时期，距今已有近五千年的历史。虽然历史悠久，
但印度教却依然生机勃勃，印度目前近 82% 的人口为印度教徒。它还
流传到印度以外，在南亚其他国家产生了普遍影响，是毛里求斯、斐
济、苏里南、特立尼达和多巴哥等国家和地区的主要信仰。根据 1993
年的数据统计，全球印度教人口约为 10.5 亿，仅次于基督教与伊斯兰
教人口，远大于 3 亿信徒的佛教。

与世界三大宗教相比，印度教是一个集信仰、习俗和生活方式为
一体的综合体。准确地说，印度教是一个大杂烩，其宗教信仰并不独
立存在，而是融合在民间习俗和社会生活之中。印度教与基督教和伊
斯兰教有很大不同，它不是纯粹意义上的宗教形式，而是一种生活方
式，是介于纯宗教（如基督教）和生活方式（如儒教）中间的一种混
合形式，既有强烈的宗教特征，又有浓厚的生活色彩。其宗教特征表
现为具有自己的本体论、历史观、人生观、方法论、伦理观等哲学思
想以及具备自己的观念与思想、感情与体验（教徒）、行为与活动（教

徒）、组织与制度等宗教要素。其生活色彩则表现为祭祀、礼仪等宗教形式完全与日常生活结合在一起，很少有西方式的纯宗教祭典。

印度教是一种多神崇拜与一神信仰的结合体。印度教万神殿中神灵众多，有三大主神及诸多次神。教徒膜拜时也很慷慨，除特别重视毗湿奴和湿婆两大主神外，平等对待所有神灵，诸神受到教徒几乎一样程度的顶礼。不过，印度教又十分讲究"梵我合一"，梵我合一即解脱，解脱即梵我合一。这里的"梵"指的是绝对存在，是印度教中的至高者，是万物的创造者、护持者和毁灭者以及最终归宿，是世界重新开始的原动力。所以，梵是一切、唯一，是印度教信仰中独一无二的实体。不过，它又是无形无品的，是常人看不见摸不着的，是日常生活中难以感知的。这即是印度多神崇拜、一神信仰的本质原因，或者说，印度教以多神崇拜的方式阐述了一神信仰的原理。

印度教是一个实行严格的社会等级的宗教。自吠陀教时期（前1500年前后—前1000年前后）种姓制度产生以来，印度教社会的社会等级延续至今，而且在短期内没有消亡的迹象。存在即合理，应该承认，种姓制度在劳动分工、社会稳定等方面曾经起到过重要作用。但随着时代的发展，这一制度虽然有所松动，但依然有着强烈的生存能力。

印度教先后经历了古印度教时期、吠陀教时期、婆罗门教时期、中世纪印度教时期、近现代印度教时期等不同的发展时期。帕克蒂运动是印度教内部自我革新运动，是中世纪开启的印度教变革运动，前后持续一千多年，运动范围遍及整个印度。印度教的帕克蒂运动，由于历史传统与地缘政治的缘故，在南亚次大陆从来就不是一个"齐步走"的宗教改革运动。这个变革，一方面是回应一神信仰伊斯兰教传入后带来的神学挑战；另一方面，也是更根本的原因在于，生产力的繁荣与发展带来了个体自我意识的强化，传统婆罗门教的神圣性在中世纪中后期开始松动，新的神学观念、宗教仪轨也在逐步形成。

### 自我革新：帕克蒂起源及流变

"帕克蒂"的原文为"Bhakti"，前人经常把它意译为"虔诚"。Bhakti 由词根 Bhaj 加上后缀 Ktin(ti) 构成，Bhaj 有"热爱""享受""遵从""崇拜""服务""膜拜""身体享受""奉献""成为……的追随者""限于一种人自身无力改变的境况"等意思。从词源学的角度看，它并不是一个专有名词。不过，经过西方学者和印度本土学者的反复阐释与建构，该词具有了特定的含义，成为中世纪印度教改革运动的代名词。

1864 年，英国学者 H.H. 威尔逊（H.H.Wilson）在谈到孟加拉地区毗湿奴教派的耆坦亚支派（Caitanya）[1] 时，使用了"帕克蒂"这一术语。他说，"他们（耆坦亚派教徒）的宗教以对一个主神的'炽热的崇敬感'为基础，这一信仰形式'替代了'所有早期的宗教形式，'打破了'同那些信仰形式相联系的'宗教实践和理论、道德责任和政治的差别'"。"整个宗教和道德准则都包含在一个词即'帕克蒂'里，这是一个象征着隐性信仰和永无休止的虔信两者合一的术语。"[2] 威尔逊将印度教中对神依恋、热爱的情感词汇"帕克蒂"进行了学术性转化与固定。同时，威尔逊还考察了印度东部孟加拉地区的耆坦亚支派，梳理出毗湿奴教派的 20 多个分支。他的这种理性分析与归纳，是西方学术观念投射的必然结果。其优点在于，将多神信仰的印度更加明晰化；不足之处在于，将帕克蒂等同于整个毗湿奴教派，混淆了与黑天教派的关系。

印度教的帕克蒂运动从南部开始，逐步向北方传播转移，这与印度南北方不同的地理条件与统治模式有关。公元 6、7 世纪，北印度是

---

① 耆坦亚教派形成于 16 世纪，主要流行于孟加拉国和奥里萨地区。详见本书第八章第一节。

② H.H.Wilson, *The Religious Sects of the Hindus*, 引自 Krisna Sharma: *Bhakti and the Bhakti Movement-A New Perspective*, Mushiram Manoharlal Publishers, 1987, P.79.

笈多王朝（约320—550）和戒日王朝（606—647）统治时期。这时北印度再次实现统一，带来印度教文明的新发展。举世闻名的阿旃陀石窟、古典戏剧《沙恭达罗》、独具特色的印度教庙宇，便是这一时期的重要创造。而此时的南印度则是多中心的权力体系，远不是北印度统一的帝国模式。"帕拉瓦—朱拉统治南印度的时期，持续到12世纪，农民与森林居民不断斗争构成其特点。"[1]与北方是雅利安人占主导统治不同，南方主要是达罗毗荼的文化。泰米尔纳德地区民众运用泰米尔语进行诗歌、戏剧创作，并且建造出完全有别于北印度相对简略的庙宇，而构造出精美、多彩、高耸的印度教庙宇。

由于南印度手工业与商贸的发展，倡导众生平等教权观念的佛教、组织结构较为完善的耆那教，获得了长足发展。城市里佛教和耆那教的影响力很大，佛教对统治阶层有重要影响，而耆那教则捕获了一般的工商业者信徒。与此同时，传统的婆罗门教也在积蓄着改革的力量。"强大起来的君主势力，试图同时解脱掉身上的两大桎梏，一是佛教的平民的教权制，二是城市市民阶层的金权制。"[2]印度教的复兴，最早的虔诚派运动便是在这个背景下出现的。印度教在下层百姓中得以广泛传播。虽然南印度也是种姓制度，但传统意义上出于社会上层的婆罗门和刹帝利在南印度的势力并不明显。以反对宗教烦琐仪式，反对神职人员特权，帕克蒂思潮首先在下层社会涌动起来，其矛头不是指向婆罗门和刹帝利等高等种姓，而是对准了势力较盛的佛教和耆那教。

这一时期印度教的复兴运动，主要表现在两大方面：首先，湿婆崇拜与毗湿奴崇拜的重要性在凸显。在此之前，多数印度教徒崇拜三

---

① 〔美〕斯坦利·沃尔波特：《印度史》，李建欣、张锦冬译，东方出版中心，2015年，第96页。

② 〔德〕马克斯·韦伯：《印度的宗教——印度教与佛教》，康乐、简惠美译，广西师范大学出版社，2005年，第409页。

大主神梵天、毗湿奴和湿婆，而在帕克蒂运动中，梵天大神的重要性在下降。湿婆教派和毗湿奴教派的重要性上升，同时对毗湿奴大神化身黑天与罗摩的推崇，更为突出。其次，反对烦琐的宗教仪轨、祭祀仪式。虔诚派运动的宗教领袖开启了印度教的改革运动，这可以比肩德国马丁·路德开启的天主教运动。虔诚大师们宣传简单、明了的教理教规，"由格比尔达斯所创立，并且在职工种姓中广为传布的教派，基于排斥婆罗门的权威且拒斥一切印度教的神祇与仪式……似乎是助长了此种几乎完全弃仪式于不顾的宗教信仰"。①上古时期主张祭祀万能、强调吠陀天启的婆罗门教，被注重冥思、关注内在纯净的帕克蒂运动所"重塑"，逐步形成了中世纪的印度教。

传入次大陆的伊斯兰教与印度本土宗教相融合，在表现主旨上有了新的突破，在文学作品中较为集中地表现了个人意识的觉醒，个人的独立性进一步增强。苏非文学与印度教帕克蒂运动共同推动着印度文化由中古向近代的转型。

在帕克蒂运动发展过程中，《薄伽梵歌》逐步成为最为重要的宗教文本。这一文本经典化的过程，也是黑天大神重要性逐步上升的过程。黑天自己宣称，"我既是全世界的起源，又是全世界的毁灭""宇宙万物均系于我""我是人的英气和空中的声响""我是苦行者的苦行""我是光荣者的光荣""我是不违达摩的欲望"，我"高于万有且亘古常恒"。②在这些陈述中，黑天对"终极"神性的描述包含了非人格和非显性两大层面的特征。它们所表述的黑天不是某个具体的、固定的、偶像化的神灵，而是虚化的、变化无穷的。从两大史诗中走出来

---

① 〔德〕马克斯·韦伯：《印度的宗教——印度教与佛教》，康乐、简惠美译，广西师范大学出版社，2005 年，第 439 页。

② 〔古印度〕毗耶婆：《薄伽梵歌》，张保胜译，中国社会科学出版社，1993 年，第 86–88 页。

的黑天，已经不是战神阿周那面前的人格化的黑天，而是逐步幻化为万有背后的最高实体、最高精神，超脱了生与死，进入不生和不死的永恒状态，而这也就是印度教和印度哲学"梵我一如"中的"梵"的概念了。

在《薄伽梵歌》中，黑天既是有形的，又是无形的；既是形而下的，又是形而上的。有形的黑天，是在俱卢族和般度族中活跃走动的黑天，他是政治家，也是军事家。具体而感性的黑天，他和牧区女郎罗陀及其女友调情，他和哥哥大力罗摩及牧童们一起放牧、偷吃邻家奶油，顽皮玩耍。形而上的黑天是指他具备"梵"的特性，是不可描述的最高实体。具体与抽象的统一，形而下与形而上的统一，在西方哲学中可能是悖论，是矛盾，但在印度宗教、东方哲学中却是合乎自然的。在印度教的上师和广大信徒看来，无形梵是合理的，有形梵是合情的，信徒们各取所需，和平相处。

这一重要转折，不少学者也充分注意到了。印度史学家高善必（D.D.Kosambi）认为该书宣扬"黑天是唯一的尊神，他充满了整个宇宙、天、地、地狱，无所不在。他调和根本不能调和的东西，他是人们皈依的绝对的神"。[①] 巴沙姆（A.L.Basham）认为这本书所表现的是"成熟的有神论"，"它把印度教从一个祭祀的宗教转变为一个虔诚皈依的宗教"。[②] 这都充分说明，在帕克蒂运动中，传统的多神信仰在逐步收缩，逐步向一神信仰转变。当然，这个转变不是一蹴而就的，但这种转型是印度教复兴的开启。

公元 10 世纪前后，印度教复兴运动从南部的帕克蒂运动开始，佛

① 转引自季羡林：《〈薄伽梵歌〉汉译本序》第 2 页，《薄伽梵歌》，张保胜译，中国社会科学出版社，1993 年。

② 转引自季羡林：《〈薄伽梵歌〉汉译本序》第 3 页，《薄伽梵歌》，张保胜译，中国社会科学出版社，1993 年。

教与耆那教的影响明显消退，南亚次大陆南部印度教势力回升。到了公元13世纪，随着德里苏丹国的建立，帕克蒂运动伴随着行吟诗人、游方僧、托钵乞讨者而传播到次大陆的北部。至此，发自南方，波及南亚次大陆的帕克蒂运动成为印度教复兴的重要表现。这种转化，如同中国北宋之际宋明理学的兴起与发展。经过盛唐之际佛教文化的兴盛，儒家士大夫从佛教中汲取养分，重新阐发、改写汉代儒学，实现了政治儒学到心性儒学的转型。中印文化在不同的时空中，呈现出类似的发展轨迹。

**返本开新：帕克蒂运动的理论创新**

印度教自我革新的帕克蒂运动，起自民间，但有两位主要宗教理论家、宗教领袖在这个运动过程中起到了至关重要的作用——商羯罗与罗摩努阇。

商羯罗（Sankara，788—820[1]），印度中世纪前期推动印度教复兴的重要人物。商羯罗出生于西南印度喀拉拉邦一个婆罗门种姓家庭，少年时即随乔荼波陀（Govinda）的弟子乔频陀学习婆罗门教的经典，他的传教活动和理论著述[2]影响巨大。商羯罗后来遍游印度各地，与其他各教派展开辩论，并且借鉴佛教僧伽组织，建立了印度教的修道院。他不仅向各阶层民众说法传道，也常与其他教派的领袖辩驳与讨论，宣传自己的主张。商羯罗的传教活动，无疑扩大了印度教的影响，而削弱了佛教和耆那教的影响。

商羯罗是印度哲学史上占据主导位置的吠檀多不二论哲学的"中兴大师"，他推动了吠檀多哲学在中世纪的复兴。印度上古时期的哲学

---

① 日本学者中村元认为商羯罗的出生时间在700—750年之间。

② 商羯罗的著述颇多，著名的有《梵经注》《薄伽梵歌注》和《示教千则》等。

思想，主要有两大派别，一是奥义书主张的有我论，一是佛教的无我论。有我论是吠檀多哲学的主要观点，这一派别认为宇宙万物都有一个永恒不变的主体，宇宙的根本与个体的自我，在本质上是同一的；佛教的无我观，则认为万物没有一个内在质的规定性，皆是因缘聚会而成，本性是空。上古时期的婆罗门教，是有我论的重要代表。这些观念在四大吠陀[①]中有重要的保留。而"吠檀多"一词的本意就是"吠陀终结""吠陀集大成"。如果说吠陀是婆罗门教有关宇宙与社会、宗教祭祀与仪式中的记载、说明、积累，那么奥义书（Upanishad）[②]则是在此基础上的理论提升。奥义书集中讨论了"梵"与"我"的关系，梵是宇宙的最高存在，每个自我（个体灵魂）来自宇宙的梵（宇宙灵魂）。宇宙就是梵，梵就是我。"梵我合一"是奥义书宣传的主要观点，也是印度哲学最古老、最核心的概念。奥义书从婆罗门教看重的巫术、仪式开始向理论思辨转向，开辟了印度哲学的先河。

在商羯罗之前的时代，由于佛教与耆那教的兴旺与传播，主张"无我"的思想影响更大。"当时城市里的佛教势力还很强大，一般的工业者又都信仰耆那教，下层庶民百姓则倾向于通俗的印度教。"[③]商羯罗坚持毗湿奴信仰，希望复兴传统的婆罗门教。商羯罗认为，梵是纯粹的精神，是纯粹的绝对。因为它是纯粹的，所以梵本身没有任何差别，没有任何限制。既然如此，梵就是整体，就是唯一，是产生世界

---

① 婆罗门教推崇吠陀经典，他们认为吠陀是神或天意，而非人创造的，具有永恒的价值。吠陀主要有四种：1.《梨俱吠陀》，主要内容是对神灵的赞歌；2.《夜柔吠陀》，主要内容是祭祀的仪式；3.《娑摩吠陀》，主要内容是献祭的颂歌；4.《阿闼婆吠陀》，主要内容是神咒语。

② "吠陀"本义是"知""知识"。有广义与狭义之分：狭义的吠陀是指最古的四部吠陀集；广义的吠陀则指四部本集及附加文献，而附加文献主要包括由散文写成的《梵书》《森林书》《奥义书》等。

③ 孙晶：《印度吠檀多不二论》，东方出版社，2002 年，第 50 页。

的根基，是控制一切有情世界的大自在天，是毁灭世界的神。商羯罗的不二论，也就是主张梵是唯一的存在，没有第二个绝对的存在。

商羯罗认为，有形梵是为觉悟层次不高的人"设置"的，因为他们不能集中精力感知无形梵，为了信仰之目的，他们可以说梵有性质；否则，他们将无从"下手"。修行层次高的智者才能感知到无形的梵，修行者通过禅定、静观、苦行等各种方式去亲证梵，从而达到"梵智"状态，实现灵魂与梵合一的理想境界。由此，商羯罗在倡导"无形""上智""上梵"等的同时，也肯定了"有形""下智"和"下梵"，为南亚次大陆的诸多地方信仰披上了合理的外衣。

在种姓制下的南亚次大陆，婆罗门阶层从理论上应该是社会的最顶层。在上古婆罗门教占据统治地位时期，情况确实如此。但随着生产力的发展，世俗王权和商人的影响日益扩大。进入封建社会以后，社会经济、政治的实权掌握在封建领主手中。佛教兴起的众生平等的思想，更是对种姓制度的重要挑战。在商羯罗看来，最理想的生活不是追求佛教的"涅槃"，而是严格遵循理想中婆罗门教徒的"四行期"的生活，巩固传统的种姓制度。商羯罗的这种立场，说明婆罗门教中的婆罗门阶层开始出现了分化，专门从事祭祀的是神职人员，而以理论建构为主体的成员开始成为独立的智识阶层。他们出身高贵，但所从事的工作，已经从单纯的宗教祭祀转向知识论的建构。

如果说商羯罗是印度教"中兴理论家"，是吠檀多哲学的开创者，那么罗摩努阇则是在与商羯罗的"对战"中，进一步丰富和发展了吠檀多哲学。

罗摩努阇（Ramanuja，约 1017—1137），生于马德拉斯附近的一个婆罗门种姓家庭。他是吠檀多限制一元论的主要阐述者，他的这个理论是在反对商羯罗的不二论中提出来的。商羯罗认为，梵是无差别的、无属性的和无作为的，任何的差别、作为都是"无明"（错误认识）。

而罗摩努阇则认为，梵是有差别的、有属性的。梵在真实世界的显现，不是虚幻的，不是摩耶幻象。梵和它所变现的现象界都是真实的。"世界是梵的非精神力的表现，世界可以分为三类：原初物质、时间、纯质。罗摩努阇和数论一样，认为原初物质由于它自身三德的作用，经过若干阶段演变为现象的世界。"[①]

罗摩努阇认为梵是一个具有无限力量的神，直接和现象界发生着关系。随印度教影响力的扩大，他的这种思想被用于印度民间信仰的实践之中，地方神灵通过自觉、不自觉的方式进入印度教万神殿中。罗摩努阇崇拜印度教中的主神及其化身，反对烦琐的祭祀仪式，认为每个个体在神的面前是平等的。对神灵虔诚的爱，在现世和来世都可以获得幸福与解脱。他认为各阶层的民众，其灵魂在神面前都是平等的，都有获得解脱的可能。"人的才能、品性和思想的虔诚比之身份有着更为重要的意义。罗摩奴阇的思想反映了城市下层贫民和手工业者的愿望和利益。"[②]这些主张与实践，共同构成了帕克蒂运动的精神与斗争目标。

罗摩努阇继承了《薄伽梵歌》中的虔诚思想，对理论进行拓展。不仅使南方的虔诚思潮有所复兴，还把它扩展到北方，通过印度教说唱团在次大陆宣传，北印度的帕克蒂运动由此兴起。罗摩奴阇是商羯罗之后对前中世纪帕克蒂运动影响最大的人物，也是帕克蒂运动从南印度泰米尔地区向北印度传播的关键人物。在商羯罗和罗摩奴阇等的影响下，印度次大陆的诸多民间信仰逐渐走到一起，成为印度教信仰的成员。罗摩奴阇的继承者中，最有影响力的无疑是行吟诗人伽比尔（Kabir，1440—1518）。伽比尔以纺织业为职业，晚年在北印度漫游并

---

[①] 黄心川：《印度哲学史》（上册），大象出版社，2014年，第414页。
[②] 同上书，第419页。

传播虔诚派的思想。伽比尔是文盲，他的诗歌口语化色彩明显，底层民众都喜闻乐见。他的信徒和弟子将他的诗歌收集整理，编有《伽比尔诗集》。印度现代诗人、东方国家第一个获得诺贝尔文学奖的泰戈尔曾翻译《伽比尔诗集》，并在英国出版发行。伽比尔的观点继承了罗摩奴阇，他认为梵是世界的终极原因，纯粹的梵在花朵、果实、树荫中辨喜。自然万物与梵永远分别，也永远联合。伽比尔的诗歌中有明显的泛神论思想，而这也是泰戈尔诗歌的重要特征。

上一节"伊斯兰教对印度文化的吸纳"，专门论述了融合印度教与伊斯兰教特性而产生的"锡克教"。锡克教在理论建构上，还受到虔诚派运动的影响。锡克教的圣典《阿底格兰特》（*Adi Granth*），汇集了那纳克、伽比尔等人的诗歌和散文，成书于 16 世纪。印度教和伊斯兰教属于有神论的范畴。受这两个宗教的影响，那纳克也主张有神论。不过，与印度教通常的多神论不同，那纳克主张一神论。他认为，造物主只有一个，那就是"原人"[①]，首先是他自己创造了自己，然后才创造了世界。这里的一神论与伊斯兰教的一神论并不完全相同。他综合了印度教虔诚派无形论和伊斯兰教视安拉为唯一真神的观点，将锡克教的神高度抽象成一个精神实体，这个精神实体虽然也是物质实体，是一切物质的本源，但毕竟因为其无形而神秘莫测，不可企及。

传统的印度教和伊斯兰教都有居家修行的主张，但印度教和伊斯兰教中又都有出家修行的情况。锡克教的不同之处在于，主张信徒一律在家修行，而且强调信徒要担负起家庭和社会责任。这种将宗教信念与日常生活相结合的方式，恰恰是南亚宗教的独到之处。到第二任祖师安德格时代，锡克教世俗化的原则被进一步突出出来，这一原则体现了一种社会责任。那纳克主张信徒通过劳动自食其力，不但不给

---

[①] 原人，原文为 Adi Purakhu，即梵文 Adi Purusha。

社会增加负担，而且能为社会服务，为他人服务。这种对社会负责的原则也在锡克教信徒中得到贯彻。

反对印度教烦琐的宗教仪式，不仅是帕克蒂运动的主张，也是锡克教的重要主张。中世纪传统的印度教中流行着烦琐的仪式，针对这种情况，那纳克提出了念诵神名的修行方法。到了第二任祖师时期，念诵神名便被确定为锡克教信徒日常修行的第一要务。这种做法非常简单，信徒们不管文化程度如何，都可以得其要领，坚持不懈。这样做可以时刻提醒信徒们牢记上帝，上帝与自己同在，自己的一言一行都要向上帝负责。此外，锡克教也不像伊斯兰教那样有每日的"五功"，而是简化了礼拜仪式，一般只有进入圣庙以后才有一定的礼仪。这种简化仪式、念诵神名的做法与锡克教的世俗化原则是一致的。即让信徒们有充分的时间去从事世俗的工作，也把平时的工作神圣化、宗教化，这就加强了信徒们的责任心。

锡克教反对偶像崇拜、宗教极端苦行主义、烦琐的宗教仪式，并对印度社会根深蒂固的种姓制度展开批判。这些都为锡克教在印度的传播奠定了广泛的民众基础，16 至 17 世纪，锡克教吸引了很多农民和手工业者参与。在后世不断的发展过程中，以习武见长的锡克教，曾掀起了多次反对莫卧儿帝国统治的斗争。英国在南亚次大陆进行殖民统治期间，锡克教徒还发动多次反英战争。

纵观中古后期印度教的自我变革运动，宗教改革者商羯罗、罗摩努阇从理论上对传统婆罗门教进行了改革，印度教徒广泛开展的帕克蒂运动，更是在宗教实践层面革新了印度教。融合印度教与伊斯兰教的锡克教，与帕克蒂运动有着类似的主张。无论是宗教改革者的理论总结，还是教徒们的宗教实践，抑或新宗教派别的教规，都充分表明在中古后期印度教改革运动已经开启。

印度近代宗教改革家，无论是西化派，还是保守派，在宗教实践上都较为靠近古典的"证悟"方式。"印度人在精神生活中提倡直觉，所谓直觉就是证悟精神或感知真正的价值。要实现价值，必须去证悟精神。"[1]这一点在甘地的宗教思想中表现得最为明显，他的自传题目便是《我体验真理的故事》，特别突出"体验""证悟"宗教的精神。甘地一辈子携带的一本书便是《薄伽梵歌》，这是吠檀多哲学最有代表性的文本，也是倡导"证悟"真理的代表性文本。

---

① 孙晶:《印度吠檀多不二论》，东方出版社，2002 年，第 3 页。

## 第三节
# 印度教词源考证及类型划分

❧

　　我们称甘地为圣雄，是因为他是印度教中近代以来最为杰出的宗教领袖。但何为印度教，印度教的内涵是什么，一直是个众说纷纭的问题。其实，"印度教"这个词指向了印度社会中形形色色的宗教，既指过去印度本土产生的种种宗教，又指当下印度社会中种种的宗教；既指习俗层面的宗教，又指观念层面的宗教。印度教是产生于南亚次大陆上的宗教、哲学、文化和社会习俗的总称，它不是某位教主创立的一神教思想体系，而是在长期社会发展过程中形成。它的信仰、哲学、伦理观点等复杂多样，甚至相互矛盾。甘地的宗教思想，根植于印度教，又有吸纳了基督教的某些观念。因此，对印度教进行词源上的考订以及历史流变的梳理，对于理解近代印度，理解甘地的宗教思想有至关重要的作用。

　　"印度教"这个词是一个统括性的标称，是研究者造出来的一个标称符号。对这个符号可作这样一种理解：这个词就像一个箩筐，研究者将印度社会中一些具有相似特征的具体的宗教形态纳入这个箩筐中，这些具体的形态虽然在一个箩筐中，但本质上可能是异质的，甚至是相互对立的。如果这些形态存在本质上异质的情况，那么对"印度教"这个概念就不能作本质性的理解，就不能去寻求本质性的定义，那些具体形体的宗教被纳入这个箩筐中是因为这些具体的形态具有相似特征。因此，"印度教"是一个描述特征的概念，只能寻求一种共同特征的描述。因为这个箩筐中的东西是不同的，所以有必要对箩筐中的东西做一个类型划分，以从某个角度将它们分开。这种类型划分是在箩筐中划分几个的"格子"，然后将各种具体的宗教形态放到相应的"格子"中。不管造出"印度教"这个词去统称，还是去寻求这个词的定义，以及所指称的对象的分类都只是如何认识那些实实在在存在着的、具体的宗教形态的手段，都是为了辅助认识现在或过去存在的现实中的印度教。

### Hinduism 之词源考与类型划分

汉语的"印度教"一词来源对英语 Hinduism 的翻译，据现在的考证 Hinduism 这个词最早可追溯到 1829 年，起初的形式是 Hindooism[①]。这个词是由英国的基督教传教士构造的，构造的目的是将印度人的宗教与基督教宗教信仰区分开，给予印度人的宗教一个统称。"后来，是那些学习印度语言、赞美印度智慧和文学成就的印度学家……更多地使用'印度教'一词。"[②]到了 19 世纪下半叶，Hinduism 一词在英语世界得到普遍流行，其中有两本书有对 Hinduism 在英语书籍中的流行具有巨大影响。一本是亚历山大·达夫（Alexander Duff, 1806—1878）[③]于 1839 年出版了《印度与印度的使命：在理论与实践两者中的印度教

---

① 参考 Lorenzen D. N., "Who Invented Hinduism?", *Comparative Studies in Society & History*, 1999, 41(4):631.

② 邱永辉：《印度教概论》，社会科学文献出版社，2012 年，第 13 页。

③ 亚历山大·达夫，出生于苏格兰珀斯郡，作为一名传教士于 1830 年到达加尔各答，在罗姆·莫罕·罗易创办了一所英语学校，致力于在印度传播基督教。

的巨大系统的草描》（*India and India Missions: Sketches of the Gigantic System of Hinduism both in Theory and Practice*），另一本是莫尼尔·莫尼尔 - 威廉姆斯（Monier Monier-Williams, 1819—1899）[①] 的介绍性著作《印度教》（*Hinduism*），于 1877 年首次出版[②]。

Hinduism 从一诞生就充满了争议，Hinduism 的使用被印度的一些人以及一些反殖民主义思想的学者指责为西方殖民主义思想的衍生物。在印度，根本就没有什么"印度教"，印度人本身不知道这个词汇，他们知道自己信奉佛、耆那教、毗湿奴、湿婆，但不会认为自己信奉印度教，Hinduism 这个词汇是西方人以自己的视角观看印度社会的宗教的拟构物。但一些印度人自己也接受这个词的使用，他们接受这个词的原因是试图将印度社会中的各种教派统括起来形成一种统一的对外宗教形象以反对殖民入侵，而 Hinduism 这个词恰好是一个统括词，恰好符合宗教民族主义者的需求。

即便充满了争议，面对印度多神信仰的现状，又确实需要发明一个术语来表达。因此，用 Hinduism（印度教）这个词语来统称印度人的本土宗教，本身没有什么问题，问题是不能将印度教理解为现实社会中存在着一种印度教类型的宗教，也就是不能将印度教理解为一种独立的宗教实体。这就如同外国人来到中国，将中国本土的各种宗教统称为"中华教"，中华教包括道教、儒教、各种中国人的民间宗教与以及融入中国人日常生活中的宗教类型的社会习俗。将中国人的这些东西统括起来称为"中华教"本身没有什么问题，将它们纳入一个箩筐中反倒有助于做总体性的分析——分析中国社会中存在的各种具体

---

① 莫尼尔·莫尼尔 - 威廉姆斯，牛津大学梵文教授，编写梵英辞典 *sanskrit-english dictionary*。

② 参考 D. N. Lorenzen, "Who Invented Hinduism?", *Comparative Studies in Society & History*, Vol 41, 1999, p.632.

宗教的共同特征。但不能将中华教理解为在中国社会中存在着一种中华教类型的宗教，在中国社会只存在各种具体类型的宗教，如道教、儒教及其他民间信仰。比如外国人问一个中国人的宗教信仰是什么，这个中国人的回答为："我信仰的是道教。"他不会回答："我信仰的宗教是中华教"。所以，"印度教"是个统称词，不能将它作实体化理解，在印度社会中不存在一个叫作"印度教"的独立实体型宗教。这就如同我们将苹果、梨子、桃子统称为"水果"，但不能将"水果"理解为现实世界中存在着一种叫作"水果"的独立实体，现实世界中只存在苹果、梨子、桃子这些具体的东西。但我们不能因此说"水果"这个词是不正当的，我们不应当使用这个词，在类别区分上"水果"这个词仍然有使用的必要。"Hinduism（印度教）"这个词被造出来本身是没问题的，问题是要避免将总体指称词当作现实世界中的实体词来理解的错误。

目前对印度教的理解，一般有三种方式，一是以时代为判分的界定，二是以形态为判分的界定，三是以不同的崇拜对象为判分的界定。

（1）第一种是以时代为判分依据。

以时代为界限的判分方式将印度教划分为古代印度教、中世纪印度教、近现代印度教。这种划分是一种纵向划分，虽突出了各种印度教产生的时代背景，但这种划分不能将每种类型的内涵描述出来。在这里寻求一种横向的划分，也就是一种结构性的划分，这种划分既要体现在同一时期存在着各种异质性的类型，又要体现各种类型在最初的产生上有着历史的先后顺序，也要反映它们之间的相互冲突。

（2）第二种是以形态为判分依据。

以形态为判分的界定，以朱恩·麦克丹尼尔（June Mcdaniel，美国查尔斯顿学院的宗教研究者）为代表，他将印度教划分为六种主要

的类型与一些小类型①。六种主要类型为：民间印度教（Folk Hindu-
ism）、吠陀印度教（Vedic Hinduism）、吠檀多印度教（Vedantic Hindu-
ism）、瑜伽印度教（Yogic Hinduism）、道法印度教（Dharmic Hindu-
ism）、奉爱印度教（Bhakti Hinduism）。民间印度教最为古老，无文本
系统，基于地方神灵崇拜。吠陀印度教基于早期的《吠陀》文本，可
追溯到两千年前。吠檀多印度教基于《奥义书》，强调自我与梵的关
系。瑜伽印度教强调内在的觉察，这种印度教的表现文本是帕坦伽利
的《瑜伽经》。道法印度教是虽然用了 Dharmic 这个词形容，但并不是
一种高深的印度教，而是一种信奉日常伦理、道德、风俗的印度教，
如信奉种姓、牛的印度教。奉爱印度教是一种追求自我精神沉浸尊奉
的对象中的印度教。朱恩·麦克丹尼尔的划分体现了印度教的历史性
变化，以及每一种类型某一方面的内容。

　　阿克塞尔·米歇尔斯（Axel Michaels，海德堡大学印度学与宗教
学教授）区分了三种类型与四种崇拜方式②，三种类型为：民间与部落
宗教（Folk religions and tribal religions）、婆罗门—梵文印度教（Brah-
manic-Sanskritic Hinduism）、创建型宗教（Founded religions），四种崇
拜方式（指达到崇拜目的的方式）为：行为瑜伽（karma-marga）、智
瑜伽（jnana-marga）、奉爱瑜伽（bhakti-marga）、精进瑜伽（virya-mar-
ga）。民间与部落宗教指习俗层面的，婆罗门—梵文印度教指带有专门
的《吠陀》文本学习的印度教。创建型印度教指需要人的主观努力才
能建立的印度教，这类印度教有自己的立教者，如耆那教、锡克教、
佛教这类宗教都有自己的立教者。

① June McDaniel, Hinduism, in John Corrigan, *The Oxford Handbook of Religion and Emotion*,
　　Oxford University Press, 2007, pp. 52–53.

② Michaels, Axel, *Hinduism. Past and present*, Princeton University Press, 2004, p. 21.

（3）第三种是以崇拜对象为判分根据。

宗教是人这种生命体的一种精神崇拜活动，在崇拜中有三项基本内容——崇拜意愿、崇拜对象、崇拜方式。崇拜意愿指崇拜者内心中的渴求、意向与愿望，其实就是崇拜者想获得的东西。崇拜对象不是真正的外部物，而是其所体验到的外部物，是精神体验中的对象。崇拜方式是崇拜者以何种形式去获得自己从崇拜对象中渴求的东西。宗教的崇拜活动其实是人的需求、需求对象与人的能力之间的交互作用在人的精神上的体现，是天、物、人、我之间的交互状态在人的精神上的体现。宗教的崇拜活动具有安抚与凝聚人心以及寄托希望的作用。总的来说人们的崇拜对象有三种，第一种是崇拜自然，第二种是崇拜人物，第三种是崇拜自我。依此，印度教内部形形色色的宗教可划分为：崇拜自然的印度教、崇拜人物的印度教、崇拜自我的印度教。

1）崇拜自然的印度教

崇拜自然的印度教是对自然中的物与自然中的力加以崇拜的印度教。人从自然中产生，必须与自然打交道，维持人生命所需的物品以及生命活动的条件需从自然中获得，在与自然打交道中人感受到了自然的力量，但起初这种力量不在人的操控能力与理解能力之内，人对自然力量的理解是一种神秘的模糊感，这种神秘的模糊感投射在外部物上，使的外部物在人的精神投射中获得了神圣性，而这种神秘感只有等到人能够随意地操控这些自然物的时候才会消失，当神秘的模糊感消失之后外部物在人的精神中的神圣性也随之消失。

崇拜自然的印度教的崇拜意愿是想从自然中获得维持他们生命存在的物品与条件，这个自然不是抽象的自然，而是他们生存与繁衍所依赖的自然环境，更具体地说是印度这片土地上的自然环境。自然物指自然中各种各样的物体，有植物、动物，有自然力。《梨俱吠陀》是古印度人对自然崇拜的歌唱记录，歌唱中的内容表达了他们对自然的祈愿与理解。《梨俱吠陀》中的颂词有唱道："绚丽无比的曙光正显现于东方，乌莎斯女神带着清纯，从黑暗走出。天的女儿，黎明女神放射着光芒，正在为黎明富裕开辟道路。"[1]这段颂词明确表达了他们的祈求意愿是获得财富，而在当时的情况下财富的获得是依靠自然，万物借着太阳而生长，而曙光是太阳露出地平线的第一道光，曙光意味生命生存的依靠。

崇拜自然的印度教有两种明显不同的情况，一种是崇拜自然万物的印度教，另一种是崇拜自然的本源的印度教。

①崇拜自然万物的印度教

崇拜自然万物的印度教是一种多神的自然崇拜，《梨俱吠陀》中的早期的诗歌颂了自然界的各种事物与景象，但还没有思考自然界各种事物与景象的相互关系；而《梨俱吠陀》后期的一些诗歌突显出一种总体性的思考。

②崇拜自然的本源的印度教

崇拜自然本源的印度教的产生于人类对世界的总体性追问，也就是追问整个世界的本源是什么，整个世界产生于何物以及如何产生。《梨俱吠陀》中的《布鲁沙》与《谁》表现了印度人的这种宗教宇宙观。《布鲁沙》这首诗歌描绘道：

> 从他的意念产生了月亮，
> 从他的眼睛产生了太阳；
> 从他的嘴产生因陀罗和阿耆尼，
> 从他的呼吸产生伐由；

---

① 林太：《〈梨俱吠陀〉精读》，复旦大学出版社，2008 年，第 155 页。

从他的脐产生了空界，

从他的头演化了天界，

从他的双脚生出地界，

从他的耳生出四方；

由此形成世界。①

以上这种描绘是用人自身的形象描绘自然，将人所拥有的器官与自然界的事物联想起来，想象世界是由一种像人那样的宇宙原人所生成，自然界的事物由宇宙原人的器官所产生。

《谁》这首诗歌描述道：

太古之初，金卵始起。

生而无两，万物之主，

既定昊天，又定大地，

吾人供养，此是何神？

…………

大地星神，孰奠丽之？

天上诸天，孰维系之？

茫茫寥廓，孰合离子？

吾人供养，此是何神？②

以上的描绘是将天—地—星—海—物描绘为金卵所生成的，以上的这种做法是用自然的产物奉献给自然中的神明，感恩自然神的给予，

① 林太：《〈梨俱吠陀〉精读》，复旦大学出版社，2008年，第220页。

② 同上书，第215页。

通过物品奉献的方式祈愿自然中的神明能给人丰富的物产。在《谁》这篇诗歌中，作诗者认识有一个统一性的东西生成了这个世界，但又明确表达了对这个创生者不认识的困惑，只好用供养来敬奉这个创生者。

在总体性的追问中有各种回答，但形成了一种典型的版本，这个版本就是印度自然崇拜中的三一论（Trimurti），三个主神分别为梵、毗湿奴、湿婆，这三种神分别解释世界万物总体性追问中的三个问题——世界中的万物由什么创生，世界中的万物由什么维持，世界中的万物由什么毁灭。梵被视为创生者，毗湿奴被视为维持者，湿婆被视为毁灭者，这三种力量构成世界万物的生、持、灭。

2）崇拜人物的印度教

人物的崇拜主要有两种类型，一种是祖先崇拜，一种是伟人崇拜。依此将崇拜人物的印度教划分为：崇拜祖先的印度教与崇拜伟人的印度教。

印度社会中典型的祖先崇拜是对始祖摩奴的崇拜，摩奴既是祖先，又是英雄人物，也是道德典范。《摩奴法论》一书认为自己的立法是摩奴作为祖先指引后来人的行为规范。《摩奴法论》既是一部法律性的书籍，同时也是一部宗教性的书籍，其中一些规范成为印度教徒的宗教修行方式。

伟人崇拜是对那些对民族生存与发展做出重大贡献的人物的崇拜，除了重大贡献外还因为他们身上有着人格魅力。罗摩崇拜是印度社会中一种典型的伟人崇拜，对罗摩的崇拜是源于罗摩对民族的生存与发展起到了至关重要的作用，印度人以十胜节（Dussehra）的形式欢呼与纪念这一民族伟人。

3）崇拜自我的印度教

自我崇拜是指人自身的生命力的发用成效被人的自我意识察觉后，

自我意识将之推崇为生命的根，并加以崇拜。对自身的生命力崇拜可分为两个方面，一个是崇拜身体方面的生命力，另一个是崇拜精神面的生命力，这里的自我崇拜专指精神方面的自我崇拜。精神的自我崇拜认为身体的自我不是真正的自我，精神的自我才是真正的自我、最高的自我、根本的自我，认为这个自我就是世界中的最高存在者，也就是上帝。精神的自我崇拜是想从自身的精神方面获得支撑与支配生命的力量，这种崇拜不是为了外部的财物，而是为了达到自我对自身的支配，达到身心自如的自由。为了达到对身心的调控自如，一些宗教人士摸索出各种调控的方式，这些调控的方式是自我精神崇拜的崇拜方式。崇拜自我这一类型，又可细分为三种——崇拜自我灵魂、崇拜自我良知、崇拜自我理性。

①崇拜自我灵魂

崇拜自我灵魂的印度教是一种将自我灵魂推崇到至高地位的印度教。这种崇拜认为我就是我的灵魂，将肉体与灵魂对立起来，企图使灵魂的我摆脱身体的欲望与气质的影响与控制。表达其崇拜意愿的词是"Moksha（解脱）"，表达其崇拜对象的词是"Ātman（自我）"，表达其崇拜方式的词是"Yoga（合一）"。为了达到其崇拜意愿，在认知上想认清身体的我与灵魂的我的关系，想认清灵魂的我与宇宙的创生者的关系。这两面的关系问题是《奥义书》的核心问题，《奥义书》中的许多篇章围绕这两面的问题展开论说。对于这两个问题，《奥义书》中的篇章的回答是：有一个独立的灵魂的自我的存在，这个自我是最高的自我，也是宇宙的自我，要想达到解脱就得摆脱身体的我的束缚，与最高的自我达到合一。《奥义书》中说道："如果一个人知道自我，知道自己就是这自我，还会有何愿望与欲求，为了这个身体而烦恼？任何人若是发现和觉悟到，这个进入身体深渊的自我，他便是创造一切的创世者，世界属于他，世界就是他。"[①]

②崇拜自我良知

崇拜自我良知的印度教，是指将感受到的自我生命中的良知，推崇为自我的根本的印度教。这种印度教认为我就是我的良知，但我的良知不只是个体的，更是普遍的，是世界的根本。崇拜自我良知的印度教认为人的使命就是听从良知的呼唤，并执行良知的使命，最终达到一种使自己的思想、行为不与自己的良知相违的状态。这种印度教认为良知就是人心中的爱，但这种爱是一种纯粹的爱、神圣的爱，认为人与人在这种纯粹的爱中才能达到神圣的融合。

崇拜自我良知的印度教的典型例子是印度中世纪的奉爱宗教（也就是虔信派运动所倡导的宗教）与近代甘地的良心宗教。奉爱宗教采用道德直感的崇拜方式，具体的应用方式主要有两种：一种是奉爱瑜伽（Bhakti yoga），另一种是用宗教文学与艺术进行感性熏陶。在奉爱瑜伽中使自我的精神沉浸到自我的仁爱之心中。通过宗教文学的创造将自己内心的情感表达出来，借助文学与艺术的感性机能唤起人们内心的慈爱之心。甘地的宗教是一种典型的崇拜自我良知的宗教，他将自我心中的良知推崇到绝对的高度，认为自我心中良知就是上帝，是这个世界的根本。甘地在回答上帝是否存在时说道："他可以在他自身中测试上帝的存在，通过一种虔诚的信念。由于信念不能通过外在的证据证明，最可靠的方式是相信道德统治世界，相信道德律法——真理与爱的律法——至高性。"[②]

中世纪的奉爱宗教与甘地的良心宗教都是一种崇拜自我良知的宗

---

① 《奥义书》，黄宝生译，商务印书馆，2010年，第88页。

② M. K. Gandhi, GOD IS, *Collected Works of Mahatma Gandhi*, Vol. 43, Navajivan Publishing House, pp.95–96.

教，但甘地的良心宗教更具纯粹性。中世纪的奉爱宗教保留了人格形象，甘地排除种种的拟人形象，直接诉诸内心纯粹的道德直观。他说："只能通过一种确切的亲证，这种亲证比起五种感官的感触具有更多的真实。感官认知往往是虚假的、欺骗的，无论它们对我们显现得多么真实。有一种感官之外的体认它是不会错的，上帝被证明不是通过外来的证据，而是在改变行为与品性中，内在地感受到上帝的真实展现。"[1]

③崇拜自我理性

崇拜自我理性的印度教是一种将自我的理性能力推崇到神圣地位的印度教。这种印度教企图用人的理性去获得对世界的本真性认识，认为获得本真性的认识是达到解脱的前提。

崇拜自我理性的印度教的典型例子是古代与中世纪的正理派与近代罗易倡导的梵教（Brahmoism）。正理派表面上崇奉一个至高的神，但在对神的探讨中采取完全理性的手段，这种做法其实已潜在地转向了自我理性的崇拜，是将自我理性推崇为神。《正理花束》中说道："这逻辑的研讨完全可以称为对神的冥想。而且如果依照圣典所说，这就确实是崇拜。"[2]正理派认为人的法与非法必定有一监督者，所以正理派将辩论法、推理、判断等作为研究的对象。"这个监督者具有高于普遍人的智力与才能。"[3] Brahmoism这个词由Brahmo与ism构成，Brahmo（梵）虽来源于印度传统宗教思想，但罗易在使用的时候改变了这个概念的内涵，将理性注入这个概念中。1830年的梵会在罗易的倡导下设立一些信条，信条核心内容为尊崇理性反对非理性。"梵拥有真理、知识、理性、自由意志以及以道德直觉（观察）作为指导"，"梵反对偏

① M. K.Gandhi, GOD IS, *Collected Works of Mahatma Gandhi*, Vol. 43, Navajivan Publishing House.

② 姚卫群编译：《古印度六派哲学经典》，商务印书馆，2003年，第140页。

③ 同上书，第419页。

执与非理性的区分，如按种姓、教义、肤色、种族。自然哲学、化学、解剖学以及其他有用的科学' 对教育的必要性"。[①]

**印度教崇拜类型的演变与关系**

每种类型的印度教都是在历史的发展过程中生成的，生成之后也不会一成不变，印度教中的任何一种形态都只是一种暂定的形态。

（1）**抽象崇拜的具体化与具体物的神圣化**

在崇拜自然的印度教中，几乎所有的崇拜对象都被拟人化，一些高度抽象的概念也被塑造出人格形象。高度抽象的概念没有外在的实指，人们带着这些概念与自然环境、社会环境发生交互，交互中会将自然中的某种具体物或社会中的某一人物当作是抽象概念的现实。这种做法填充了抽象概念的实指空缺，使抽象的概念获得了具体的感性形象，但也导致偶像崇拜的盛行，反过来看也是具体物被神圣化。例如，罗摩本是印度历史中的治理者，是具体的人，然而在杜勒西达斯的《罗摩功行录》被提升到至高无上的地位，自然中的一些物被当作是他的体现，而那些抽象的概念也获得了现实的表现，"罗摩的名字是日、月、火的来源，我向他敬礼，他代表着大梵天、毗湿奴、湿婆的三位一体"[②]。

（2）**崇拜自然的印度教向崇拜自我的印度教的转变**

《梨俱吠陀》前期诗歌是一种直接的、感性的表达，而晚期的诗歌出现了思辨性的追问，古印度人开始思考整个自然界是如何产生，以及产生这个自然界的本源是什么。对于这个问题的回答古印度人做出

---

① 〔印〕贾瓦哈拉尔·尼赫鲁：《印度的发现》，向哲濬、朱彬元、杨寿林译，上海人民出版社，2016 年，第 285–286 页。

② 〔印〕杜勒西达斯：《罗摩功行之湖》，金鼎汉译，人民文学出版社，1988 年，第 21 页。

了种种猜想，金卵（Hiranyagarbha）、布鲁沙（Purusha）、生主（Prajapati）等一些拟想物是他们的回答。《梨俱吠陀》中的《谁》强调地表达这种本源性的追问——"太古之初，金卵始起，生而无两，万物之主，既定昊天，又安大地，吾人供养，此是何神"[1]，这种崇拜仍然是一种物质性的追求，在《谁》的末尾表达了其崇拜的意愿——"生主啊，除你之外吾人知晓所有这些创造的事象，我们祈求你，允许我们的心愿实现，愿我们拥有充裕的财物"[2]。

在对世界的本源的思考中，古印度人逐渐转向自己的内心，在自己的内心中寻找世界的本源，这种转向是古印度人由自然崇拜向自我崇拜转变的表现，《奥义书》中的一些篇章记录了这种转变。对于这些问题《奥义书》的最终结论是：自我就是梵。这种转变使外部物的神圣地位被降低，自我的灵魂被抬升到神圣地位。《歌者奥义书》说道："这是内心的自我，小于米粒，小于麦芥，小于黍粒。这是内心的自我，大于地，大于空，大于天，大于这些世界。"[3]这种转变同时意味着古印度人人生追求的转向——由原来对平安、财物、兴旺的祈求转向对物质幸福的舍弃，转变为对自我的超越。

（3）崇拜自我的印度教对崇拜自然的印度教的批判

在自然崇拜中形成了一些人格形象与祭祀仪式，这些祭祀仪式是人类对自然的感恩表达，他们将自然的产物反馈给自然，祈求来年还能得到自然的赐予。人格形象是人以自身的形态拟想了自然中的物与力的样态，在向自然的反馈仪式中产生了专门主持祭祀的职业群体，这类职业群体将祭祀仪式规范化，并认为规范化的仪式才具有效用。

---

[1] 林太：《〈梨俱吠陀〉精读》，复旦大学出版社，2008年，第215页。
[2] 同上书，第216页。
[3] 《奥义书》，黄宝生译，商务印书馆，2010年，第159页。

这些仪式产生的根基是人对自然感到神秘，而一旦人能操控与理解自然，自然在人身上产生的神秘感会消失，神秘感的消失会使仪式的神圣性丧失。但这些仪式并不会随即退出社会，一方面以祭祀为职业的人群会努力论证祭祀的神圣性，另一方面这些仪式会以一种习俗化的方式继续留存于社会中。习俗化的仪式因无神秘感作为基础，终是一种无精神的内涵的外壳。在自我崇拜的印度教徒看来这些仪式是一些烦琐枯燥的形式，不能引起心中的崇敬。

《奥义书》中的篇章没有否定祭祀，但崇拜的对象已转变，所以关注点已不在祭祀上，而在内观、冥想、瑜伽这些方式上。有些信仰者没有否定祭祀仪式的效用，但对祭祀是否应该由专门的人员在规定的时间、场合进行有着怀疑。《弥漫差经》中写道："（反对者认为：在进行祭祀时，进行者、地点、时间有着恒常的联想。因此，（关于他们）不（存在）教令。"[①]而《奥义书》的作者认为："然而吠陀圣典（中关于祭祀的进行者、地点、时间的言辞是有）限定意义的。"[②]《奥义书》的作者没有到自然中寻找祭祀的神圣性，书的作者以《吠陀》文本维护祭祀的规范性，但追问《吠陀》为什么能够作为判定的合法的基础时，而是用词语、概念的意义所具有的普遍来维护《吠陀》文本的神圣性、真理性、永恒性，书的作者也不得不到人的理性思维中寻找根据。

中世纪的商羯罗对祭祀仪式做出了明确的批判，他认为："如果完全不打算对祭祀及其手段如圣线等加以舍弃的话，大概是（天启圣典）未对（阿特曼）与祭祀在本性上毫无关系，以及作为祭祀要因的四种姓制也毫无关系之事加以论述吧！因此，要寻求解脱就必须要放弃祭

---

① 姚卫群编译：《古印度六派哲学经典》，商务印书馆，2003 年，第 227 页。
② 同上。

式及其手段"[1]。

尽管历史中存在着对仪式化的自然崇拜的批判，但这些仪式没有随着批判消失，直到近代仍然是印度社会中一种明显的宗教样式。近代的甘地在他的自传中写道："因为我是生来就属于毗湿奴信徒，所以我常常到哈维立神庙去朝拜。可是这并没有触动我的感情。我不喜欢神庙里的灯火辉煌和喧腾热闹。而且我还听说神庙里也干着败坏道德的勾当，于是更感到它索然无味了。所以我从哈维立神庙里并没有得到什么。"

印度社会中的宗教形态万千，让人难以分辨，但只要把握人类宗教活动中的三项基本内容——崇拜意愿、崇拜对象、崇拜方式，不管多么复杂的形态都能得到清楚的剖析。从崇拜的对象来看总的来说有三大类型：崇拜自然的印度教、崇拜人物的印度教、崇拜自我的印度教。

崇拜自然的印度教的文本表现是《吠陀》经，因此崇拜自然的印度教也被称为"吠陀教"。崇拜自然的印度教反映的是印度人与自然的一种生存关系，在人类的力量还较为弱小的时候，生存是生命的重要目的，而人的生存依赖于自然，人对自然的改造力量还很弱，对自然充满着惊异、崇敬的情感。崇拜自然的印度教的崇拜意愿是祈求从自然界获得生存与发展的物质条件与物质资料，崇拜方式是向自然界的事物进行献祭与歌唱，这些献祭与歌唱内容被记录在《吠陀》经中。当人类改造自然的力量得到增强的时候，或者说人类所面向的自然对象能否掌控在人的力量范围内的时候，自然中的事物会逐渐丧失其神秘感，对自然界的事物的崇拜会逐渐减弱，但在崇拜自然中所形成的崇拜仪式并不会随之退出社会，因生活的动荡以及对美好生活的向往，

---

[1]〔古印度〕商羯罗：《示教千则·散文》，孙晶译，商务印书馆，2012 年。

在崇拜自然中所形成的仪式会作为稳定与美好生活的祝福仪式遗留在社会中。印度社会至今仍保留着大量在自然崇拜中所形成的崇拜仪式，例如在印度人的婚礼中，新郎与新娘要围绕火转七圈，祈求火神给家庭带来安康与幸福。火神崇拜是在崇拜自然的印度教中形成的，崇拜火的根源是火对于人的生存的重要性，在现代社会中人们已经能够随意操控火甚至火的功能已被现代电器所取代，现代人对火的感受已失去了人类起初阶段的那种神秘感，但对火的崇拜的仪式作为对家庭生活的一种祝福仍然保留到印度人的婚礼中，这些仪式是自然崇拜仪式的习俗化。

在印度人的自然崇拜的晚期出现了对世界整体性的思考，也就是自然界的各种事物从何而来，自然界的各种事物是如何衍生的思考。古印度人拟构了许多关于自然本源的概念，例如"布鲁沙"[①]"金卵""生主""梵"这些概念。最终"梵"这个概念在印度人的思想中占据了主导地位，认为梵是世界的创生者，但梵究竟是什么样，以及如何发现与寻找这个梵，印度人寻找的目光从自然界转向了自身，转向了自身的精神世界，精神上的自我（atman）逐渐成为崇拜的对象。《奥义书》是印度人由自然崇拜向自我崇拜转变的文本表现，《歌者奥义书》书中说道："这是内心的自我。它是梵。死后离开这里，我将进入它。信仰它，就不再有疑惑。"[②]婆罗门教是一种介于自然崇拜与自我崇拜之间的印度教，一方面它继承吠陀教中的自然崇拜仪式，也就是祭祀仪式；另一方面又将崇拜的对象转向内在的自我，追求梵我合一。

---

① 布鲁沙（Purusa）的意译为"原人"，古印度人按照人的形象拟构了一种像人一样的衍生者，认为是这种如同人一样的衍生者创造了自然界的各种事物。这种拟构类似于中国的盘古开天辟地，而盘古死后身体演化成自然界的各种事物——"目为日月，脂膏为江海，毛发为草木"。

② 《奥义书》，黄宝生译，商务印书馆，2010年，第159页。

# 第四节
## 近代宗教社团的启蒙运动

❦

　　印度教近代的宗教改革，既是宗教内部的自我革新，又完成了印度民族精神信仰"共同体"的建构。印度近代宗教改革家罗易、奥罗宾多、达耶难陀、辨喜等诸多学者或宗教领袖，从宗教信仰、仪式、偶像崇拜等方面的改革入手，回应了西方基督教在印度强势入侵带来的挑战。他们的共同之处在于，他们都是印度传统社会的精英人士，但又都深受欧洲近代文明的浸染。对印度宗教的危机感，"与其说来自西方传教士的攻击，倒不如说来自他们接受西方思想影响后本身世界观的变化"[①]。对这些社会精英而言，宗教改革不只是停留在观念上的革命，而是和社会习俗、日常伦理、生活习惯密切相连。他们通过建立新型的宗教社团，改革印度传统的种姓制，主张废除童婚制、寡妇殉葬制。这些改革，推动了民众自我意识的觉醒，加速了共同体观念的传播。梵社、圣社、祈祷社、罗摩克里希那教会等宗教改革团体，在19世纪中后期表现出活跃的态势。

---

① 林承节:《殖民统治时期的印度史》，北京大学出版社，2004年，第80页。

## 多元宗教社团的兴起

罗姆·摩罕·罗易（Rammohan Roy, 1772—1833），印度近代启蒙思想家、社会改革家、宗教领袖，被尊称为"近代印度之父"（The Father of modern India）。罗易在印度创造了许多"第一"：创建了印度第一个近代改革社团"梵社"，开展印度宗教与社会改革运动；建立了第一所大学，将欧洲近代以来的人文精神与科技思想传播到南亚次大陆；创办了印度的第一份报刊，将梵社的改革主张与实践积极介绍，广为宣传。罗易的这些"首创"之功，对印度而言，起到了开风气之先的重要作用。他自幼学习阿拉伯语和波斯语，还学习了《古兰经》和一些波斯语诗歌。作为一个婆罗门，他受到了印度教神学的教育；但早在16岁那年，他便反对自己家庭的异教徒行为。由于他坚持反对家庭的宗教信仰而受到迫害，于是他离开了家。20岁那年，他的父亲邀请他回来，他照做了，而且为了受雇于东印度公司，他还学习了英语，并成功地在东印度公司里谋得了几年职位。他于1814年在加尔各答买房住下，然后又一次反对印度宗教和社会习俗中邪恶的一面，而他的父亲公开拒绝承认这一点。在父亲去世后，他更加勇敢。他买了一台打印机，用各种语言出版反对流行的、错误的宗教观念的宣传册。1819年，在出版了一些包含由印度教圣经讲述的宗教课程的宣传册后，他发表了一篇名为《领悟基督的对和平和快乐的指引》的短文，从中可以很有趣地看到这位现代改革者是怎样利用先进的交流真理的方法的。之前所考察的教派领袖，都是通过一生的自我惩罚才取得人们的注意，而且靠从一个城市到另一个城市的流浪才传播了他们的观点；但罗姆·莫罕·罗易只是住在他自己的房子里，用他的打字机对更多的群众散发由他热忱的心和丰富的头脑制造出的宣传册。

罗易竭力反对种姓制度、偶像崇拜、歧视妇女、敌视异教等，主张开展现代教育，学习欧洲近代以来形成的科技文明。在罗易继任者德宾特拉纳特·泰戈尔的指导下，梵社提出了一套更"激进"的宗教改革观点。在近代印度教宗教运动历史上，凯沙布·钱德拉·森先生成为梵社的重要的继任者与改革者。梵社改革的历史主要是它的领导人的历史。当他们前进，他们的弟子也会前进；当他们原地不动，或后退一步，他们的弟子也照做。罗姆·莫罕·罗易大师跟随他树立的"光明"探索，在他的时代，社团成员们缓步前行。德温德拉纳特·泰戈尔大师在放弃对"吠陀"的绝对信仰上只前进了一小步。而现在，在凯沙布·钱德拉·森先生的带领下，又出现了大的发展。1858 年，正当他 20 岁时，凯沙布先生加入了梵社，很快他就成了这个组织的领导人。他在孟加拉银行做了三年秘书，但之后，由于希望放弃与宗教无关的职业，他辞去职务并将全部身心投入到梵社的组织工作中。1862 年他被选为社长。但很快，因为他带上他的妻子，和他的好友、在女儿的婚礼上没有履行通常的偶像崇拜仪式而被驱逐出婆罗门的德温德拉纳特·泰戈尔一起进餐，所以他的家人和他断绝了6 个月的关系。改革事业正常运作了一段时间后，很快许多老成员们便认为这个新社长的思想太激进了。他彻底地反对种姓限制，而且希望所有在梵社工作的人都会持有和他相似的观点。他主张更进一步破坏印度教的习俗，比如支持不同种姓的人通婚，这样的婚姻的出现引起了更大程度的强烈反对。于是，进步些的人便从梵社中分离出来了。年长而更保守些的成员认为梵社只需要关心自己的宗教改革，而继续遵守印度教的社会习俗。凯沙布先生和支持他的党派抗议说这两派不能分裂。在分裂发生前，进步党派将他们的观点列举如下：

（1）种姓差别的外部标志如圣线等，不能再被使用。

（2）仅仅是有足够能力和良好的道德品质的婆罗门，其生活和其信仰一致的，可以引导梵社的事务。

（3）在梵社里，不允许说任何对其他宗教带有恨意或轻蔑意味的话。

其后在凯沙布·钱德拉·森的领导下，于1866年重新组织了印度梵社。凯沙布综合印度本土宗教教，西方的基督教、中东的伊斯兰教等各派宗教的内容，创立"新天道"。这一新教派，以"为神服务即为人服务"为宗旨，围绕社会改良、文化教育开展工作。但凯沙布与国大党的很多政治精英一样，是典型的亲英派，民主化色彩较浓。他的主张与活动，遭到一些青年激进派的反对。1870年，反对派另立了公共梵社。

雅利安社（Arya Samaj），又称圣社，印度教改革团体之一。达耶难陀·娑罗室伐底（Daynanda Sarasvat，1824—1883）于1875年在孟买创立。他在"回到吠陀去"的口号下，托古改制，对印度教进行改革，并批判了基督教的文化侵略。他主张宗教"要为贫弱的同胞服务"，"促进全世界的物质的、精神的和社会的幸福"。

罗摩克里希那传教会，由罗摩克里希那的弟子辨喜（Narendranath Datta，1863—1902）于1897年在加尔各答创立，目的在于传播罗摩克里希那（Sri Ramakrishna）的宗教和社会改革思想。罗摩克里希那教会是目前印度教中最有影响的宗教和社会改革团体，辨喜追随其师罗摩克里希那所提倡的"人类宗教"，并以吠檀多一元论的学说对"人类宗教"的观点进行充分论证。辨喜批判印度教的陈规陋习，反对童婚、殉葬等非人性的传统观念。辨喜主张民众要起来抗争，用实际行动来打破封建陋习对人性的压制，反对殖民统治对印度造成的伤害。罗摩克里希那教会在"宗教要为贫苦人民服务"的口号下，积极进行社会改革和教育文化工作。该会在国内拥有多所大学和研究机构，发行各种书刊。在世界各地，非洲、欧洲、南北美洲的很多地区，都有罗摩克里希那教会的分支或吠檀多主义研究中心。

辨喜于1893年参加芝加哥举行的世界宗教会议，他的热情雄辩、与人的精彩交流、博大的慈悲心、多姿多彩的个人特性和英俊的外表，使他对与他有所接触的许多美国人产生了巨大影响。在美国，辨喜的任务是介绍印度灵性文化，尤其是其吠檀多哲学。他成为印度的灵性大使，并且为了创造一个健康的东西方信仰和科学的综合体，他为印度被世界更好地接受和理解而努力。在他的母国，人们将辨喜尊为现代印度的爱国圣人，并且认为是他激发了本国人民的民族觉醒。许多印度政治领导人都已公开承认他们受惠于斯瓦米·维维克兰达（辨喜）。这位圣人的任务既是民族的也是国际的。

迦耶卡尔（Ram Balkrishna Jaykar）于1849年在马哈拉施特拉创立的宗教社团"祈祷社"（Prarthana Samaj）成立，它是当时孟买一带最著名的宗教改革社团。这一社团猛烈抨击传统社会的不公和种姓制度，传播有神论的崇拜，倡导社会改革，其早期目标是反对种姓制度，主张寡妇再婚，鼓励女性教育和废除童婚。其中的成员，"低种姓出身的普莱，在他大量的诗歌、散文作品中反对婆罗门的压迫，并建立了旨在提高低种姓地位的组织'净化社'，使这场斗争有了具体的组织形式"[①]。祈祷社不要求成员放弃种姓，偶像崇拜或传统的宗教圣礼等印度教的习俗。该运动的早期领导人是拉纳德（M.G. Ranade, 1842—1901），一位杰出的社会改革家和孟买高等法院的法官，以及旁德卡尔（R.G. Bhandarkar, 1837—1925），一位著名的梵文学者。祈祷社的活动包括组织学习小组，争取传教士的支持，创办期刊，举办夜校，开放

---

① 〔英〕J.T.F.乔登斯：《英属印度的印度教宗教和社会改革》，《印度文化史》第26章，A.L.巴沙姆主编，闵光沛等译，商务印书馆，1997年，第544页。

免费图书馆，成立妇女和学生协会以及孤儿院。祈祷社的成员在世纪之交出现的重要社会改革运动方面发挥了重要作用，包括印度沮表的阶级使命协会和全国社会会议。与梵社和圣社一样，祈祷社在恢复印度教徒自尊方面的成功是印度民族主义发展的一个重要因素，推动着印度现代政治的成熟与发展。

### 宗教改革的精神旨归

印度近代民族独立运动，一般从 1857—1859 年的民族大起义开始。这次民族起义被欧洲称为"雇佣军兵变"或"士兵起义"。起义的爆发不是偶然的，而是有着深刻的历史根源与社会历史背景。葡萄牙是欧洲第一股扩张到印度的势力，他们基本是寻求贸易而非殖民统治。这是欧洲与亚洲在"前殖民地时期"接触，在很多方面"葡萄牙人的影响甚微，但在有些方面，葡萄牙人影响深远。两者更多的是相互影响和合作，而不仅仅是一方对另一方的统治"[1]。英国自1757年占领孟加拉国开始，经过了 100 多年的时间，印度完全沦为英国的殖民地。以葡萄牙与英国为代表的西方资本主义的到来，给印度的传统生活方式极大的震撼。欧洲自启蒙运动以来的科技、自由、民主，"使印度人在思想和行动方面突然产生了新的意识与活力。长期蛰伏的理性冲动出现了，新的印度精神诞生了"[2]。

欧洲中心论者过于强调西方文化对印度的影响，虽有失偏颇，但"新的印度精神"确实以一种新的方式影响着殖民地印度政治、经济、社会与文化的发展，特别是民族意识的觉醒。直到 19 世纪末期，印度

---

①〔新西兰〕M.N. 皮尔森：《新编剑桥印度史·葡萄牙人在印度》，云南出版集团公司，2014年，第 18 页。

②〔印〕D.P. 辛加尔：《印度与世界文明》（下卷），庄万友等译，商务印书馆，2015 年，第324 页。

并没有一个近代欧洲发展出来的民族意识。古代印度帝国，无论是印度教国家，还是伊斯兰教国家，帝国的统一是建立在各种种姓及亚种姓集团之上的，种姓体制使得印度民众更多地面对的是所在种姓、村社而不是更大范围的王权。近代印度教的宗教改革运动，既带来了印度教内部的改革，也推动了社会习俗与组织结构的重要变革。基于宗教认同而形成的政党，又恰恰是现代民主政治不可或缺的组成部分。从这个角度上看，近代印度教的变革，既为印度民族独立运动勾画了一个"想象的共同体"，又为作为主权国家的印度提供了从动员民众到政党政治的新模式。

（1）用理性祛魅，树立宗教新权威

印度对西方文化传入的最初反应，就是在宗教领域。西方近代启蒙运动所树立的"理性"观念，刷新了民众对世界的认知。干净、清晰、有序、确定成为现代社会追求的目标，含混、歧义、模糊、偶然的宗教，不断受到质疑。从现代性的立场角度看，宗教日益成为私人的事情。宗教不再是具有全局性、覆盖性、根本性的组织与力量，"宗教成为私人喜好问题，成了我们在私人时间里做的事情，它在公共生活中的作用要被仔细监督"[1]。对宗教的这种理解，从根本上重塑了民众的宗教情感与立场。

（2）用理性包容其他宗教

印度教之间派别复杂，信奉的神灵不一，在最初的宗教改革过程中，各派的改革家们为了能够将印度教信徒团结在自己的旗帜之下，积极地探索对自身教派有利的宗教观点。但罗易旗帜鲜明地指出，宗教之间的界限是印度教四分五裂的根源，尽可能地去实现印度教内部的团结才是印度教和印度社会进步的前提和基础。理性的原则和一神

---

[1]〔美〕约翰·卡普托:《真理》，贝小戎译，上海文艺出版社，2016年，第39页。

论的观点贯穿罗易政治哲学思考的一生。罗易青少年时期就学习了孟加拉语、阿拉伯语、波斯语等多种语言，域外文化之眼使他能客观、公正地看待自己的印度教信仰。罗易还研读伊斯兰教的经典《古兰经》，其中的一神信仰，强化了他"神是存在的，但只有一个"的观念。为了更深入地理解印度本土传统文化，罗易还学习梵语和《吠陀》经。此外，罗易对英语的学习使得他有能力阅读欧洲经典文献，并吸收欧洲先进思想为己所用。

1804 年，罗易担任英属东印度公司收税人职务，在此期间，罗易开始更加深入地了解基督教的基础教义，并与许多传教士成为朋友。在这一过程中，罗易对西方文化以及基督教思想的见解日益清晰，他清楚地看到基督教也存在迷信和错误，但是，如果基督教除去其不合理的成分，那便是一个"宗教和道德的简单符号……更能将人们的思想引向唯一真神的自由观念"[1]。罗易看到了西方的宗教哲学家在解释教义和巩固基督教地位时，积极调和理性与信仰的关系，并始终以一种理性的思考方式衡量宗教的特殊意义；同时，受西方理性、平等、自由和基督教博爱的人道主义思想的影响，罗易认为一个人不仅应有基本的生存权，更应该享有道德与宗教上的各种权利。对罗易来说，宗教的高下优劣，不能凭借各自的宗教经典来判断，而是要结合实践，在"理性之光"的关照下，来判断一种宗教是否能发挥推动文明发展、凝聚社会团结的功能。

（3）用一神信仰代替多神信仰

印度中世纪的多神崇拜有着深厚的民众基础。他们依据往世书作为依据，用来论证多神信仰、偶像崇拜、烦琐的宗教仪式等理论。而梵社、圣社的改革主张，首先从理论上正本清源，强调"吠陀"和

---

[1] J.N.Farquhar, *Modern Religious Movements in India*, Macmillan Company,1919, p.32.

《奥义书》才是印度教的圣典。罗易等宗教改革家认为，"吠陀"中提到许多神，都是一神的名字。神只有一个，是永恒，是最高存在，是世界的创造者。

在宗教改革运动之初，罗易就创立一个一神论者的组织——"梵天斋会"（Brahma Sabha）即"一神协会"，意指所有信仰唯一天神、摒弃各种偶像崇拜的人的集会，后来改名为"加尔各答梵社"（Calcutta Brahmo Samaj）。罗易以这个一神信仰的组织为载体，聚合了具有革新思想的志同道合人士。东方第一个获得诺贝尔文学奖的泰戈尔，他的祖父德瓦尔卡纳特·泰戈尔（Dwarknath Tagore，1794—1846）就是"一神协会"的核心成员。

罗易主张一神论，认为印度教改革必须经由印度教社团内部的改革来实现，要进行改革就必须要在印度教各个派别之间掌握某种利益之间的平衡点。在其著作《一神的启示》中，他指出："神只有一个，它是非人格化的，是永恒的，不可理解和始终不变的实体，这个实体是万物的创造者和保护者，但没有任何名字或者称号，它可用来表示或适用于任何个别实体或多数实体，或者是适用于任何人或者人类社会。"很明显，罗易是想改变传统印度教多神崇拜的现状，通过一神信仰来改造印度教。"神是属于所有生物的，没有种姓、名位或财产，变迁、失望、痛苦和死亡的区别"，在这种理论基础上，罗易主张"除了'最高实体'，什么也不崇拜，除了他，不应该崇拜任何东西"[1]。他认为这种一神论思想在古代经典《奥义书》中就已存在，他把其中的一元论加以阐发，比照伊斯兰教中唯一的真主阿拉，将传统印度教中多神信仰加以淡化，而强化其中的一神观念。在这里我们可以看出，对于所谓的印度古老的传统，罗易选取了他认为最有价值的一部分，并

---

[1] Raja Rammohun Roy, *The English Works of Raja Mohun Roy*, Bengal Press, 1901, p.40.

坚信一神信仰在《奥义书》中便存在。罗易的这种"创造性"的改造，对于印度教传统中有众多人格化神灵和偶像崇拜，无疑极具批判性与否定性。他排斥偶像崇拜、动物神灵膜拜，主张消除印度教的童婚、殉葬等陋习。

## 第二章

变革印度教：甘地宗教思想的构成

人类历史上大凡做出突出贡献的伟大人物，从来都无法用某种单一的标签去衡量，甘地亦是如此。他是一位具有"多面相"的印度伟人，这种"多面相"至少包括政治家、宗教领袖、社会改革家、谈判高手、哲学家、演说家等"侧面"。对甘地而言，宗教是支持他一生事业的灵魂所在。但这看不见的"灵魂"总会在政治主张、社会实践、民族运动、群众动员中慢慢成型，逐步实现。要准确捕捉与描绘甘地的宗教思想，首先要了解他"外显"的世俗主张与实践，分析甘地的哲学、政治、经济与社会改革思想中新颖、别致、不同流俗的政治主张，然后才能探究背后的宗教"灵魂"。

甘地"外显"出来的政治目标与政治活动，国内外的学术研究多用甘地主义 (Gandhism) 概括。中国社会科学院黄心川在《印度近现代哲学》一书中从哲学的角度进行了分析，将甘地主义归纳为宗教哲学思想、社会政治思想、经济思想三大部分；北京大学王红生归纳为宗教哲学思想、经济思想、政治思想和社会思想四大部分；西北大学彭树智在《东方民族主义思潮》中对甘地思想从四个方面进行了概括，即坚持真理观和宗教民族主义的哲学思想，自治原则和非暴力主义政治思想，主张手工纺织、具有田园色彩的经济思想，倡导博爱互助的人道主义思想。中国社会科学院的网站上，在"世界社会主义数据库"中"甘地主义"的定义是："甘地主义，印度著名民族独立运动领袖莫·卡·甘地创立的印度民族主义的学说。"接着就甘地主义的内容从四个方面进行了补充说明，即宗教化的真理观；印度自治论；非暴力学说与坚持真理和不合作的斗争策略；提倡废除印度贱民制，主张印穆团结，反对教派斗争。[①]

为了探究甘地的宗教思想，我们也需要先对他的思想或"主义"给出界定，笔者对甘地思想给出如下定义：甘地思想是在印度民族独立运动过程中形成，对印度民族独立运动进程及独立后印度社会政治产生重要影响的思想主张，它包括以爱与真理为主要内容的宗教哲学思想；以争取印度独立，实现印度自治为主的政治思想；以限制大工业、发展自给自足小农经济为主的经济思想；以印穆团结、废除贱民制、实现男女平等的社会思想。甘地思想不仅含有现实政治的内容，而且还有宗教改革的内容。但从根本上看，甘地思想是民族独立运动过程中，根据现实政治斗争需要形成和发展起来的一套思想体系，并且与印度深厚的宗教文化有密切的关联。

---

① 参见 http://myy.cass.cn/file/200512194049.html。

# 第一节
## 真理是最高的实在

✿

甘地思想是印度 20 世纪最为重要的政治思想，它是印度乃至全世界非常重要的精神遗产。甘地思想包括多个方面的内容，而在这多方面的内容中，独特的真理观是构建甘地思想的基石。真理是甘地思想体系的核心，它不仅仅存在于他的观念之中，也体现在其政治实践中。甘地最有代表性、最具典型性的非暴力，最初在南非发起时，便是"坚持真理"（Satyagraha，有时候音译为萨提亚格拉哈，国内以前多用"非暴力抵抗""非暴力不合作"来翻译）。因此，"真理"是理解甘地思想及甘地政治抗争的核心术语。

"宗教"这个词标指人这种生命体的一种精神活动。宗教就是立宗以教，"宗"指根本，"教"指训诫、规劝、引导，"立宗"指树立、笃定生命中所体验到的某种东西为根本，"以教"指用笃定的根本性的东西训诫、规劝、引导人的生命活动。"立宗"与"以教"都是动态的生命活动，在这个过程中围绕着"宗"如何树立、"教"如何教导会形成一些方式，这些方式用"法"来称呼。"宗""教""法"是宗教活动中的基本内容，甘地的宗教同样也有这三个方面的基本内容。

### 真理：政治实践的原则

"真理"概念的出现，是西方启蒙运动之后的产物。在前现代社会，无论是古希腊哲学家对"智慧"的探寻，还是中世纪神学家对"上帝"的论证，都包含真理，但又不局限于启蒙运动以来的真理。"真理就是上帝之光的作用，它照亮事务，上帝用它启发我们的心灵，使我们能够理解真理。"[①]在现代社会到来之前，东西方社会对绝对的真善美的理解，都是和上帝、神联系在一起。只有进入现代社会之后，信仰与理性才开始分离，才需要用科学的方法论证"真理"。甘地的独特之处在于，他生活在传统到现代转型期的印度，依然保留对绝对"神"的认可，同时又对其进行了创造性转换，将"神"与"真理"贯通。

真理是构建甘地思想体系的基础。甘地在其自传中曾说："对我而言，真理是至高无上的原则，它包括无数的其他原则，这个真理不但是指言论的真实，而且也指思想的真实，不只是我们概念中的相对真理，而是绝对真理、永恒的原则。"[②]正是基于对"真理"的上述理解，甘地不仅仅从哲学本体论的角度看待真理，也从现实需要运用真理的原则。在甘地看来，世界观、认识论和社会观是浑然一体的，作为哲学理念的"真理观"与作为行动法则的真理原则也是截然不可分的。

作为对印度民族独立运动起到重要推动作用的政治思想，甘地在本质上将"真理"视为一种政治活动原则，指导现实的政治运动和斗争。"甘地对真理没有严格的解释。他有时把它作为一种本体论或认识论的证明，有时把它作为一种宗教和道德说教，而更多的时候则是把它当作一种社会和政治实践的原则。"[③]甘地思想所包含的非暴力不合作

---

① 〔美〕约翰·D.卡普托：《真理》，贝小戎译，上海文艺出版社，2016年，第28页。

② M.K.Gandhi, *An Autobiography: The Story of My Experiments with Truth*, translated from the Original in Gujarati by Mahadev Desai, Navajivan Publishing House, 1927.Introduction,xii.

③ 黄心川：《印度近现代哲学》，商务印书馆，1989年，第148页。

的政治思想、坚持印度自治与独立的政治主张都有一套深层的哲学观，即甘地独特的真理观在背后支撑。这种独特的真理观，用甘地的表达就是——"真理就是神"。

因此，甘地哲学就其本质而言是有神论哲学。"甘地宣传印度教实在—知识—喜乐"的一神论，反对商羯罗的世界如幻说，主张解脱的道路主要依赖信仰而非知识，这使他更为接近毗湿奴教派的一神论。"[①]在甘地看来，无论是对于下层民众提供精神的慰藉和力量，还是为满足上层知识精英的理智或求知欲望，"神"都是不可缺少的。对神的信仰能使得人与世界和谐相处。"如果神能满足理智的话，那么他并不仅仅是这样的神。神之所以作为神，一定能够支配并转化心灵。"[②]因此，对甘地而言，神就是统摄宇宙万物的一切的最高主宰，它扮演着个人信仰——家庭伦理——社会律法多重角色。神与真理一样，都是世界统一秩序和规律的体现：

> 在宇宙中有着秩序，有一种统治各种事物并使各种事物得以存在和活动的不变规律，它不是盲目的规律，因为没有一种盲目的规律能统治生物的行为。统治一切生物的规律就是神。

---

① 黄心川：《印度哲学通史》（下册），大象出版社，2014年，第581页。

② Young India, *Collected Works of Mahatma Gandhi*, Vol. 43, 1928, p.96.《甘地全集》国内没有中译本，国家图书馆收藏了1958到1961年德里出版的90卷，本文所引用文献来自网上的《甘地全集》，该全集是1999年的修订补充版，共100卷。网址为：https://www.gand-hiservefoundation.org/about-mahatma-gandhi/collected-works-of-mahatma-gandhi/，*Collected Works of Mahatma Gandhi Online*，后面行文如无特别说明，本著所引用《甘地全集》的内容均来自这个网站。

凡是想亲自体验神是否存在的人都可以以一种虔诚的信仰去亲证它，由于信仰不能靠外来的证据来证明，因此最可靠的方法就是相信道德对世界的支配，信仰道德法律、真理和爱的法则的至高无上性。[1]

　　在这里，甘地将"真理"与"神"统一起来。特别是甘地对宇宙统一法则的认识，和唯物主义哲学中对自然界规律的认识是完全一致的。但甘地没有用"规律"这个词，而是用"真理""神"，并且用"真理就是神"的口号将两者结合了起来。

　　甘地在哲学上试图寻求一种表达"普遍实在"的名称，用"神"去命名普遍实在。在甘地看来，真理是不同宗教信仰的人都能接受的超越性概念。同时，神被定义为真理，给予了神一个客观真实的定位。真理，在甘地这里，是由 Sat 一词引申而来，而 Sat 在梵语中就是"实在"的意思。把"神"称之为真理，就意味着神是唯一的"实在"。这也从另外一方面说明了甘地哲学的唯心主义色彩。

　　同时，甘地的真理观是一种本体真理观，而不是认知真理观。所谓的本体真理观就是：真理即本体。本体是指事物自身中的根本性的东西，这种根本性的东西主导事物的存在或生成，是事物的根本法则。"真理即本体"的意思是：真理就是事物自身中的根本性的东西。所谓的认知真理观就是：真理即正确性的认识。本体真理观涉及本体、体现、成效三个方面的相互关系问题。体现是指本体在发用中显现或现实的过程。成效是本体体现后所生成的效果，效果有两方面：一方面是本体的发用在自我身上的产生的效果，另一方面是本体的发用在外部现实中产生的效果。自我身上的效果在精神上的体现为体验与认识，

---

[1] M. K. Gandhi, GOD IS, *Collected Works of Mahatma Gandhi*, Vol. 43, pp.95–96.

本体真理观认为自我体验与认识是真理的体现，而认知真理观认为真理就是一种认识。

甘地在对梵语词"Satya（真理）"的解释中明确地表明这种真理观。他说："这个词'Satya'（真理）来源于'Sat'，'Sat'意味着'存在'。没有事物存在或实存于实性中除真理外。"[①]这句话强调真理是实性层面的东西，而实性是指事物生发中的实质性能，事物的生发由实性主导，实性是主导性的法则，是事物的本性。甘地的真理简而言之就是：真理即本性，本性即法则，这种真理观其实就是一种本体真理观。甘地之所以写《我体验真理的故事》是因为他将自身的体验看作是真理的体现，而上面已说到甘地的真理观是"真理即本体"，那么甘地就是将其自身的体验看作是本体的体现。所以，他认为有必要将自身的体验写出来，认为写出来的目的是让民众认识本体，而不是去宣扬他自己的生平。

但甘地不是从外部世界中去寻找本体，而是从自己的生命体验中，从自己的内心中寻找本体，甘地所认定的本体其实就是人的良知。汉语"良知"这个字词中的"知"，不是指一种知识，而是指一种知道如何去做的性能，因其是"不学而能"就知道如何去做，所以被称为"良知"，因其常被用在道德领域，所以这个词一般指人的善性。甘地所认定的本体其实是指人的善性，也就是善性即人的本性。根据上面的结论"本体即真理"，那就是人的良知或善性是人的真理。甘地说："爱的律法统治着人……这给我无法表达的愉悦：通过体验证明爱是最高的以及唯一的生命的律法。许多相反的证据不能动摇我的信念。"[②]甘

① M. K. Gandhi, *From Yeravda Mandir*, translated from the Original in Gujarati by Valji Govindji Desai, Jivanji Desai, 1935.

② S. Narayan, *Selected Works Of Mahatma Gandhi*, Vol. 3, Navajivan Publishing House, 1928, p.132.

地认为主导人的法则是爱，也就是认为爱是人的本性，爱是人的真理。甘地所说的爱不是欲望中的爱，而是指道德上的爱，由良知所发出来的爱。甘地说"真理是一切道德的实质"，其蕴涵的意思是：良知是一切道德的实质。

甘地的这种想法是将人的良知抬升人到实性与本性层面，将人的良知提升到一个纯粹化、本质化、客观化的层面。纯粹化与本质化是指从人的体验中提取某种东西，在思想中将之分离出来作为人的本质。所以甘地说"许多相反的证据不能动摇我的信念"，因为在甘地看来良知才是人的本性，而"许多相反的证据"所表现的是生命中的一些杂质。将人的良知客观化也就是将自我的良知当作客体来观，并认定观到的良知本就是客体。当把良知当作客体来看的时候就会认为自我的良知体验是由那种客体化的良知而来，自我对良知的体验被看成是客观化的良知的表现。而所认为的客体是实际是从体验中产生的，是人这种生命体体验到的，那种被当作客观化的东西在人的体验中，客观化的东西没有超出人的体验之外，其实质还是主观的，是其自身的，"被当作是客观物的东西其实是主观物"[1]，费尔巴哈把这种精神现象描述为"人先把自己的本质移出自身以外，然后再在自身中找到它"[2]。

### 神与真理的关系辩证

甘地真理观最重要的一个命题就是"真理就是神"，从哲学的角度看，真理表示一种正确的、符合于实在认识。"在印度哲学中，真理始终被看作揭示自身的自我启明"[3]，而甘地则试图将真理（Satya）与

---

① [德] 费尔巴哈：《基督教的本质》，荣震华译，商务印书馆，1984年，第43页。

② 同上。

③ [印] 巴萨特·库马尔·拉尔：《印度现代哲学》，朱明忠译，商务印书馆，1991年，第113页。

神关联起来。Satya 源自梵语，甘地在不同的场合下经常使用这个词，在某种程度上它与达摩（dhrama）一样，是理解印度文化的一个关键词。"在印度传统中，Sat 代表着绝对的实在、绝对的真理。"[1]Satya 来自 Sat，是知识领域的真理、行为领域的公正、社会关系中的公正三者的综合，与达摩含义颇为相近，而翻译为英语的 Truth，容易误解为只是对客观事物及其发展规律形成的正确认识。而甘地主张"神"是表达一切存在的名称或范畴，一种最高的实在和一种绝对的认识。因此有学者认为，甘地强调的 Satya 的概念，"更符合古希腊斯多葛学派 (the Stoics) 而不是近代笛卡尔的真理观，但是在实践中却更接近现代存在主义者重视实践而不是希腊古典哲学重视概念"[2]。

　　无论是从传统印度哲学看，还是从西方现代哲学上看，"真理"都是人们思想所把握的"实在"的映像，而不是实在本身。"实在"的映像与"实在"本身，西方在笛卡尔之后，存在明晰、清楚的界限。"对客体的认识"和"认识的客体"之间的差别构成意识与物质二元关系的基础。

　　而甘地的"真理就是神"命题实际上打破了唯物与唯心之间、物质与意识之间的界限。他这样的思想并不是横空出世的，印度传统中历史与神话之间界限的模糊，本身就反映出这个民族对于虚幻与真实之间界限的模糊。而这种思想在东方国家并不少见，如中国八卦阴阳二分的图案中，也是负阴而抱阳，冲气以为和。而在西方文明中，自古希腊以来，一直追求客体与理念之间的二元区分。文艺复兴之后，西方理性与信仰之间的分裂就表现得更明显。因此，甘地将"真理"

① Raghavan N.Iyer, *The Moral and Political Thought of Mahatma Gandhi*, Oxford University Press, 1973, p.150.

② Id. p.152.

与"实在"统一起来，从其根基上看，延续着印度传统的神与现实彼此交融、相互作用的哲学观念，这与西方二元分立为主导的哲学传统迥然不同。

甘地不只是将其体验到的良知当作人的本性，且尊奉到整个宇宙层面，认为良知是整个宇宙的本体。甘地说"真理就是上帝"，而甘地所说的"真理"是纯粹化、本质化、客观化的良知，那"真理就是上帝"所蕴含的意思是：良知就是上帝。甘地为什么会将良知认作为上帝，这要从两方面看，一方面看甘地如何理解上帝，另一方面看甘地如何看待良知与世界的关系。

"上帝"是基督教的一个术语，它在汉语中的本义是最高者，对应英文中的 God。甘地在《上帝是》（GOD IS）中写道："宇宙中有秩序性，有一种不变的律法，统治着每个事物以及每个生物的存在与生存。它不是一种盲目的律法，因为没有盲目的律法能统治生物的行为。那种律法（统治生命的）是上帝。"[1]这里讲明上帝是宇宙中的秩序性，是不变的律法，是统治生物的律法。而这个上帝具体是指什么，甘地的回答是"他就是爱，他就是至高的善"[2]，其实就是说良知是上帝。而甘地为什么会将良知推崇为上帝，这要从良知的发用所产生的感性体验的角度解释。

人们将某种东西提提升为上帝需经过一个绝对化的过程，绝对化是指将某种东西抬升到独一不二的高度，这个绝对化不是一种思辨中的绝对化，而是感性的绝对化。良知绝对化为上帝需经过一道普遍化的过程，良知的普遍化就是感到我心中的良知不只是我心中的，而人

---

① M. K. Gandhi, GOD IS, *Collected Works of Mahatma Gandhi*, Vol.36, Navajivan Publishing House, p.384.

② M. K. Gandhi, GOD IS, *Collected Works of Mahatma Gandhi*, Vol 43, Navajivan Publishing House, p.96.

们心中都有的，是共有的，不是我一己之私意，而是公意。在普遍化的过程中需有两种感觉触发，一种是天赋感，另一种是融通感。天赋感是感到我的良知不是由后天的学习得来的，而是先天就有的，这种天赋感不是经验的，而是先验的。而天赋感之所以会产生是因为良知的发用是"不学而能"，这种天赋感使得人感到得良知具有一种神圣性。融通感是在人与人的交往中产生，在交往中发现我的这种感觉不仅是我所有，他人同样也有，在交往中产生情感共鸣，在共鸣中感到自己的精神消融在共通的感觉中，人与人之间的距离感在精神上被消融。甘地在其自传中讲到了一件事，说的是他偷东西后心中有愧而向其父亲认罪，书中写道："他看过悔过书，珍珠般的泪水滑过他的脸颊，打湿了纸，……他坐下看悔过书，又躺下。我看着父亲的痛苦，也哭了。"[①]甘地说这个场面在他心中留下了深刻的印象，这件事情对他来说是一场非暴力的实物课。其实这就是一种情感共鸣，甘地少年时期的这种体验在他心中留下了深刻的记忆，这种记忆成了他日后将良知推崇为上帝的感性基础。

甘地将人的良知上升为人的本质，将人的本质界定为人的良知，认为不同的人在本质上是同一的。甘地持着这种信念处理自己与不同人群的关系，认为人们虽然在肤色、体型、语言、穿着、习俗、职业方面会有差异，但在人的本质上没有差异，每个人的良知都是一样的。中国的王阳明同样也有这种想法："大人者，以天地万物为一体者也。其视天下犹一家，中国犹一人焉。若夫闲形骸而分尔我者，小人矣。大人之能以天地万物为一体也，非意之也，其心之仁本若是，其与天地万物而为一也，岂惟大人，虽小人之心亦莫不然，彼顾自小

① M. K. Gandhi, *An Autobiography: The Story of My Experiments With Truth*, translated from the Original in Gujarati by Mahadev Desai, Navajivan Publishing House, 1927, p.71.

之耳。"① 王阳明认为用外在的差异来区分你我是小人的做法，从心之仁的角度看天地万物都是一样的。当社会中的一方以种种的外在差异来歧视、贬低另一方时，甘地从良知的角度出发将这种情况视为非法。甘地坚决地反对种姓，将种姓视为非法，这种判断不是借助经验进行，而是良知的先验发感。当其妻子没有遵循他所笃信的理念时，他对其妻子产生失望、不满、愤怒，甚至做出将妻子赶出屋的举动，因为他认为他的妻子触犯了他心中的信念，也就是触犯了他的上帝。

"真理是神"是甘地建构起自身整个哲学大厦的基座，这样定义真理，既有实用价值，又有宗教价值。甘地把真理放在了最高位置上，就变成了具有普世意义的信条，有利于消除各宗教信徒之间的隔阂。"甘地这种改变的目的，明显地是要号召印度各种不同的信仰、种姓和民族的人都聚集在他的真理旗帜之下。"② 这和法国大革命时期资产阶级喊出的"自由、平等、博爱"的口号，以此吸引不同等级的民众参与他们领导的革命中去一样。"崇拜真理"使得不同种姓、信仰和民族的人汇集在一起，为印度独立共同奋斗。

---

① 王守仁:《大学问》，载《王阳明全集》，吴光等编校，上海古籍出版社，1992 年，第 968 页。

② 黄心川:《印度近现代哲学》，商务印书馆，1989 年，第 150 页。

# 第二节
# 非暴力理念下的政治抗争

✦

非暴力不合作是印度民族独立运动中富有特色的斗争方式，它主要以绝食、请愿、放弃政府职位与头衔、拒绝与殖民政府合作、抵抗英货等多种"软对抗"的形式进行。非暴力不合作的广泛开展推动了20世纪20至40年代印度民族独立运动高潮的到来，这种斗争方式与其他亚非拉国家和地区以采取武装斗争为主、直接反抗殖民统治的方式相比，具有鲜明的印度特征。甘地是非暴力不合作运动的主要创始人、实践者、推动者。甘地最初在南非一次反种族歧视的斗争中，发明了新的方法——"坚持真理"，在英语中，Satyagraha 有时候被译成"真理的力量"，有时候译为"心理的力量"或"爱的力量"。在甘地思想的指引下，印度民众不断地用这种方法进行一次又一次的斗争，对内改革印度本身的痼疾与愚昧，对外反抗英帝国的殖民统治。坚持真理运动（非暴力不合作）成为甘地最有代表性、最有影响力的思想方法。

**非暴力不合作的政治实践**

印度民族独立运动的发展与推进，一直是多种合力共同作用的结果。国大党温和派与激进派不同的抗争方式，俄国十月革命后印度共产主义运动的兴起，穆斯林联盟与国大党之间的合作与对抗等都不断推进着印度独立运动的发展。但是，在各种政治思想和政治斗争中，以非暴力不合作为主要内容的斗争，在 20 世纪 20 至 40 年代印度民族独立运动的进程中，无疑居于主导地位。20 世纪上半期，印度共有三次影响深远的非暴力斗争，分别是 1920—1921 年的不合作运动、1930—1933 年的文明不服从运动、1940—1941 年的个人不服从运动[①]。尽管这三次运动中文名称各异，但都是在甘地非暴力不合作的原则下展开，并且都推进了民族独立运动的发展，具有深远影响。

1920 年甘地发动的具有全印度影响力的非暴力不合作运动是他从南非回国后开展的第一次政治斗争实践。1920 年，甘地制定了不合作运动纲领，规定拒绝英国政府授予的各种头衔，抵制立法机关的选举，抵制法庭、政府机关、学校，不穿英国服装，并为了抵制充斥印度的英国工厂商品而鼓励手工纺织，在运动的后一阶段拒绝纳税[②]。甘地和哈里发委员会的领导者宣布，从 1920 年 8 月 1 日开始不合作运动。就在这一天，提拉克在孟买逝世了。为了追悼这位为印度深孚众望的民族独立运动领导人，印度许多城市举行了人数众多的群众集会。甘地和尼赫鲁当时正在孟买，他们都参加了声势浩大的示威游行，"孟买的上百万居民几乎全部参加了，希望以此表示对自己所热爱的这位伟大

---

① 这三次不合作运动用了三个稍有差异的名称，主要参考了林承节《印度史》，以及中国南亚协会编撰的论文集《论甘地》中附录部分的内容。考虑到甘地本人对每次运动称呼也不一样，英语中都翻译成"坚持真理"，显得过于笼统，所以接受国内的通行译法。

② 〔印〕甘地：《莫·卡·甘地论不合作策略（1921 年 1 月 9 日）》，选自《一九一七——一九三九年的印度》，吴成平选译，商务印书馆，1996 年，第 55 页。

领袖的尊敬"[1]。

在不合作思想的鼓动下，从印度城市到农村，印度各阶层人民纷纷放弃称号、官职，抵制法庭，从公立学校退学，抵制英货等。1920年11月，时逢立法会议选举，国大党和哈里发委员会候选人退出竞选，普通选民则拒绝投票。1921年末，甘地领导的不合作运动广泛开展。印度其他各派政治势力都在展开各种斗争活动，工人阶级的罢工、旁遮普的阿卡利（Akali）起义[2]、马德拉斯的莫普拉（Mappila）起义[3]、联合省的农民运动和国大党领导下的遍及全国的群众性的不合作运动，都对英国在印度的统治造成了严重的威胁。

第二次具有全国影响力的非暴力不合作运动是1930—1933年的文明不服从运动。这次运动中出现的食盐长征这种代表性事件，不仅对印度民众具有号召力，而且也具有世界性影响。食盐长征中，特别是面对英国军警的大头木棒，2 000名志愿人员毫不退缩，任由军警抽打，血流如注却不还手，只要气息尚存，就爬起来继续前进，第一组倒下，第二组继续。民众的非暴力抵抗与英国殖民政府的残暴手段在

---

① 〔印〕尼赫鲁：《尼赫鲁自传》，张宝芳译，世界知识出版社，1956年，第54页。

② 阿卡利起义或运动，是锡克教近代改革运动的一部分。印度20世纪初所开展的阿卡利运动（Akali，意思是永存的、不亡的），主张占领锡克教寺庙，组成寺庙管理委员会，负责管理锡克教的中、小学及学院和医院等。在政治上对英国殖民当局采取强硬态度。在运动的基础上成立了一个军事组织叫锡克教徒军，也就是阿卡利党，首任主席是塔拉·辛格，总部设在阿姆利则的金庙。阿卡利党的最高首领是主席，由一个各地区支部约400名代表组成的总机构选举产生，它的活动经费由德里、孟买、加尔各答的锡克教大资本家提供。

③ 莫普拉起义（Mappila Rebellion）1918—1920年印度反对运动高潮中最大规模的农民起义运动。通常把居住在马德拉斯管区马拉巴尔河沿岸的穆斯林称为莫普拉。大部分莫普拉是低级种姓、信仰伊斯兰教的农业工人和雇农。他们主要在地主的土地和英国人的种植场工作。

这场运动中表露无遗，事件经过美国记者密勒的报道，当时的世界舆论无不为之骇然。"这一行动在全国产生很大的影响，进一步鼓舞了人民的斗志，也使非暴力原则继续得到遵循。"[①]20世纪30年代的这次不合作运动，与第一次不合作运动相比，最大的不同之处在于，国大党在农民中的威望和影响力显著提高。"1930年，国大党的基础已经比1920—1922年深得不可比拟。"[②]国大党对身处社会底层的农民、手工艺者和低种姓民众的影响力、动员力得到极大的强化。

第三次具有全国性影响力的非暴力不合作运动，发生在第二次世界大战期间。国大党要求英国"退出印度"，甘地决定动员所有力量，开展广泛的不服从运动。但由于当时战时情况的复杂，这次运动并没有达到预期的效果。甘地于1940年10月宣布了公民不服从运动，由于国大党领导人的被捕，各地的不合作运动形成各自为政的局面。斗争目标虽然都是迫使英国退出印度；但和前两次最大的不同在于，这次运动没有完全坚持非暴力的原则，而是掺杂了暴力与非暴力的方式，其中破坏公共交通，损害公用设施，普通民众的日常生活受到影响，英国统治者及当时各级管理者不得不面对局面无法维系的困境。

上述三次全国性的非暴力不合作运动，都贯彻了"非暴力"的原则。通过这三次不合作运动，不同阶层的民众逐步走向团结。对外，英国在南亚次大陆的殖民统治在上述抗争中逐步松动；对内，凝聚了人心，形成了20世纪20至40年代民族独立运动的新高潮。这一阶段也是甘地获得民族运动领导权、获得广泛认同的阶段。印度最终实现民族独立，不是甘地一种思想引导的结果；但不可否认的是，甘地的

---

① 林承节：《印度史》，人民出版社，2004年，第353页。

② 〔苏〕巴拉布舍维奇、季雅科夫主编：《印度现代史》（上），北京编译社译，生活·读书·新知三联书店，1972年，第384页。

非暴力不合作思想，是适合印度自身特色和英国殖民统治方式的有效手段与策略。甘地的非暴力思想，暗合了印度民众深厚的宗教传统；不合作的斗争方式，利用了英国统治印度较为温和开明的议会民主传统。

## 非暴力不合作的双重价值

在甘地指导下的非暴力不合作斗争，即坚持真理运动，最初是在南非反抗种族歧视的斗争中开展的。1914年甘地回到印度之后，为佃农、工人、贱民等不同阶层的民众争取权利和利益时，也用到了非暴力不合作的斗争方式。甘地领导的具有全国影响力的三次坚持真理运动，就是采取非暴力不合作的方式展开。不管坚持真理运动规模的大小，斗争目标的差异，斗争手段的多样，万变不离其宗的是放弃暴力，坚持谈判与对话，哪怕是自己受苦受难也要为和解、谈判创造可能。因此，"坚持真理"背后的政治哲学，乃是一种对话思维，是希望通过和谈与对话的方式解决政治上的分歧与冲突。而坚持真理运动过程中，运用的各种方式，如罢工、罢市、罢课等，也都是甘地借助民众力量，给谈判对象施加压力，从而使谈判更有利于自己的有效举措。

因此，从这个意义上，甘地的"坚持真理运动"有双重的政治学意义。

第一，对于西方传统的"消极抵抗"而言，它提供了一种解决个人与政府、个人与法规之间冲突的新方法。在西方政治思想中，"消极抵抗"常含有冷暴力、折磨对方的意图在其中，而甘地的"坚持真理"却没有一点伤害人的意思，甚至是用自己的痛苦来唤醒对方的良知，从而战胜敌人。坚持真理始终尊重最高的律法——真理和神，为了宣扬自己的真理，不应当使用暴力，应当爱敌人。这与普通的消极抵抗，有着最大的不同。

第二，在印度宗教文化背景下，"坚持真理"是一种有效动员群众的手段，能最大限度地实现民众的团结。甘地通过坚持真理运动，通过谈判推动印度独立，这是对政治理论的一种新贡献。美国学者琼·邦杜兰特在《征服暴力：甘地冲突哲学》（*Conquest of Violence: the Gandhian Philosophy of Conflict*）一书中认为，甘地的非暴力斗争不是个人反抗，而是声势浩大的群众性运动。它不是解决个人与政府的冲突，而是在群众运动的基础上来解决整个社会的政治冲突。甘地坚持真理，建立在印度哲学与道德观念之上，并对之进行了更为极端化的提炼与升华。这样一种合乎印度民族精神传统的政治思想，既有利于普通民众的接受，为民众提供巨大精神支持，同时也给英帝国造成了极大的心理压力。

正是有了甘地的领导，印度独立运动才走上了一条不同于多数亚非拉国家的发展道路，即以非暴力为主要抗争方式的道路。非暴力不合作的思想并不仅仅是甘地个人的创建，而是吸收了以提拉克为首的国大党极端派最早在民众中传播消极抵抗的思想，并融合了印度传统的不杀生、非暴力的观念。但是甘地的非暴力不合作和前人不同之处在于，他不但把非暴力和不合作结合起来形成独特的政治斗争策略，而且将它变成了宗教道德的信条。

## 第三节
# 反对西方大工业的经济思想

❦

　　甘地经济思想的主要内容有：在生产力的发展模式上，通过节制资本控制机器大生产，走自给自足的小农经济之路；在生产关系上，主张劳工平等，资本家应该只是资本的托管者（Trusteeship），而非占有者；在经济架构中，主张去中心化（Decentralization），反对中央集权的计划经济。很明显，甘地的经济思想是当时印度民族主义者对于如何发展印度经济、实现经济独立的一种独特的理解。这种思想的核心建立在道德自觉、良心觉悟之上，以节制和约束为发展条件，关注人的精神自由与自我满足。这与西方近代以来通过机器大生产带来更多利润，进而再投资寻求更大利润的模式，形成了一种鲜明的对比。

### 小农经济与反对过度工业化

　　1934年11月16日，甘地在《哈里真》上发表题为《乡村工业》的文章，阐述发展乡村工业的一些基本思想。其中讲到了为什么不按西方的方式去使用大机器而主张小规模乡村工业的原因。甘地认为，应该结合印度的实际情况来认识机器大生产。使用机器，能节省劳力成本，提高生产效率，这当然是好事。但印度是一个人口大国，有丰富的人力资源。大机器的广泛使用，毫无疑问会使很多印度人失业，生活无所着落。从这个角度分析，机器大生产带来的物质产品丰富的同时，会挤压手工业者的生存空间。对于一些人批评乡村工业是过时的生产方式、不适用大规模的合作生产方式，他也提出反驳："这个观点非常肤浅，尽管产品由每家每户在村舍里制造，但是产品可以集中，利润可以分享。村民在监督下统一工作，按照计划适当管理，生产原料根据股票的持有情况进行分配。如果有合作的意愿，那么就会有合作的机会、分散劳动以及高效的工作。"[1] 但甘地认为土布仍是中心工作，不能因为推进其他的工业而放松了对土布的纺织。没有土布工业，其他乡村工业便不可能成长起来。

甘地对印度现实的认识可以说是相当准确的，他提倡用手纺车去对抗现代生产看似落伍与滑稽，但是却给当时经济上濒临破产绝望的农民提供了生计，带去了希望。而且在政治上，因为抵抗英货，抵制资本家倾销洋布、洋货，激发了民众的爱国热情，加深了国大党与农民和小生产者之间的联系，从而推动了独立运动的发展。

不仅如此，甘地反对过度工业化还有一个重要的原因——过度工业化会毒害人们的精神。在甘地看来，过度工业化使人的生活变成机械而不自然，甚至将人异化成只为机器工作的"非人"。这样的结果，只会使人失去对生活的乐趣，而沉迷于纯粹的感官刺激，如酗酒、赌博等。而丧失道德观念的人，其实就是失去了自己的灵魂。甘地反对机器大生产带来的这种恶果，所以提出人人劳动但内心安宁和幸福的生活。在一次与友人（Maurice Frydman）的谈话中，甘地以俄罗斯为例，阐述了自己反对过度工业化的思想。"俄罗斯已经到达了对工业

---

[1] Village Industries, from Harijan, *Collected Works of Mahatma Gandhi*, Vol. 65, 1934, pp.354–355.

化的神化，我考察那里的生活，并不合我心意。引用《圣经》里的话，如果'他赢得了这个世界却失去了灵魂，又有什么用呢'？用现代的术语来说，丧失人的个性，成为机器上的齿轮，有损人的尊严。我希望每个人成为社会中精力充沛的、全面发展的成员。"①

### 理想化的生产关系

甘地主张走自给自足的小农经济发展道路，对机器大生产的抵制，反映的是其对生产力该如何发展的认识。那么在经济生活中，另外非常重要的一环——生产关系，甘地又是如何看待的呢？

首先，对于参与各种工作的劳动者，甘地认为无论职务高低，一切工作都一样的神圣，都是社会发展和进步所必需的。因此，区别工作高低的基础是个人的才华和能力，而不是工资。所以，甘地主张每个工作者都应该获得同等的工资。律师、医生或者教师应该得到和一个清洁工一样的报酬。一旦这种原则得以实现，人们将按照自己的才智和能力去选择工作，而不是按照工资去选择职业，这样才能真正做到人尽其才，提高社会效率。

其次，对于工人与资本家的关系，他提出了一套具有改良色彩的学说，中心内容就是"托管说"（Trusteeship）。甘地认为富人或者资本家也是人，他们必然也具备一种人人都有的善性因素。如果这种善性被唤醒，如果资本家也被爱的力量说服，那么他们就会用自己占有的财富为穷人谋利。如果资本家能够认识到这一点，他们就会明白，他们不过是穷人财富的托管者，受穷人之托来保管一切财产。因此，从本质上看，甘地的经济思想带有全面发展的社会主义色彩，并试图重

---

① Discussion with Maurice Fryaman, form Harijan, Collected Works of Mahatma Gandhi, Vol. 74, 1939, p.380.

新界定社会主义的发展前景。甘地劝导托管者放弃对物质的追求和对财富的觊觎。在甘地这种经济思想之下，产品是为了满足社会需要而不是个人贪婪。甘地在自传中写道："我理解《薄伽梵歌》不占有的教导，也就是希望灵魂得救的人，尽量控制巨额财产，也应该像受托人那样，不把任何一小部分财产当成是自己的财产。做到不占有和平等的前提是一个人内心的改变、态度的改变。"[①]

### 去中心化的权力架构

印度农村开展的自给自足的村社经济该如何组织实施？推进农村经济发展的权力核心该如何组建？甘地认为，自治的村社是建设农村经济的关键所在。村社治理机构为每年由成年男女选举出的代表组成的村行政委员会，以及在此基础上委员之间的交流与合作，使它成为真正的"民主实体"。1942 年甘地在《哈里真》上发文写道：

> 我的想法是乡村自治是完全的共和体，它自己的基本需要不会依靠邻村，其他的东西可以和许多其他的村庄相互依赖……村政府是由五人组成的"潘查亚特"，这五个人每年由符合最低限度规定资格的成年男女村民选举出来。这五个人将具有一切权威和司法权。[②]

甘地把村行政委员会看作民主实体，赋予它许多重要功能，这些功能主要为三大方面。在精神道德方面：培养诚实、勤奋、谦让的品

---

① *An Autobiography: The Story of My Experiments with Truth*, translated from the Original in Gujarati by Mahadev Desai, Navajivan Publishing House, 1927, p.244.

② Harijan, *Collected Works of Mahatma Gandhi,* Vol. 83, 1942, p.113.

德，让民众懂得自我克制和约束，尽可能地避免争端；在生产方面：主张自我生产土布，种植粮食，养殖牲畜用以自足；在社会生活方面：改善居住环境，取缔不可接触制度，确保公正与秩序。甘地将古老的潘查亚特制度（Panchayat）作为自治的单元和实现自给自足的有利方式，并认为草根阶层通过微观层面的规划和行动，将激发周边经济的发展，并最终对整个国民经济产生影响。

通过上述论述，我们可以看出，甘地看重的是基层管理者的权力，反对过分集中的计划与中央集权。他认为，如果权力和资本集中在少数人手里，就会产生滥用权力的可能。"我不同意这种观点：计划经济的核心是中央集权。为什么不分散权力，让他们自己去计划和集权？"①个人的自由和创造性是现实社会进步的基石，因此实现权力分散、去中心化，是甘地经济观中的重要原则。

甘地经济思想是当时以甘地为代表的一批知识分子和民族资本家面对印度积贫积弱的现实而提出的一种发展经济、改善民生的经济主张，这种思想也是当时民族独立运动有机的组成部分。经济思想中斯瓦德希（抵抗英货）、不合作等方式其实都是围绕一个核心展开的，这个核心就是生产自足。甘地对机器大生产的批判、对自给自足小农经济的倡导都是围绕如何摆脱英帝国的经济控制，从而让民族经济走上自主发展之路而展开的。这种主张自救、自主发展的理念得到了很多民族资本家的响应，如印度最大的钢铁集团创始人塔塔（Jehangir Ratanji Dadabhoy Tata）、纺织行业巨头比尔拉（Ghanshyamdas Birla）生前都是甘地的好友，都极力支持发展民族工业，实现生产自足。印度独立后，甘地的信徒维诺巴·巴维（Vinoba Bhave）在全国开展"献地运动"（Bhoodan Yagna），试图通过游说、感动柴明达尔，从而

① 〔印〕甘地：《圣雄箴言录》，吴蓓译，新星出版社，2007年，第186页。

为农村贫苦农民争取土地，这也是甘地经济思想的一种表现和延续。

甘地"经济思想具有浓厚的返璞归真、复归自然的田园主义气息，包含着空想社会主义和复古主义的倾向"[1]。实现经济思想理想的关键在于实现印度自治，而实现自治的方式便是反对过度工业化，依靠去中心化的潘查亚特制度带动村社经济发展；对于资本家和工人之间、地主与佃农之间，则以财产托管为指导观念，合理看待财富和资产。甘地整体经济思想关注的重点是以自我约束、自我控制为建设原则，以有产者的良心发现，实现社会的共同繁荣。

---

[1] 彭树智：《论甘地思想的基本内容》，载《论甘地——中国南亚学会甘地学术讨论会论文集》，任鸣皋、宁明主编，上海社会科学院出版社，1987年，第48页。

# 第四节
# 平等、博爱的社会平权观念

❦

　　甘地的社会思想包含有相当广泛的内容：在教育问题上，甘地认为教育的目的应该是道德教育或品质训练，并且培养人们树立一种为实现伟大目标而抛弃自己的私心杂念；在妇女问题上，反对童婚，主张男女政治上平等，婚姻自由，鼓励妇女参加政治斗争。甘地曾称赞在国内第一次不合作运动中三名最早入狱的印度妇女为"女界先驱"；在语言问题上，甘地认为先有语言的统一，才有感情的统一，最后实现印度人全面的团结与统一，因此主张在全国推广使用印地语。

　　在甘地社会思想的众多面向中，有两个方面的内容值得重点分析：一方面是有关印度教教徒与印度穆斯林之间团结和睦的主张，另一方面是有关废除印度贱民制的设想。这两个社会问题由来已久，并且有关印度教教徒与穆斯林关系问题、贱民制的存废问题，既是近代宗教与社会改革运动家一直关注的焦点，也是对后来印巴分治、独立后表列种姓制的出台都有重要影响的问题。

### 印、穆团结友善的思想

甘地的社会思想中，实现印度教教徒与穆斯林团结、友善是其中很重要的构想。印度教教徒与印度穆斯林占了印度人口的绝大多数，这两大教派的关系对于整个印度的政治版图有着重要影响。英帝国为了统治的需要，对莫卧儿旧贵族、土邦头领、旧势力的上层人物、新兴的印度教精英分子采取分而治之的策略。而甘地主张，印度教教徒与印度穆斯林之间应该团结，团结的主要目的在于反对英国的殖民统治。

为解决印度教教徒与穆斯林在信仰上的冲突，甘地提出的"真理就是神"的观念，其实就是以一种更加包容的心态，尊重穆斯林对真主的信仰。1919 年回国之初，甘地对穆斯林基拉法特[①]运动（Khilafat Movement）的支持，发动印度近代历史上最大的一次群众运动，促进了印度教教徒和广大穆斯林之间的合作。

甘地为了推动印度穆斯林发起的基拉法运动，做了大量的工作。他在《青年印度》《新生活》等报刊上，大力宣传非暴力不合作思想，同时走访各地，与众多领袖广泛接触、沟通，进行耐心的说服工作。他对团结穆斯林的重要性进行了解释："如果我们害怕和不信任穆斯林，必然站在英国一边，并且延长我们被奴役地位的时间。如果我们足够勇敢，不害怕我们的穆斯林同胞，并且明智地信任他们，那么我们必须与穆斯林共同奋进，以种种和平的和坚持真理的手段来保证印度自治。"[②]

正是在甘地的努力和推动下，一次大规模的不合作运动开始了。这是唯一的一次印度教教徒和穆斯林合力反对英国的运动，也是前所未有的、最大规模的一次群众运动。在甘地的一生中，我们可以找到

---

① 基拉法特运动，Khilafat Movement，主要由印度穆斯林在 1919—1924 年期间发动的政治运动，旨在影响英国政府，声援在第一次世界大战中战败解体的奥斯曼帝国。

② 林太：《印度通史》，上海社会科学出版社，2007 年，第 298 页。

很多有关论述印穆团结的论述和行动。

1937年是印度穆斯林联盟和国大党关系的转折点，这一年，在省立法会议选举后，印度教教徒和穆斯林之间关系非常紧张。为了弥合印、穆之间的鸿沟，甘地在和很多穆斯林友人的书信往来中，阐发了他关于印、穆团结的理想。1937年甘地给 SYED BASHIR AHMED（Isha'at—e—Taleem 报社的编辑，他曾经向甘地提出质疑："你希望那些曾对穆斯林联盟宣言忠诚的人在选举前以神和《古兰经》的名义打破他们的神圣誓言？"）的回信中写道："我并不赞成你的关于穆斯林加入国大党就背叛了穆斯林利益的说法。相反，我认为那些心怀印度独立愿望的穆斯林不如加入国大党站在更高层面上为印度独立而奋斗。国大党是个向所有成员开放的组织，难道你没见到，如果成千上万的穆斯林加入，将会在国大党中形成整体的政策。"[1]

穆斯林联盟在1940年形成的拉合尔决议中，提出建立自己国家的设想。甘地秉持传统"罗摩之治"的理想，不愿意看到印度教教徒与穆斯林出现分离的局面。到了1948年左右，印巴分治已成大局之势，近80岁的"圣雄"甘地再一次开展"绝食"抗议，希望借此平息当时印穆之间已经出现的怒火与杀戮。尽管甘地所做的一切，最终都没法改变印巴分治的现实，甚至还有学者认为甘地以及国大党应该为印巴分治负责。但是，至少在主观动机上，甘地希望印、穆团结，不希望巴基斯坦分离出去。1947年9月，甘地为了制止印度教教徒和穆斯林之间的屠杀，进行一次"至死"绝食；1948年1月，"为了宗教团体之间的团结，他又在德里进行了一次绝食。然而他极其清晰地看到，他的努力在无法克服的壁垒面前撞得粉碎"。[2]

---

① *Collected Works of Mahatma Gandhi*, Vol. 72, p.273.

②〔意〕詹尼·索弗里:《甘地与印度》，李阳译，生活·读书·新知三联书店，2006年，第126页。

### 废除贱民制度

有关印度种姓制度的讨论，自印度近代宗教社会改革运动以来，就一直是各派改革家关注的焦点。雅利安社创始人达耶难陀就认为，种姓歧视和对立是印度教的一大弊病，种姓间的禁忌和习俗都是累赘物，而和宗教信仰无关，因此主张改革种姓制度而回归瓦尔纳制度。甘地的种姓改革方案，其实也是一种渐进改良的方法，即以废除贱民制度为突破口，从而带动整个种姓制度的改革。

1915 年 1 月甘地从南非回到印度，时值第一次世界大战期间。5 月，甘地在古吉拉特邦建立了真理修道院（Ashram），5 月 20 日甘地发表了修道院章程的草案，关于修道院的修炼目标、班级设置在草案中有所说明，更重要的是有几个主要方面的誓言，这些誓言包括坚持真理、非暴力、独身、控制味觉、不偷盗、不蓄私财等，而反对不可接触者制度就是其中的誓言之一。甘地认为"不可接触"是印度种姓制度上的毒瘤，应该毫不保留地取消"不可接触者"制度。

1933 年，甘地创办《哈里真》周刊，"哈里真"意为"神（上帝）的子民"，是甘地对贱民的尊称。他一方面反对英国的殖民统治，另一方面在全国开展哈里真运动；1933 年 5 月，甘地出狱后，还耗时将近一年，行走 12 500 英里，募得基金 80 万卢比，用以解救贱民；1941 年 12 月，甘地发表"建设纲领"，就穆斯林与印度教教徒之间的团结、取消贱民制、农村问题、教育问题及提高妇女社会地位提出一系列设想，他将贱民制的取消与整个国家的建设结合在一起，认为这是印度独立后依然面临的一个重要社会问题。

值得一提的是，与甘地始终如一、彻底地反对不可接触者制度相比，甘地对待种姓制度的态度则温和、保守得多。在 1915 年真理修道院的誓言中，除了上文提到的有关"不可接触者"的誓言外，还有有一份关于瓦尔那的誓言。"修道院不遵循瓦尔那达摩……修道院成员处在遁世期，没必要遵循瓦尔那达摩，除这之外，修道院对瓦尔那达摩有坚定的信念。种姓原则看上去并没有损害我们的国家，也许恰恰相反，有益于我们的国家。"[1] 在这里，甘地其实是在为传统的瓦尔那制度辩护。

1920 年 11 月最初的两个星期，甘地在德干高原地区演讲谈论到了种姓问题，有人写信质疑他的观点。为此，12 月 8 日，甘地在《青年印度》上发表了题为《关于种姓体系》的文章作为回应。甘地认为："关于社会成员的四种姓划分就本身而言，是基础性的、本质的和自然的。附生的亚种姓倒是一个障碍，亚种姓不动声色的破坏作用和重构一直在进行中……我认为不可接触者制度对于人性而言倒是一个十恶不赦的犯罪，它不是自我约束的象征而是虚妄的高人一等优越情结。"[2] 同样，甘地认为不可接触者制度是种姓制度上的恶瘤，而种姓制度本身并没有问题。15 年之后，即 1935 年，甘地又说："印度教圣典中所说的，瓦尔那制度在当今实践中并不存在，当前的种姓制度恰好是瓦尔那制度的对立面，民意越早废除它，就越好。"[3]

针对甘地的这些保守，甚至自相矛盾的说法，一直都有反对的声音，同时代的安倍德卡尔是最有力的反对者。反对者多数主张立刻彻底地废除种姓制度，他们认为甘地在种姓制的问题上自相矛盾甚至是自欺欺人。但是，也有不少学者认为"甘地早年不情愿直接反对种姓制度，其实是一种策略。他反贱民制而不反种姓制实际上是一种更高明的政治手腕"[4]。一位匈牙利记者提波尔·门德（Tibor Mende）在 1956 年采访尼赫鲁时，尼赫鲁回忆道："我反复问甘地，为什么您不

① *Collected Works of Mahatma Gandhi*, Vol. 14, pp.456–457.

② The Caste System, Young India, *Collected Works of Mahatma Gandhi*, 1920, Vol. 22, p.67.

③ Caste has to go, from Harijan, *Collected Works of Mahatma Gandhi*, Vol. 68, 1935, p.152.

④ B.R.Nanda, *Gandhi and His Critics*, Oxford University Press, 1985, p.26.

直接反对种姓制度呢？他说他也并不相信种姓制度，除了在职业方面具有某种理想形式外，当前的种姓制度完全坏透了，必须废除。'我正在通过应对不可接触者制度来彻底地破坏它。'你看，他有办法抓住一个方面并集中应对。'不可接触制度一旦消失，种姓制度也就消失了。'" [1]

我们不难看出，甘地从早年创办真理修道院所立下的誓言，到后来与各个种姓代表立下的《浦那协议》(Ponna Pact)，以及后来为废除"不可接触者"制度所做的种种努力，无一不是以"不可接触者"制度为突破口，试图逐步废除种姓制度，改变社会不平等的现实，改变印度人作为有色人种在英帝国面前的自卑与懦弱。甘地使印度人的自我意识真正觉醒，这种觉醒的民族意识极大地强化了印度人摆脱英国殖民统治的动力。

作为甘地社会思想的主要方面，印、穆团结与废除贱民制度，常常是紧密地联系在一起的。"自治的钥匙不在总督手里，也不在英国伦敦，而在人民手中。我们坚信自治，但如果不废除不可接触者制度，不把印度教教徒和伊斯兰教徒团结起来，自治便是少数人的自治，而不是群众的自治。" [2] 由此可见，印、穆团结问题与废除贱民制，共同构成了甘地有关理想社会的论述，而这与整个印度的自治与独立又是紧密相连的。

---

[1] Tibor Mende, *Conversation with Nehru,* Secker & Warburg, 1956, p.25. 转引自 B.R.Nanda, *Gandhi and His Critics*, Oxford University Press, 1985, p.26.

[2] *Collected Works of Mahatma Gandhi*, Vol. 48, p.132.

03

# 印度文化之根：甘地宗教思想的源流

甘地的政治抗争、经济构想与社会平权观念在印度近代民族运动中都是极富个性、创新与鼓动性的。"既在红尘之中，又在孤峰之上"，可谓甘地在同时代思想家中地位的生动写照。甘地有关改革印度教的思想、反对西方机器大生产的观念，在同时代的社会改革家那里并不是无人提出，而甘地的特别之处在于，他"发明"了一些新术语、语词来命名他的主张；他"创造"出新的组织样式，如精舍等，来锻炼与组织民众；他别出心裁地主动走进牢房，采取"绝食"的方式与殖民者谈判。凡此种种，都是甘地的"发明"与"创造"。甘地运用"陌生化"①的手法，让印度普罗大众熟知的"宗教"语言与行为在近代民族独立运动中，以"熟悉的陌生人"的方式重现。因为是"陌生"的术语，激发了民众的好奇心；因为借用了印度传统宗教中"熟悉"的表达与行动，又深深地打动了民众的心灵。种种新的"传统"在甘地

---

① 陌生化，是俄国形式主义评论家什克洛夫斯基（Viktor Shklovsky）提出来的文艺理论。这个理论强调的是在内容与形式上违反人们习见的常情、常理、常事，反而能在艺术上超越常境。"陌生化"力求运用新鲜的语言或奇异的语言，去打破这种日常惯用语的窠臼，给读者带来新奇的阅读体验。

这里，被"发明"了出来。

甘地的这种成功，也正是成就他作为伟大人物的关键之所在。他个人的创造性无疑起到了重要作用。印度深厚的宗教文化土壤、20世纪初激进派抗争的失败，普罗大众较低的文化水平等，是刺激甘地必须采取新方式的现实背景。甘地思想具有如此大的感召力，恰恰源自其自身所蕴含的宗教特性。这是甘地的政治理念能为上至国大党精英，下至印度庶民百姓接受的重要原因。甘地领导民众所展开的政治抗争、宣传的平权观念、主张的宗教间和睦，不仅种种口号源自印度传统宗教，而且在组织架构、动员方式、抗争方式上，也是契合民众日常的宗教实践与生活的。

因此，甘地的创新本质上是一种创造性转化，即从印度教传统文化中生发出新的理念与实践方式。而印度传统文化又是以宗教文化为核心，因此探究甘地的宗教思想的源流，分析宗教思想的承继与创新之处，是了解甘地思想的关键所在。

# 第一节
## 作为一神论的真理观

✦

甘地是现代印度的缔造者，是印度的"国父"，毫无疑问是现代的思想家、政治家。但他对"真理"的理解，完全不同于欧洲启蒙运动之后，人们往往将真理与信仰分离的理解。德国学者马克斯·韦伯（1864—1920）用"世界的去魅"来表示传统真理观在现代欧洲的收缩。对现代民主社会的理性人而言，他们会表面上承认所有的宗教信徒都是平等而真实的，但却从根本上否认前现代社会那个"有神"的世界。甘地来自多神信仰的印度，对当时还处在前现代的印度而言，每个区域的共同体或部落，都有他们自己的神。他们没有将真理从宗教中剥离，反而笃定地认为他们信奉的神灵就是真理。印度近代罗易建立梵社，开启了印度教改革的大幕。但对于绝大多数底层民众而言，印度教的神灵是真实不虚的，地方性的神灵是当代社会生活结构的一部分，全面嵌入了当地的风俗、语言、价值观和地理之中。求学英伦的甘地，接受了现代西方文明的洗礼，但在精神上他又实现了"返乡"之旅，重新回归印度文化母体，确立了一种新的宗教观、新的真理观。

甘地宗教思想中的真理观我们可以从两个方面来理解：第一，从词源上看，真理（Satya）来自梵语词汇，古代印度有不少宗教派别都围绕"Satya"展开过思考。甘地对真理的思考借鉴了佛教、印度教甚至伊斯兰教的对真理的论述；第二，从现实的政治实践活动看，甘地的真理观更为强调对真理的实践与体认。甘地自传的副标题就是"我体验真理的故事"（The Story of My Experiments with Truth），将体验真理、与真理融合置于首位，而不是单纯地追求认识真理，这同样是甘地对真理的宗教化理解。

### 印度宗教语境下的真理

甘地对"真理"有过很多阐述，并且都将"真理"放在一个至高无上的位置上。1917 年，在回忆在南非开展的斗争时，甘地认为："南非的印度人认为，真理就是他们的目标，真理是永恒的胜利，基于这个目的而坚持真理。"[1] 20 世纪 30 年代，是甘地开展非暴力不合作运动产生重大影响的阶段，甘地在解释"坚持真理运动"（Satyagraha）时，分析了这个词的来源："真理（Satya）来自 Sat，Sat 为一切存在（Being）的根据。实际上除了真理之外，这个世界上没有其他本质的存在。这就是称呼'真理是神'最根本的原因。"[2]

而这样一种"真理观"，印度在婆罗门教和佛教那里就已经开始，其他各个教派也是从这样的一个角度去思考"真理"。"在印度传统中，Sat 代表着绝对的实在、绝对的真理。"[3]

甘地的"真理"借鉴了印度古代宗教中的相关论述，他自己曾在 1905 年 4 月 1 日《印度观察》上发表了一篇长文，从《奥义书》《罗

---

① Satyagraha, Not Passive Resistance, *Collected Works of Mahatma Gandhi*, Vol. 16, 1917, p.10.

② Letter to Narandas Gandhi, *Collected Works of Mahatma Gandhi,* Vol. 49, 1930, p.383.

③ Raghavan N.Iyer, *The Moral and Political Thought of Mahatma Gandhi*, Oxford University Press, 1973, p.150.

摩衍那》《摩诃婆罗多》《薄伽梵歌》等经典中梳理出印度古代有关"真理"的论述：

> 据印度教，真理就是梵的本质；
>
> 梵是永恒的真理，深不可测的智慧。——泰迪黎耶奥义书 Taittiriya, II−I−I.

> 以真理为基础言说，一切事物依赖真理，因此他们称真理为最高。——摩诃那罗衍拿奥义书 Mahanarayan Upanishad XXVII.I

> 真理和仁慈是一个国王应有的特质，王室的统治本质就是真理，世界在真理的基础上建立，圣人和神都是真理的化身，说出真理的人能在世界上获得不朽的地位。真理是世界之主，道德建立在真理之上。所有的事情都以真理为基础，没有什么能超越真理。——根据马克斯·穆勒（Max Muller）的翻译 [①]

不仅印度教有真理（Satya）的相关论述，佛教、耆那教也有关于真理的论述。公元前 6 世纪前后，佛教、耆那教等沙门思想在印度兴起，他们的教义和主张在很多方面和婆罗门教大不一样，但是对于"真理"的思考，用的却是同样的梵语词汇 Satya。汉语译作"谛"，"谛"是实在或真理的意思。佛教典籍记载释迦牟尼在鹿野苑初转法

---

[①] Oriental Ideal of Truth, Indian Opinion, *Collected Works of Mahatma Gandhi,* Vol. 4, 1905, pp.227–231.

轮，宣讲的就是"四谛"（梵文 Catursatya，用英语翻译是 Four Noble Truths），分别是苦谛（Duhkhsatya）、集谛（Samudayasatya）、灭谛（Nirodhasatya）、道谛（Margasatya）。释迦牟尼用"四谛"建构起整个佛教体系的基础，四谛后的"十二姻缘"，消灭痛苦的"八正道"，以及"涅槃"等概念都由"四谛"衍生发展出来。佛教关于"真理"的理解，既包括了客观事实，也强调主观修行。"四谛"中，有对苦难的客观分析和归纳，如将"苦谛"细分为"生、老、病、死、求不得、爱别离、怨憎会、五取蕴"八苦，这"八苦"是佛教徒归纳出的客观事实；而要超脱这些苦难，就必须按照"道谛"包含的八种方法即"八正道"：正见、正思、正语、正业、正命、正精进、正念、正定——去修行、实践，而这种种修行方法无疑都是通过个体主观努力去见证最高的"真理"——"涅槃"。"作为新兴宗教，必须有它的理论基础，这些被总结成四圣谛，其中的第三谛，即灭寂痛苦的灭谛，包含了著名的涅槃的概念。"[①] 由此可见，"四谛"既包含了对世界本源的认识，也包含了如何超脱的方法，是客观存在与主观认识的结合，作为世界本源的 Satya（谛）就是客观认识与主观实践的一种结合。

甘地有关真理的论述，与印度教、佛教和耆那教的真理观一脉相承。甘地曾对真理解释道："印度教的根本原则就是绝对地信奉真理（Satya）与非暴力（Ahimsa）"[②]"如果有人问我，梵是什么，我会回答：真理是什么，梵就是什么。真理就是梵（Truth is Brahman）。"[③] 从甘地的表述，我们不难看出甘地的真理观从词源上讲，借用了印度传统宗教中的"真理"概念和表达。

---

① 〔印〕德·恰托巴底亚耶：《印度哲学》，黄宝生、郭良鋆译，商务印书馆，1980 年，第 132 页。

② Speech at Public Meeting, *Collected Works of Mahatma Gandhi*, Vol. 31, 1925, p.19.

③ Speech at Satyagrha Ashram, *Collected Works of Mahatma Gandhi*, Vol. 26, p.29.

### 真理实现的道路：体认与证悟

甘地的真理观，不仅是从词汇上借用传统的表达，更为重要的是，它对真理的理解，也是基于一种前现代的方式，即强调体验与证悟真理。甘地真理观的具体内容，与印度教、佛教"原汁原味"的真理观可能无法吻合。但是他们都是将追求真理、实现真理视为一种宗教体验方式，而不是将真理视为一种客观存在物。要认识到这样的"真理"，就必须不断地修行才能证悟。1920年，甘地在一份杂志上对真理修道院的学生说："身为学生最重要的课程便是知道何为真理，并实践它。真理的道路只对勇敢者敞开，因为它要求朝着真理一步步艰辛地努力，就如同攀登喜马拉雅山。"①

甘地在英国接受了现代教育，回国后成为一名独立运动的政治领袖，但是他对真理的理解，并不是现代意义上的绝对和客观的真理，而是建立在宗教实践与体验基础上的真理。对真理的体认与证悟，是甘地真理观的特别之处。不从科学、客观的角度理解真理，而是从体验与证悟的角度印证真理，恰恰是印度宗教对真理的理解方式。甘地从印度教、伊斯兰教那里借用了这种理解真理的方式，从而为现实的政治服务。

印度教对于真理体认与证悟式的理解，在《奥义书》中就有表现。《由谁奥义书》开篇就写道："但愿我的肢体、语言、呼吸、眼睛、耳朵以及体力和感官健壮！"②因为只有这样，作为个体才能去感知与体悟梵的存在。在《由谁奥义书》第二章中也特别强调探索与实践：

> 如果你认为自己知道，而实际上，

---

① Path of Truth for the Brave Alone, *Collected Works of Mahatma Gandhi,* Vol. 21, p.1.
②《奥义书》，黄宝生译，商务印书馆，2010年，第253页。

对梵的形态的了解，也是微乎其微，

无论是它涉及你，还是涉及众天神，

因此你都应该探索，即使你认为知道。①

对于如何体验梵，如何实现解脱，《由谁奥义书》在篇末写道：

苦行、自制和行动是它的基础，

诸吠陀是它的所有肢体，真实是它的居所。

有人这样知道奥义，他就会涤除罪恶，

安居在无限的、不可战胜的天国世界。②

在这里，《由谁奥义书》特别强调"苦行、自制与行动"，也就是将具体的宗教实践放在了首位。《奥义书》是印度上古思想转型的关键著作，对印度古代宗教和哲学的发展有着深远影响。

印度当代学者 S. 拉达克里希南（Sarvepalli Radhakrishnan, 1888—1975）对于印度教的"真理"也有过深入的研究。S. 拉达克里希南曾担任加尔各答大学教授、牛津大学波尔丁（Spalding）讲座教授，后来还曾任印度副总统、总统（1972 年）等职，他一直致力于向西方阐释印度思想。他认为：

对印度教教徒来说，宗教是心灵的体验或心态，它不是一种想象，而是一种力量；不是一种理智的命题，而是一种生活的信念。

---

① 《奥义书》，黄宝生译，商务印书馆，2010 年，第 255 页。
② 同上书，第 258 页。

神之实际存在，并不取决于抽象的论点或学究式的证明，而是源出于只给神一词赋予特殊意义的特别宗教体验。

吠陀经与其说是对宗教体验的解释，倒不如说是对宗教体验的记录。[①]

在这里，S.拉达克里希南也特别强调"宗教是一种心灵体验"，认为神的存在依赖于宗教活动中的体验，而不是抽象意义上的证明。

不仅印度教对真理的理解重在体验与证悟，伊斯兰教对真理的理解也同样如此。伊斯兰教理论核心在于确立真主为大能、无限和至善等神性的绝对教义，清真言"万物非主，唯有真主"是伊斯兰教义的核心所在。《古兰经》认为，真理并不是人们主观任意的认识，而是人们对规则、秩序、事理的一种认识。但这种对规则、秩序、事理的认识，仅凭一般人是无法完全达到的。真理最初只有真主才能据有："真主本真理而创造天地"（《古兰经》[②]29∶44）"真主创造天地万物，只依真理和定期。"（30∶8）而要认识真理，就必须依据真主的教诲行事："真主是说明真理的，是指示正道的。"（33∶4）"它是从你的主降示的真理，以便你警告在你之前没有任何警告者来临过的一群民众，以便他们遵循正道。"（32∶3）。

《古兰经》对真理的界定和说明，充分说明在伊斯兰教中"真理"并不是一个客观、外在的事物，而是用来规范人们的手段。要实现真主教导的真理，只有不断地实践与证悟。"可以这样说，全知全能的真主启示的真理是手段，目的是引导人们遵循正道。"[③] 正因为如此，《古

---

① 〔印〕A.L.巴沙姆主编:《印度文化史》，闵光沛等译，商务印书馆，1997年，第91—94页。

② 此处《古兰经》用马坚先生译本，中国社会科学出版社，1981年版。

③ 杨启辰主编:《〈古兰经〉哲学思想》，宁夏人民出版社，2000年，第125页。

兰经》才反复教导说："我降示你这本包含真理的经典，你当崇拜真主，而且诚笃地顺服他。"（39：2）因此，作为伊斯兰教信徒，对真理的学习离不开《古兰经》，而要真正服从真主，也就是按照真主的指示行事，不断地体验与证悟真主所言的真理。

印度教是印度绝大多数民众信奉的宗教，伊斯兰教是对印度中世纪以后印度文化产生重要而深远影响的宗教。甘地的真理观对于真理体验与证悟的强调，与印度教、伊斯兰教教义中对真理的理解在精神上完全契合。这也充分说明了甘地是从宗教而非世俗意义上理解和看待真理的。

甘地在自传前言部分写道："对我而言，真理（Truth）是至高无上的原则，它包括无数其他原则。真理不仅仅是言辞中的真实，也是思想中的真实。它不仅仅是我们所理解的相对真理，也是绝对真理、永恒的真理，也就是神……神的显现是无限多的，因此神的定义也无限多……而我只崇拜作为真理的神……然而，只要我还未能完全认识到绝对的真理，我就必须信仰依靠我所能捉摸到的相对真理。"[1]在甘地看来，"绝对真理"并不意味着他自己心中的真理就是普遍承认的真理，甘地坦率地承认："我只是一个真理的追求者，完全得到了真理就是完全认清了自我和命运，那我就成了一个完人。我痛苦地意识到自己的不完美，但是我拥有的全部力量也正在于此，因为很少人认识到自己的局限性。"[2]这表明，甘地很清醒地知道他所认识的"真理"还有一定的局限性。而要实现对"绝对真理"的认识，那么就必须按照"相对真理"的方式去践行，非暴力、素食、苦行、禁欲等都是践行"相对

[1] M.K.Gandhi, *An Autobiography: The Story of My Experiments with Truth*, translated from the Original in Gujarati by Mahadev Desai, Navajivan Publishing House, 1927.

[2] Young India, *Collected Works of Mahatma Gandhi,* Vol. 25, p.120.

真理"的有效方式。

德国的尼采（Friedrich Wilhelm Nietzsche，1844—1900）、丹麦的克尔凯郭尔（Soren Aabye Kierkegaard，1813—1855）是西方现代哲学的代表人物，他们对真理的认识，有悖于以苏格拉底为代表的西方古典真理观，不再把真理当作是一种需要不断追寻的客观存在物。"尼采认为，真理是创造出来的，不是被发现的。克尔凯郭尔认为没有共通的、普遍性的真理，每个生命个体都是独一无二的，真理只能是自我决定和认识的结果。"①

甘地既不把真理看作简单的"客观存在物"——如古希腊哲学家苏格拉底、柏拉图那样，也不把真理完全视为"自我意识"的产物——如欧洲近代的尼采和克尔凯郭尔那样，而是看到"绝对真理"的一面，也看到"相对真理"的一面，并且特别强调通过"相对真理"的实践，实现"绝对真理"。

甘地注重对实践所产生的成效进行反省与总结，以检验与校正自己的想法与行动是否正确，但这种检验与校正是一种宗教偏向下的检验与校正，对实践中所产生的结果的归因也是一种宗教偏向下的归因。

甘地在其自传中说："抵达纳提亚之后，在看过实际情况以及听说凯达县有那么多人被捕的报告之后，我才恍然大悟，原来自己真的犯了一个大错。"②但将原因归结于"我过早号召凯达县和其他地方的人民发动非暴力不合作运动绝对是个严重的错误"③。甘地将这种导致这种结果的原因归结为自己过早发动这场运动，且指责民众没有遵循非暴力

① Raghavan N.Iyer, *The Moral and Political Thought of Mahatma Gandhi*, Oxford University Press, 1973, p.154.

② M. K. Gandhi, *An Autobiography: The Story of My Experiments with Truth*, translated from the Original in Gujarati by Mahadev Desai, Navajivan Publishing House，1927, p.508

③ Ibid.

原则才导致了这样的后果。他这是用宗教原则来检讨与校正行为，而不是用行为结果来检讨与校正宗教原则。这种做法就是教条主义，"教"就是教导，"条"就是条例，"教条"就是教导的条例；"主"是主张，"义"是道义，"主义"是主张道义；教条主义就是用教条来主张道义，用教条来评判实践，而不是用实践结果来评判教条；用教条教训实践，而不是用实践教训教条。

通过上述分析，我们可以看到，甘地对于真理的理解，从词源上看，延续了《奥义书》、佛教中的词汇。同时，更为重要的是，甘地的真理观，特别强调对真理的体验与证悟，与现代西方追求真理的客观性、追求真理是自我的表达，形成了鲜明的对比。甘地的真理观，既看到了其中的客观性，也看到了其中的主观性，并通过宗教实践沟通两者。因此，统观甘地的真理观，其术语来源、思想表达与具体实践均和宗教紧密相关。

甘地对自己的教条深信不疑源于他的教条的产生方式。他的教条非暴力是从神爱的原则导出来的，是从心中导出来的，是从他所认定的上帝导出来，亦即对良知的先验内在道德直感中得出，甘地认为这种通过先验的道德直感的出来的信条不可能有错误，认为"人们只有通过冥想或直觉才能获得真正的知识"①，对于经验甘地认为不可靠，经验只是一种偶然的表现。

甘地将实干看成其践行理想的方式，看成其实现与证明信念的方式，甘地认为信念在现实中实现了也就得到了证明。甘地的践行有两个方面，一个方面是使自己的身心与良知合一，另一个方面是使社会的运行与良知合一。前一方面是甘地的身心修行，后一方面是甘地的社会实践。在自我的身心与良知的协调方面甘地采用冥想、克制、注

---

① 尚劝余.:《甘地宗教哲学中的神的概念》,《南亚研究季刊》, 2004 年第 2 期, 第 64 页。

意转移以克服生命的欲望与邪念，在社会实践方面甘地采取的是非暴力抗争方式，这种方式首先是进行道德说教，道德说教不成后用自己的良知去感化他人，还不成则通过自己的绝食唤起他人的怜悯之心，再不成就采取不合作的方式，最后不成进行就自作主张，比如带领印度人进行食盐自产。

甘地践行理想的独特之处是"宗教实践并非仅仅停留在个人生活方面，而是延伸到社会公共生活领域"[①]。甘地之所以能够做到这样一是因为人的良知只有在与他人的交往中才会发用，感于事与物才会发用；二是甘地在其生命体验中形成的独特的上帝观，这种独特的上帝观就是"神是实在—知识—欢乐的三位体"[②]，也就是真理—知识—幸福的三位一体。上帝的道的实现意味着真理、知识、福报的获得。他将自己的良心放在社会中，用良心去感受社会中的不公，将在社会中感受到的不公看作是上帝的召唤与遣使。甘地的这种想法一方面使自己的行动获得了道义上的支撑，获得了坚定的意志力，消除了他抗争中的畏惧与不安心理，使自己的行动获得了神圣的色彩；另一方面也将自己行为束缚在非暴力的范围内，不允许自己的行为越过这个范围，且要其他人也应该如他那样去实现社会的公正。甘地的践行是一种被他自己所树立的宗教规置了的践行，这种规置虽能取得道义上的神圣感，却蒙蔽了他对现实的真正认识，但他认为践行自己的宗教死而无憾。

---

① 张来仪、尚劝余：《甘地宗教思想特征探析》，《历史教学（高校版）》，2008 年第 2 期，第 20 页。

② 尚劝余：《甘地宗教哲学中的神的概念》，《南亚研究季刊》，2004 年第 2 期，第 64 页。

## 第二节
## 非暴力不合作的宗教渊源

❦

　　甘地的真理观，是他个人与政治的行动指南；而他的非暴力原则，则是他实现理想目标的手段。在甘地看来，手段好比是种子，而目的则是大树。既然手段与目的之间有如此紧密的关系，那么，甘地的真理观是其宗教思想的表现，那么他的非暴力原则同样也是其宗教思想的表露。

　　非暴力不合作是甘地思想最有特色、最有个性的部分，这种运动有多种表现形式：反对殖民地政府，争取印度独立；为工人争取工资，为农民争取利益，为贱民争取平等地位；印度独立后，甘地的信徒巴维（Vinoba Bhave）领导开展的献地运动（Bhoodan），这是在新时代继续展开的坚持真理运动。尽管坚持真理运动的斗争目标各异，但运动始终坚持非暴力不合作的原则。在甘地指导下的不合作运动中，无论民族独立运动过程中具有全国性影响的三次非暴力不合作运动，还是印度独立后甘地信徒展开的献地运动，斗争目标都具有很强的现实针对性，但运动过程中又包含很多宗教的因素。Satyagraha（坚持真理）、Ahimsa（非暴力），这些既是运动中提出的口号，也是运动坚持的原则。在三次影响较大的非暴力不合作运动中还不同程度运用苦行（Tapasya），配合非暴力原则的实施，这些都是在自觉、不自觉地运用宗教为现实政治斗争服务。

### 非暴力的宗教来源

非暴力思想是甘地最有自身特色的思想内容之一。尽管甘地的非暴力不仅仅是指宗教戒律上的不杀生，而是含有一种更积极的神爱思想，但无可否认的是，甘地坚持真理运动中贯彻的非暴力原则、对真理的坚守都有宗教包含在其中，特别是来自耆那教的相关论述。

非暴力，源自梵文 Ahimsa，它词根是 himsa（害），加上否定性的前缀 a（非、不、否），"变成不杀生、非暴力（ahimsa），大致意思为不害、不杀生。从词源上看，有不伤害一切生物，克制含有敌意的思想、言语、行为的意思"。[1]西方一般把这个词翻译成 non-viloence，即非暴力。

在印度，最早提出不伤害、不杀生的教派是耆那教。"耆那教是第一个将 Ahimsa 原则贯彻到生活中去的教派"[2]，而后来佛教常用的不杀生就是由此引申而来。耆那教与佛教都是公元前 6 世纪印度沙门思潮之一，也有学者说耆那教的起源比佛教更早[3]。耆那教和佛教都是反对当时婆罗门教的吠陀天启、祭祀万能、婆罗门至上的新教派。耆那教和佛教并不以吠陀为经典，反对婆罗门教宣扬的神主宰一切、世界万物都是神创造的理论，它们在宇宙起源和人生哲学上都给出了各自新

---

① Monier-Willianms, *Sanskrit English Dictionary*, Oxford, first edition 1899, p.125.

② Jainism, edited by Sarvepalli Radhakrishnan and Charles A. Moore, *A Source Book in Indian Philosophy*, Princeton University, p.251.

③〔印〕德·恰托巴底亚耶:《印度哲学》，黄宝生、郭良鋆译，商务印书馆，1980 年，第 135 页。

的解释。耆那教认为，世界万物都由灵魂和物质组成，"空""法"和"非法"是其他一切事物即灵魂和物质存在的必要条件；佛教提出"缘起说"，万物皆是有各种条件和因果关系相互作用而成。这两种学说，都从根本上否定了婆罗门教宣扬的"神创世界"学说。

耆那教对暴力做了很细致的分类和说明：暴力有四种，故意的暴力（Sankalpini himsa）、自卫的暴力（Virodhini himsa）、家居中的暴力（Arambhini himsa），即日常起居打扫无意中对生物造成的暴力、工作中的暴力（Udyaojini himsa），即在农业生产、建筑房屋、手工劳动中对生物形成的暴力。那么这四种暴力中，第一种应该无条件避免，后面三种要尽可能避免，并且要控制愤怒、仇恨、骄傲、欺骗等"精神暴力"（Sanpalkini himsa）。①

而对不伤害、非暴力，耆那教的教义中也有很多阐释：

> 不应该杀害任何生物，哪怕是最轻微的伤害。也不能恐吓、强制性地征服、奴役。大雄祖师规定的非暴力（Non-violence）之达摩不可更改、永恒不变、永远常存。
>
> 不伤害（Ahimsa）存在的地方，就是我的戒律获胜的地方。我的戒律和不伤害之间没有区别。
>
> 不伤害的作用如同为心存恐惧人提供避难所，为饥渴者提供饮食。②

耆那教在甘地的家乡古吉拉特影响很大。甘地自己在自传中写道：

---

① 以上有关耆那教暴力的分类，参见维基百科 Ahimsa in Jainism 词条，网址：http://en.wikipedia.org/wiki/Ahimsa_in_Jainism。

② Acharya Mahpragya, *Jainism and its Philosophy Foundations*, Anmol Publications Pvt. ltd.,2000,p.105.

"耆那教教徒常常访问我的父亲，并且破戒接受我们这些非耆那教徒提供的食物。他们和我父亲的谈话内容，有宗教的也有世俗的。"[1]甘地少年时代与耆那教就有接触，对耆那教教义耳濡目染。耆那教不杀生的立场、避免对一切生物造成伤害而采取的近乎苛刻和极端的防护方式，给少年时的甘地以深刻的印象。

佛教对其信徒也定了五条最基本、最核心的必须遵守的戒律，即五戒（Pancasila）：不杀生、不偷盗、不邪淫、不妄语、不饮酒。《大乘义章》卷十二："言五戒者，所谓不杀、不盗、不邪淫、不妄（语）、不饮酒，是其五戒也。"[2]其中，"不杀生"作为五戒之首，对印度有着重要的影响。印度孔雀王朝时期，统治者阿育王最初是个严酷无情的皇帝，但他在对印度境内尚未征服的领土（即羯陵伽，位于今奥里萨）的战争中，目睹了羯陵伽之战给人民带来的巨大死亡和伤害，对自己的暴行感动、痛苦和悔恨，因此他决定不再使用暴力并皈依佛教。"他决定改变自己原先在道德上和政治上优先考虑的东西，接受了乔答摩·佛陀的非暴力教义，逐渐遣散自己的军队，着手解放奴隶和契约劳工，并负起道德导师的责任，而不是一个强悍统治者的责任。"[3]尽管孔雀王朝之后，佛教作为一个宗教团体在印度本土逐步走向衰落，但佛教中不杀生、慈悲、众生平等的观念对后世印度文化的发展有着深远影响。

印度教中同样有宣扬"非暴力"的宗教理念，《薄伽梵歌》（Bhagavadgita）是印度教的经典之一，该作品的核心内容就是赞扬

---

① M.K.Gandhi, *An Autobiography: The Story of My Experiments with Truth*, translated from the Original in Gujarati by Mahadev Desai, Navajivan Publishing House, 1927, p.31.

② 杜继文、黄明信主编：《佛教小辞典》，上海辞书出版社，2001年，第297页。

③〔印〕阿马蒂亚·森：《佛陀与现代世界》，载《佛教圣地与那烂陀：古代中国与印度的文化交流》，沈丹森编，印度驻华使馆印制，2009年，第9页。

"非暴力"。《薄伽梵歌》是史诗《摩诃婆罗多》中的一部插曲，它属于《摩诃婆罗多》第六篇《毗湿摩篇》的第22至第40章。故事记载的是，在大战的前一天，俱卢族和般度族双方军队已经在俱卢之野摆开阵容，阿周那却对这场战争的合法性产生了怀疑。阿周那认为同族自相残杀破坏了宗族法和种姓法，罪孽深重。他忧心忡忡，不愿意参战：

> 杀死持国的儿子们，我们会有什么快乐？
> 杀死了这些罪人，我们也犯下了罪恶。
> 不能杀死持国的儿子们及其亲友，
> 因为杀死自己人，我们怎么会幸福？
>
> 由于贪图王国，贪图幸福，天哪！
> 我们决心犯大罪，准备杀自己人。
> 我宁可手无寸铁，在战斗中不抵抗，
> 让持国的儿子们，手持武器杀死我。[①]

　　从这些引文可以看出，阿周那不愿意投身战场，大开杀戒，而黑天则站在个人应该遵守的"达摩"（Dharma）的角度，认为阿周那应该尽到刹帝利的职责，投身战斗。黑天和阿周那之间你来我往的问答，构成了整部《薄伽梵歌》。因此，从根本的出发点上看，否认"非暴力"，对战争暴行的反思是该歌的主旨。印度学者高善必认为，"《薄伽梵歌》归纳起来，可以有以下几点：第一，这部书是公元三世纪末以前写成的；第二，它赞扬非暴力；第三，黑天是唯一的尊神"。季羡林在分析《薄伽梵歌》的形成时，认为："大乘起源比《薄伽梵歌》要

---

① 〔古印度〕毗耶娑：《薄伽梵歌》，黄宝生译，商务印书馆，2010年，第10页，第12页。

早,《薄伽梵歌》受了大乘佛教的影响。"[1] 从文本的内容以及中印知名学者的分析,我们可以看出"非暴力"这一概念在印度教中的地位和影响。

《摩奴法论》是古代印度教社会的法制权威与依据,对印度现代社会生活也有广泛而深刻的影响。《摩奴法论》中明确说:"不杀生、不妄语、不偷盗、清净无垢和调伏诸根,摩奴说这是四种姓的总法。"[2]因此,在印度,诸如"坚持真理是最高的信仰""非暴力是最伟大的善"的格言,"在印度各个乡村都能听到,就如同印度教、佛教、耆那教宣扬非暴力的各种故事一样广为人知"[3]。这也是甘地非暴力不合作运动能够广泛开展的群众基础。

### 传统宗教中的"不合作"观念

甘地的非暴力不合作,不仅仅"非暴力"思想来自印度传统宗教,而且"不合作"的思想也在古代印度文化中找到根源。"不合作"是一个现代词汇,在古代印度,有多种斗争方式反抗雇主、统治者或相关责任人,这些斗争方式也都是非暴力的方式,如 dharna(静坐)、hartal(罢市)、hijrat(流亡)、deshatyaga(放弃祖国)等。

dharna(静坐示威)这种方式在古代印度一般是指债权人向借债人施压,使其承认债务,早日偿还债务。[4] "dharna"者相信,因示威至死的灵魂会向对手作祟,妨碍对手。示威者希望通过自我受难的方式表明自己的诚意,从而说服、感动对手。hartal(罢市)在古代印

---

① 季羡林,《〈薄伽梵歌〉译本序》,《薄伽梵歌》,张宝胜译,中国社会科学出版社,1989年。

② 《摩奴法论》,蒋忠新译,中国社会科学出版社,2007年,第213页。

③ Joan V. Bondurant, *Conquest of Violence: the Gandhian Philosophy of Conflict*, University of California Press, 1965, p.111.

④ 马小鹤:《甘地》,东大图书公司印行,1993年,第185页。

136

度，一般被用来对付土邦王公或国王，希望通过这种方式使统治者注意某道诏书或其他不当的政策或举措。"hartal（罢市）"通常是短期的，在这一两天的时间里，商店关门、作坊停工。另外一种更为激烈的抵抗方式是 hijrat（流亡）或 deshatyaga（放弃祖国），受压迫的民众在上述抗议都没有效果的情况下，自动选择离开某一地区，去国离家，这也是以"不合作"的方式表示他们的不满与反抗。①

　　这些传统的斗争方式都具有消极抵抗、不合作的特点，但是它们与甘地所追求的"非暴力不合作"还有着很大的不同。甘地的"非暴力不合作""坚持真理运动"要求不仅在更加积极的意义上坚持非暴力，而且要考虑斗争双方的利益，不是消极意义上的与对手对抗。

　　以"非暴力不合作"为主要斗争方式的坚持真理运动，其中的具体斗争手法，能找到古代印度消极抵抗的"影子"。"联合共同境遇的民众，利用沉默的表达，唤起被压迫者内在的罪恶感。"②纵观甘地开展的三次大规模不合作斗争，其斗争方式多样，号召罢课、罢市、放弃爵位与官职、不与殖民者合作等等，但内在的核心还是在于通过这种方式，引发统治者和强权者的注意，从而改进既定的政策。

　　我们从甘地的"坚持真理运动"的命名就可以很清楚地看到这一点。1906 年，甘地第一次在南非组织集会，反对当时南非殖民政府制定的《亚洲人法律修改令》，该法令对印度人做了很多苛刻的规定，如居住者必须登记、居留证必须随时携带备查、警察有权随时进入印度人家庭检查证件，等等。"甘地组织了第一次大规模的非暴力抵抗运动，

① Joan Valérie Bondurant, *Conquest of violence: the Gandhian Philosophy of Conflict,* Princeton University Press, 1958, p.119.

② Raghavan N.Iyer, *The Moral and Political Thought of Mahatma Gandhi*, Oxford University Press, 1973, p.261.

斗争采取请愿、集会抗议、罢工的方式。"①甘地组织的抗争，使英国官方深受震动。虽然《亚洲人法律修改令》最终还是通过了，但是取消了其中对妇女限制的规定，这次抗争起到了一定效果。

但是，对于这次颇有影响力运动的命名，甘地最初却无定论。"我们没有人知道该给我们的运动如何命名，我就用'消极抵抗'一词去描述它，但是随着斗争的开展，消极抵抗一词，引起一些混乱，而且这么伟大的运动只用一个英语词去命名实在有点羞愧。再者，一个外国术语很难在印度社团中获得认同。"甘地后来采纳读者马甘纳（Maganlal Gandhi）的建议用 Sadagraha，意即由于正当的理由而坚定和无畏。同时，甘地对这个词汇又进行了改造，将之修订为 Satyagraha，真理（Satya）意味着爱，坚定（Agraha）既产生力量也是力量的同义词。"因此，我就开始用 Satyagraha 称呼有印度特色的运动，也是就说，力量来自真理和爱或者非暴力，放弃使用消极抵抗一词……这就是后来逐渐为人所知的坚持真理运动的起源，而且这个词语是专门来指代这个运动的。"②

从这个命名的过程，我们可以看出，甘地特别强调这种不合作运动中的非暴力、爱的力量，所以用坚持真理（Satyagraha）来称呼独特的不合作运动。甘地的不合作思想、坚持真理运动，与早期奥罗宾多、提拉克等人开展的不合作运动——抵制英货、抵制法庭和官办学校、放弃荣誉称号和政府职位相比，加入了诸多宗教元素。"甘地的不合作运动，更强调一种道德和宗教伦理（坚持真理不支持邪恶）。"③因此，甘地的不合作思想、坚持真理运动，不是简单的不合作或者消极抵抗，

---

① 颜芙：《南非印度人》，北京大学亚非研究所，1984 年，第 34 页。

② Satyagraha in South Africa, *Collected Works of Mahatma Gandhi,* Vol. 34, p.93.

③ 林承节：《印度民族独立运动的兴起》，北京大学出版社，1984 年，第 487 页。

它是甘地宗教思想的重要体现，是宗教思想与政治斗争紧密结合的具体表现。

甘地将坚持真理（萨提亚格拉哈）在民族独立运作中的运用便是不合作与文明的不服从（Civil Disobedience）。在甘地看来，西方资本主义社会中形成的不服从，还只是一种消极的方式，更为关键的是在不合作的手段背后，要有"坚持真理"的终极目标。消极抵抗，还存在着危害对方、消灭对方的风险，而非暴力不合作，则是以自己的苦难来战胜敌人。

## 第三节
# 印度自治理想中的印度教

❦

　　任何宗教都有关于理想世界的描绘，佛教的西方极乐世界、基督教的天堂等，莫不如是。在甘地的宗教里，也有关于未来理想世界的描绘。作为政治家与宗教首领的甘地，将世俗政权与未来天国的构想紧密地联系在一起，勾勒出关于理想国家的描绘。《甘地全集》虽然最终有90卷之多，但是其中很少有文章是甘地直接阐释对国家、社会和民族的立场和态度的。较为集中表现上述思考的是他于1909年用古吉拉特语撰写的《印度自治》( *Hind Swaraj* )，原文出版后一度被孟买政府查禁，后被译成英文后于1910年在南非约翰内斯堡发表。文章集中反映了甘地对于国家、社会、经济发展与印度自治等诸多"大问题"的思考，表达了甘地的一些最基本、最核心的政治理念与经济思想。甘地的理想政体和经济模式，无论是早期的"印度自治"，还是后来形成的"罗摩之治"的构想，都是基于一种完美的四种姓分工安排，以及理想化的小农经济、相互交换商品与服务的互利体系。统治者因其道德品质完美而成为领袖，各阶层成员依附于种姓分工和村社而自给自足、和睦相处。这样一种反对西方物质文明，歌颂印度传统种姓分工与村社的"乌托邦"幻想构成了甘地有关民族、国家与社会的主要想象。

甘地对小农经济的设想建立在以四大种姓为前提的再分工与细化基础之上，而种姓分工的观念自古以来就是印度教一以贯之的主张。甘地的理想政体建立在以"罗摩之治"为原型的基础之上，而"罗摩之治"是印度教早期圣典《罗摩衍那》、中世纪印度教典籍《罗摩功行之湖》的主要构思。甘地有关印度自治与发展的构思中，无论是以种姓分工为基础的小农经济的构想，还是以"罗摩之治"为原型的理想社会的构建，都是利用印度教传统的观念与想象建构其理想社会。甘地的自治思想是其宗教思想非常重要的组成部分。

### 种姓分工背后的宗教支撑

甘地在《印度自治》中最核心的观念就是对西方物质文明的否定和对印度小农经济的重视。艾耶尔总结道："对现代文明的谴责，是甘地道德和政治思想的支点。"[1] 甘地认为，要除去工业主义带来的社会罪恶，只有完全抛弃机器大生产，发展自给自足的小农经济。发展小农经济自然就离不开印度传统种姓制度下职业的固定化和分工的细化，而种姓制度的形成和发展一直都和印度教有直接关联。

印度种姓制度的起源与发展，本质上是进入阶级社会后阶级分化、职业固定、行会兴起等经济因素决定的，但在职业不断分化与固定的过程中，宗教也一直扮演着很重要的角色。[2]"印度古代社会的古典的

---

[1] Raghavan N.Iyer, *The Moral and Political Thought of Mahatma Gandhi*, Oxford University Press, 1973, p.24.

[2] 关于印度种姓制度的起源，有瓦尔纳论、职业论、种族论、宗教论、雅利安家庭制度论等多种说法。笔者认为，作为对印度文明传承与发展起到重要作用的种姓制度，其起源和发展并不可能是单一的。同时，宗教为职业的分化与固定提供一套意识形态的话语，宗教是印度种姓制度背后重要的支柱。

四种姓制度——瓦尔纳制度——就这样在社会向国家进化的过程中逐步形成了。这不仅是阶级分化的结果……也是雅利安文化为了维护已经不太适应社会经济变化的氏族制度所作的一些调整。"[1]而雅利安人为了维护这种分化和既定利益，就利用宗教作为一种意识形态来强化和固定已经形成的职业差别。因此把持文化权力的雅利安人便在宗教典籍中反复宣扬种姓制度的合理性与神圣性。印度历史学家罗米娜·塔帕（Romila Thapar）更进一步认为："雅利安人不仅贡献了梵语、种姓社会和宗教观念以及奥义书……更为重要的是这些贡献，或者通过它们被采纳，或者由于它们激起了反抗，培育出了进一步的各种思想和制度。"[2]因此，我们可以说，最初作为职业分化与阶级差别的瓦尔纳，在宗教的有力支撑下，得到进一步强化与固定化，从而造成印度传统社会中不同阶层相对稳定、流动性减弱，这也是印度古代社会中形成"超稳定"社会结构的制度基础。

种姓与宗教的结合，我们能从印度教的相关典籍中得到很清楚的印证。在印度教典籍中，最早描述种姓制度的是大约成书于公元前2000年的《梨俱吠陀》（*Ṛgveda*）。在《梨俱吠陀》第10卷《原人歌》（*Puruṣa*）中说道：

> 原人之身，若被肢解，
>
> 试请考虑，共有几分？
>
> 何是彼口？何是彼臂？
>
> 何是彼腿？何是彼足？

---

① 刘欣如：《印度古代社会史》，中国社会科学出版社，1990年，第53页。

② 〔印〕罗米娜·塔帕：《印度古代文明》，林太译，浙江人民出版社，1990年，第39页。

原人之口，是婆罗门；

彼之双臂，是刹帝利；

彼之双腿，产生吠舍；

彼之双足，出首陀罗。[1]


  《原人歌》是印度阶级社会形成最原始的历史纪录，上述"歌辞"中提到的"原人"便是印度远古吠陀仙人、神学家和哲学家所设想的宇宙背后的终极力量，他们用"原人"这样一个具体的形象表现出来。雅利安人强调从"原人"裂变出四种姓，是想赋予人世间已经出现的职业分工以神秘与命定色彩。掌握吠陀知识的祭祀阶层用这样的方式确保本阶层的崇高地位，试图建构一套稳定的社会秩序与人世理想。神化祭祀阶层、固定社会分工，在印度教后世不断发展中，得到反复的确认和发展。

  到了公元前 200 年至公元 200 年成书的《摩奴法论》中，最初模糊的四种分类得以进一步细化：


  他（指化作梵天的自在）把教授吠陀、学习吠陀、替他人祭祀、布施和接受布施派给婆罗门。

  他把保护众生、布施、学习吠陀和不执著于欲境派给刹帝利。

  他把畜牧、布施、祭祀、学习吠陀、经商和务农派给吠舍。

  那位主给首陀罗只派一种业：心甘情愿地伺候上述诸种姓。[2]


---

[1]《〈梨俱吠陀〉神曲选》，巫白慧译解，商务印书馆，2010 年，第 255 页。

[2]《摩奴法论》，蒋忠新译，中国社会科学出版社，1986 年，第 12–13 页。

上述记载表明：一方面，随着生产力的发展，职业的区分比《梨俱吠陀》时代更加细化，《摩奴法论》中增加了很多新的职业种类，如畜牧、布施、经商、务农等；另一方面，《摩奴法论》延续着《梨俱吠陀》同样的宗教精神，特别强调"他"——化作梵天的大自在——把不同的工作"派给"了四种姓成员。因此，不同种姓成员的工作差异不是自我选择的，而是先天就注定了的。这种职业区分源自先天命定的思想与早期《梨俱吠陀》中宣扬的观念一脉相承。

对上述两部印度重要典籍的分析，我们从中可以看出，为了将现实生活中不断分化和细化的职业分工固定下来，印度宗教扮演了重要角色。印度古典知识源头的《梨俱吠陀》以及树立古代印度人生活法则的《摩奴法论》都从神灵的角度强化既有的职业划分。宗教与种姓之密切关系，可见一斑。

不仅"原人"与"梵的化身"的观点强化了职业分工与固定的合法性，而且印度宗教中的核心观念如"业报""轮回""达摩"等也同样为种姓制度提供了理论支撑。前世的"业报"决定了今生的职业分类，坚守各种姓的"达摩"是每个印度教教徒应尽的义务。只有尽力遵守所属种姓集团的行为规范和职业要求，各种姓成员才能最终实现超脱"轮回"之苦，进入无始无终的涅槃之境。如果各种姓成员违背了神的意志，没有遵守各自的"达摩"，那么他们在来世就会再次陷入"轮回"之中。低种姓成员任何试图提升自我的举措，不仅会在来世更悲惨，甚至还有可能转世为牲畜或木石。

甘地有关印度自治的设想，是面对英国机器大生产入侵造成印度农村凋敝、衰落的现状而提出来的。以印度传统的村社对抗西方发达的物质文明，是甘地印度自治论的支点所在。要延续传统的村社，保留种姓差别基础上的社会职业分工便是甘地思想的应有之义。而种姓分工的背后，从《梨俱吠陀》时代开始，就一直得到了印度宗教的有力支撑。因此，我们可以说，以社会分工和职业固定化为基础，甘地理想中的村社与印度宗教无法避免地交织在一起。

### 以罗摩盛世为原型的理想社会

甘地的印度自治有两方面的重要内容，第一是摆脱英国的殖民统治，第二是实现印度的自我完善、自我发展。甘地整个"印度自治"的思想与国家观，展现出来的是一幅典型的印度传统小农社会的古朴景象。以种姓职业分工为基础的村社，背后有印度教一以贯之的宗教支撑；而在国家与社会的整体设想上，甘地构想的是试图建立以正义与道德为基石的"上帝的王国"[①]。甘地用印度教教徒耳熟能详的术语"罗摩盛世"表达了它对未来印度理想社会的想象与构思，而"罗摩盛世"则是印度教教徒心中的理想社会。

有关"罗摩盛世"的设想，最早出现在印度史诗《罗摩衍那》中，在中世纪《罗摩功行之湖》中得到了更具体地描绘。《罗摩衍那》不仅是文学史诗，也是印度教重要的宗教典籍。"《罗摩衍那》其中绝大多数是神话和宗教的内容，罗摩变成神，史诗留下了教派的印记。"[②] "罗摩盛世"是作者蚁垤对罗摩统治下美好社会的想象：

> 他（罗摩）将成为国王，登上宝座御宇。
>
> 人民这个收获，将对全国有益。
>
> 皇祚延绵不断，天长地久无极。

---

[①] 〔印〕迪夫拉吉·巴利：《论甘地的人道主义》，载《哲学译丛》，王辉云译，1985年05期，第41–47页。

[②] 〔法〕路·勒诺：《〈摩诃婆罗多〉与〈罗摩衍那〉》，载《印度两大史诗评论汇编》，季羡林、刘安武编，中国社会科学出版社，1984年，第507页。

我们今天不再要享受，也不要那最好的财富；

我们看到罗摩走了出来，他将要登基统治这国土。

我们再也不会有任何的比这个更可爱的东西：

有无量威德的罗摩，

将要举行灌顶典礼。①

在《罗摩衍那》中，侨萨罗国在罗摩的正法统治下，出现了"罗摩盛世"的美好局面，这一想象在中世纪《罗摩功行之湖》中得到更多的阐释和发挥。《罗摩功行之湖》是印度中世纪著名的文学经典和宗教经典，作者杜勒西达斯（1532—1623）既是诗人也是宗教改革家。他通过传播罗摩的故事，宣扬膜拜、虔信毗湿奴化身罗摩的好处，试图重新恢复印度教重要地位。作者在《罗摩功行之湖》中"刻画了理想的统治者形象——罗摩和婆罗多，希望统治者以他们为榜样，不为权利所引诱，和睦相处，联合起来建立理想的社会——罗摩盛世"。②

在《罗摩功行之湖》的《尾声篇》，杜勒西达斯为人们描绘了一幅"罗摩盛世"的美好景象：

罗摩登基后，解除了三界的一切痛苦，由于他的神威，仇恨与嫌隙全部消除。

人们都按照自己的种姓和阶段生活，一切事情无不依照圣洁的经典《吠陀》。

---

① 〔古印度〕蚁垤：《罗摩衍那》，季羡林译，人民文学出版社，1981年，第97页。

② 姜景奎：《杜勒西达斯的理想社会——读〈罗摩功行之湖〉》，《北京大学学报·外国语言文学专刊》，1995年，第12页。

在这罗摩盛世，人们都遵守《吠陀》的规矩，相互敬爱，没有身体、心灵和物质的痛苦。

男男女女都虔诚地信奉罗摩，无论何人都有权利得到解脱。所有人都虔信宗教，没有人妄自尊大，男女老少都品德高尚，见不到奸诈狡猾。

罗摩盛世的生物与非生物，都不会受到时间、命运、性格和品德的束缚。罗摩盛世给人们带来的幸福繁荣，连舍释和瓦妮都无法用言语来形容。[1]

《罗摩衍那》与《罗摩功行之湖》都是印度教重要的宗教经典，而后者在宣扬神灵观念、强调虔诚信仰方面表现得更加明显。杜勒西达斯的《罗摩功行之湖》对印度宗教、文学都具有广泛影响力。在印地语地区，《罗摩功行之湖》之后，对"罗摩"的崇拜取代了对"黑天"的崇拜。[2]甘地中弹身亡前最后一刻呼喊的就是"罗摩"。

《罗摩功行之湖》是杜勒西达斯在16世纪伊斯兰教文化不断挤压印度教文化的背景下，希望通过自己的创作与想象，重建人们对印度教的虔诚信仰，"罗摩盛世"便是他理想社会的描述；甘地在20世纪面对以英国为代表的西方文化的入侵的背景下，试图通过《印度自治》及相关论述恢复印度昔日的荣光。1937年，甘地在《哈里真》上

---

[1]〔印〕杜勒西达斯：《罗摩功行之湖》，金鼎汉译，人民文学出版社，1988年，第646页、648页。

[2] 关于《罗摩功行之湖》《罗摩衍那》中文学性与宗教性侧重点的差异，参考了唐仁虎的相关文章。参见唐仁虎：《宗教诗篇与文学诗篇之间：〈罗摩功行之湖〉——兼与〈罗摩衍那〉比较》，《东方研究》，阳光出版社，2010年，第2页。

发文:"实现自治,对我而言,是罗摩之治(Ramaraj)的同义词,这不是玩笑话。"[①]1945年,甘地76岁时依然说:"罗摩之治,从宗教的角度看,就是建立神的人间王国;从政治角度看,就是完善的民主制度。"[②]甘地提出的"自治就是实现罗摩之治"的口号,激发了无数民众心理深处的回响。

甘地的自治思想与国家观念,是在面对西方工业文明的强烈冲击下,利用传统宗教文化所做的探索。坚持种姓分工模式下的小农经济,强调职业的固定化,这些观念背后离不开印度教宣扬的达摩、业报、轮回的宗教思想;有关国家和未来的想象,又是借助印度教中的"罗摩盛世"来展开,这是甘地能够吸引印度底层民众,最大程度动员印度民众的重要原因。

---

① Harijan, *Collected Works of Mahatma Gandhi*, Vol. 72, p.183.

② Harijan, *Collected Works of Mahatma Gandhi*, Vol. 87, p.104.

## 第四节
## 印度教内部的自我净化

❦

现代化带来的最大变化便是自由主义观念的勃兴与传播，个体摆脱了家族与神权的约束，追求自我权利与价值的实现。这种变化，不仅发生在工业革命的发源地英国，在印度内部，自中世纪后期以来，同样有追求自我独立、实现个体自由的诉求与运动。甘地将贱民制视为印度教的"毒瘤"，认为废除贱民制度是印度教"自我净化"的需要。用"洁"与"不洁"的观念看待身份和阶层，这本身就源自印度的宗教观念，而通过"净化"来废除贱民制度，这是甘地宗教思想的重要构成。与废除贱民制这样激进的态度相比，甘地认为传统的瓦尔纳制度有一定的合理性，印度需要改革种姓制度的不合理之处，但仍然需要保留社会分层的瓦尔纳制度。甘地认为，贱民制度完全是印度教内部的恶习，要废除它只有通过宗教内部的自我净化，而不是用西方现代民主政治的方法。贱民当然应该获得平等，但是这种平等，不是西方意义上的人权平等，而是在神面前的平等，都是"神之子"的平等。甘地这种"净化观"和"神之子"的观念，构成了甘地宗教思想中有关社会平等的重要表述。

### 印度宗教中的"洁"与"不洁"观念

"不可接触者",又称"贱民",是处于印度种姓制度中的四个等级之外的一个阶层,20世纪初叶印度人口大约3.5亿,贱民有5千万到6千万,约占总人口的1／7到1／6。[①] "不可接触者"多是那些从事屠宰、制革、埋葬、清扫等人,他们从事的职业"不洁",所以称为"不可接触者",进而不能与其他阶层和种姓的人同住一个村,不能去公共水井汲水,不能在公共道路上行走,不能仰头正视非贱民。

"不可接触者"这一概念本身和印度宗教传统相关,它来自印度教内部特殊的"洁"与"不洁"的观念。在印度古代社会,对"洁"与"不洁"的区分,有些是出于现实生活的需要,有利于指导人们注意生活卫生,如"只要未混入不净物、色香味都未变,而且足够牛解渴,这样的天然水是清净的"。[②] 但《摩奴法论》的特别之处在于,将暂时性的不洁行为与永久性的不洁进行了分类,贱民因为暂时从事不洁的活动,被赋予永久不洁的身份和地位,这就是一种宗教观念在其中起作用。

《摩奴法论》第10章讨论四种姓职业和杂种姓,对"不可接触者"的要求如下:

> 旃陀罗(梵语Candala,即贱民)、猪、狗、鸡、行经妇女和不能人道者不可看众婆罗门吃。(第3章,第239条)
>
> 旃陀罗的住处必须在村落外,他们必须被当作离钵者,他们的财产必须是狗和驴。(第10章第51条)

---

① 数据来源参考《新剑桥印度史》系列之 Susan Bayly 著《种姓、社会和政治:从十八世纪到现代印度》,第261页。Susan Bayly, *Caste, Society and Politics in India from the Eighteeth Century to the Modern Age*, Cambridge Unversity Press,1999, p.261.

②《摩奴法论》第5章第126条,蒋忠新译,中国社会科学出版社,2007年,第105页。

他们必须穿死尸衣，他们吃的必须是破盘盛的食，他们的饰物必须是铁制的，他们必须永远流浪。（第10章第52条）

奉行法的人不得有与他们交往的愿望；他们的事情必须在他们内部办；他们必须与同类人结婚。（第10章第53条）[①]

万一与旃陀罗这类不洁者有交往的，自我清净的方法有：

不可交往者的清净法是每六顿吃一餐，每天进行一次厦格勒火祭，专心致志地颂吠陀，为期一个月。（第11章第200条）

触了旃陀罗、行经妇女、丧失种姓者、产妇、死尸或触死尸者，他以沐浴得清净。（第5章第84条）[②]

从上述引文，我们可以看出，生活中的"洁"与"不洁"的观念与某一群体的血统、职业、地位结合以后，成为某一群体成员的生活、婚姻的准则，这种准则一旦僵化和程式化就形成了对特定阶层或团体的不公，这也就是种姓制度最为人诟病的地方。除了清洁与否是划分种姓身份的标志之外，婚姻也是个重要的原则。如果低一级的男子娶婆罗门女子为妻，那么他们的后人就是旃陀罗。"母亲是婆罗门，父亲是低一级的瓦尔纳者，所生的孩子就是 Candala，即不可接触者。"[③]

尽管从印度文明的发展看，种姓制度并非一无是处。"宗教性的纯净——污秽概念并不是一种无事生非的怪癖，它富有实际的社会和经

①《摩奴法论》，蒋忠新译，中国社会科学出版社，2007年，第57页、第212页。

② 同上书，第235页、第101页。

③ P.K.Mohanty, *Encyclopaedia of Castes and Tribes in India*, Indian Publishers Distributors, 2000, p.79.

济意义。"[1]但是它带来的婆罗门至上、社会阶层间流动性减弱、对首陀罗和种姓之外贱民阶层的歧视，印度教内部一直都有反对的声音。公元前6世纪佛教宣扬"众生平等"的观念、耆那教反对《梨俱吠陀》第十卷中"原人之歌"宣扬的种姓和等级观念等，都是对印度种姓制度的批判。"耆那教和佛教的兴起给商人和那些备受种姓压迫的其他人提供了脱逃的机会，后来在中世纪的时候，宗教虔诚运动又是一个主要由城市中心低种姓组成的非种姓主义者的运动。"[2]

### 神之子：延续帕克蒂运动余绪

甘地赞同瓦尔纳制度，但并没有像正统印度教教徒那样，将人的出身和血统固定化。甘地认为："婆罗门之子称之为婆罗门，但是如果他没表现出对婆罗门应有的贡献，那么到了法定年龄，他不能被称为婆罗门；同样，如果一个人不是生在婆罗门家庭，但是他的作为显示他配得上婆罗门的称呼，那么即便他没有这个标签，他也是婆罗门。"[3]对于种姓间通婚问题，甘地的表述也很激进："我已经号召过所有的印度教教徒都应该将自己视为被视为最低等阶层的哈里真，不仅仅在公众面前宣布，更主要的是内心的改变。如果有可能，婆罗门将和打扫清洁的贱民住在一起（Bhangi），让他的孩子与哈里真结婚。"[4]

正是基于上述考虑，甘地赋予贱民以特殊的地位，赋予新的名称。1933年，甘地创办《哈里真》周刊，"哈里真"意为"神（上帝）的子民"，他在发刊词中解释为什么用一个新词 Harijan：

---

① 刘欣如：《印度古代社会》，中国社会科学出版社，1990年，第57页。

② 〔印〕迪帕克·拉尔：《印度均衡：公元前1500——公元2000的印度》，赵红军译，北京大学出版社，2008年，第20页。

③ Harijan, *Collected Works of Mahatma Gandhi*, Vol. 65, p.65.

④ Harijan, *Collected Works of Mahatma Gandhi*, Vol. 91, p.139.

Harijan，意为神之子。世界上所有的宗教都把神描绘成无亲无友之人的朋友，帮助需要帮助的无助者，保护需要保护的弱势者。而在印度，有谁比四千万被划为不接触者等级的印度教教徒更为无亲无友，更无助，更弱势？因此，如果有任何群体能配上"神之子民"的称呼，那么肯定是这些无依无靠、无助而受轻视的不可接触者。[①]

　　我们可以看到，对于"不可接触者"，甘地特别强调贱民所具有的"印度教教徒"身份——没有哪个类型的印度教教徒比不可接触者更无亲无友、更无助、更弱势。在这里，甘地就将废除贱民制纳入了宗教改革的范畴。[②]

　　种姓改革是印度中世纪帕克蒂运动中重要的内容之一，作为宗教改革运动，帕克蒂运动并没有破坏印度教整体性的框架，"只是培养起在爱戴神祇面前友爱与平等的思想。出自社会各阶层的该宗教的圣者们宣传，在虔诚宗教（即帕克蒂运动）中，种姓已经没有意义"[③]。

　　罗摩派是印度中世纪虔诚运动中"信徒最多、影响最大的一支，同黑天派一样，也是虔诚运动的主力军"[④]。而罗摩派的主要影响在于，"罗摩难陀强烈反对种姓制度的限制及其非正义性。他的教派向一切人开放，他本人的 12 名弟子据说包括妇女、一名贱民、甚至一名穆斯

---

[①] Why "Harijan", from Harijan, *Collected Works of Mahatma Gandhi*, Vol. 59, 1933, p.234.

[②] 关于对贱民是印度教教徒的身份认同问题，也是理解甘地贱民立场的关键。马小鹤在《甘地》一书中，就只将原文中 Hindus 译成印度人，这不符合甘地本意。参见马小鹤《甘地》，东大图书公司，1993 年，第 96 页。

[③]〔印〕A.L. 巴沙姆主编：《印度文化史》，闵光沛等译，商务印书馆，1997 年，第 389 页。

[④] 刘建、朱明忠、葛维钧：《印度文明》，福建教育出版社，2008 年，第 323 页。

林"。①戈比尔和杜勒西达斯是罗摩难陀两个最著名的精神继承者,戈比尔除了反对宗教的偶像崇拜以外,还反对社会的偶像崇拜,始终如一地抨击种姓制度的非正义性,谴责婆罗门的骄横:

> 探问圣者属于什么种姓未免太愚蠢。
>
> 理发匠已经找过神,洗衣妇和木匠——
>
> 甚至赖达斯也都求过神,
>
> 仙人斯瓦巴查按种姓是个皮匠。②

1849 年,迦耶卡尔(Ram Balkrishna Jaykar)在马哈拉施特拉创立的宗教社团"祈祷社"(Prarthana Samaj)成立,这是当时孟买一带最著名的宗教改革社团。这一社团猛烈抨击传统社会的不公和种姓制度,其中的成员,"低种姓出身的普莱,在他大量的诗歌、散文作品中反对婆罗门的压迫,并建立了旨在提高低种姓地位的组织'净化社',使这场斗争有了具体的组织形式"③。

进入近代以来,改革种姓制度、废除贱民制度的主张同样来自宗教改革社团。圣社领袖达耶难陀就认为,按照身份划分种姓不符合吠陀思想,"吠陀经典中根本没讲到不可接触制。他抵抗对低种姓尤其是不可接触者的虐待,提出所有人都有研究吠陀的权利"④。因此,在达耶难陀的圣社中,打破种姓限制,吸收了贱民参加,这使得圣社得到了很大发展。低级种姓的社团也被接纳入社,他们的地位在仪式上提高

---

①〔印〕A.L.巴沙姆主编:《印度文化史》,闵光沛等译,商务印书馆,1997 年,第 404 页。

② 同上书,第 405 页。

③〔印〕J.T.F.乔登斯:《英属印度的印度教宗教和社会改革》,《印度文化史》第26章,A.L.巴沙姆主编,闵光沛等译,商务印书馆,1997 年,第 544 页。

④ 尚会鹏:《种姓与印度教社会》,北京大学出版社,2001 年,第 97 页。

到"再生族"①种姓的地位，有权共同进餐和通婚。

甘地废除贱民制度的立场，是基于印度教种姓制度中自我净化（Self-purification）的设想，这是有别于同时代政治家在"国家—民族—公民"的现代民主框架内解放贱民的另外一种路径。在甘地看来，废除贱民制度，根本途径和方法在于印度教内部的自我净化。甘地认为："对我而言，废除不可接触者制度，就是一个宗教行动。这样做也许会有很多好的结果，比如政治上的改善。但我看来，如果没有宗教的基础，政治上的改善也是徒有其名。"②

同样是反对不合理的贱民制度，安倍德卡尔主张对贱民在选举席位上给予倾向，赋予贱民以平等的公民待遇。对安倍德卡尔政治上的方案，甘地却完全表示反对。在甘地看来，贱民制度完全是印度教内部的恶习，要废除它只有通过宗教内部的"自我净化"，而不是用西方现代民主政治的方法。贱民当然应该获得平等，但是这种平等，不是西方意义上的人权平等，而是在神面前的平等，都是"神之子"的平等。基于这种"净化观"和"神之子"的观念，从而形成了甘地对贱民制的理解，也正是在这种观念的影响下，甘地展开了废除贱民制、改革种姓制的种种活动。但是这一切活动，从思想根源上看，完全是基于一种宗教改革的立场而进行的。

---

① 关于"再生族"的说明：四瓦尔纳分为两组，最后一级首陀罗自成一组，其他三级组成一组，即再生族（Twice-born），指的是这三级的人都有权举行成年礼，也就是第二次出生，也有权参与一般性的宗教活动。

② To Gujaratis, *Collected Works of Mahatma Gandhi*, Vol. 60, p.29.

04

# 从传统到现代：

## 甘地宗教思想的转变

甘地宗教思想的形成，历经了一个演变的过程。从早期政治化表述为主导到中后期以宗教话语表达为主体。甘地这一思想立场与话语表达的转变，与印度深厚的宗教文化土壤有关，也与甘地青年时期英国求学的经历有关，但最为重要的原因是甘地根据现实政治斗争的需要和民族独立运动的发展，不断地调适和改造印度本土与西方宗教观念，赋予传统的宗教口号、观念以新的内涵。身为民族运动领袖的甘地为了克服国大党温和派脱离群众的不足，改变激进派由于发动暴力革命受到英殖民政府强力压制的现状，创造性地运用宗教口号、服饰、行事方式，形成了独具影响力的甘地宗教思想。甘地这种独具特色的宗教思想，既能鼓舞广大民众参与到民族独立运动中去，又有利于国大党与英国殖民统治者展开谈判，从而获得了从殖民政府到印度精英以及印度底层民众的广泛拥护。援引传统宗教，又根据现实改造宗教，是成就甘地作为宗教领袖、政治领袖的关键之所在。

# 第一节
## 从客观真理到主体践行

❧

　　甘地的真理（Satya），来自梵语，在印度有不少宗教对此展开过论述，如佛教的"四谛说"。同时，甘地还用西方的真理（Truth）来翻译和阐释印度的Satya。甘地少年时对印度诸神没有特别的感情，但随着年龄的增长，认识到"神就是真理"，认识到宗教中的神对于个人道德生活的指导意义；1920年以后，甘地对神与真理的关系又做了进一步的思考，提出了"真理就是神"的主张，并且到处宣扬这一主张。甘地从少年时期对神与真理的模糊认识，到提出"神就是真理"，最终在他51岁时（1920年）提出"真理就是神"的概念，这就是甘地真理观形成的过程。定型后的甘地真理观，具有很大的包容性：它既包含了印度传统宗教信仰的内容——用神去描述真理，并且强调通过实践去体验真理（坚持真理运动Satyagraha即由此而来）；同时又借鉴了西方理性主义观念，对各种不同的真理观，如基督教的上帝、伊斯兰教的真主、无神论者等，都持客观、公允之态度。正是糅合了多种宗教元素、文化因素，最终形成了独具特色的甘地真理观。

**神就是真理**

甘地少年时期，对神、真理并无特别的认识。甘地在自传中说，他十六七岁的时候，在学校学习了除宗教外的很多课程。他对宗教的认识来自村子附近的哈维立（Haveli）神庙。此时的甘地对神庙并无好感，"我不喜欢神庙喧哗与奢华，而且我还听说神庙干着败坏道德的勾当"。但是，生长在一个毗湿奴教的家庭中，周围的亲人都念诵《罗摩护》（Ram Raksha），诵读《罗摩衍那》的故事，这对甘地产生了重要影响。耆那教徒与甘地父亲的交往、家中仆人的敬神活动和亲戚们的宗教活动，影响了甘地对宗教、对真理的最初认识：

> 但有一件事情在我心中是根深蒂固的，就是认为道德是一切事物的基础，真理是所有道德的本质。真理成为我唯一的目标，而且我对真理的定义也随之广阔。[1]

在这里，甘地从生活周围的宗教出发，将道德视为宗教的基础，而真理又是道德追求的最高目标，这样最终将真理与道德联系在一起。甘地认为，神不是一个抽象的存在，在具体形象上是罗摩及其化身；在现实功能上，表现为道德教化。从这里可以看出，甘地并不热衷于讨论抽象的"神"，而是结合具体的内容来谈他对神的理解。

甘地将神化为具体形象并希望产生道德教化作用，但是他对神持有的宗教上的虔诚并没有改变。在本质上，甘地还是用唯心的立场看待神，看待真理。这与他少年时期受到的毗湿奴教派的影响有关。1927年，当有人向甘地写信询问"神是什么"时，甘地的回答具有很强的宗教色彩：

---

[1] M.K.Gandhi, *An Autobiography: The Story of My Experiments with Truth*, translated from the Original in Gujarati by Mahadev Desai, Navajivan Publishing House, 1927, p.32.

我确实隐约地感觉到我周围永恒不断地变化，永恒不断地死亡，而在这一切变化之中，有一股活生生的力量一直未变，它把持所有的一切，它创造、毁灭、再创造，这种不断形成的力量或精神就是神。

这种力量是仁慈的还是邪恶的？我认为它是绝对的仁慈，因为我看见它在死亡中延续，在虚假中延续，在真实中延续，在黑暗中延续。我据此认为，神就是生命，就是真理，就是光。它就是爱，它就是最高的善。[①]

甘地认为神就是超越于一切现实表象之外的力量，是创造、毁灭、再生的无形之手。而认识就显然与印度教教徒对神的认识有关：梵天是宇宙的创造者，因而被奉为"创造之神"；湿婆是印度教的毁灭之神；毗湿奴是世界的守护神。在印度教教徒眼中，生和灭都是世界不可或缺的过程，宇宙就是在不断地创造和毁灭中得到永恒。甘地的上述陈述中，"它把持所有的一切，它创造、毁灭、再创造，这种不断形成的力量或精神就是神"。这种对神的认识，和印度自古以来形成的神灵观念，息息相通。

从上述分析我们可以看出，甘地早期对于神的认识，从整体上看，延续着印度传统中有关神的观念。"尽管他认为神是非个人的，但他倾向于传统毗湿奴教派有神论，而且在和基督教的交往后，人格化神的观念得以强化。"[②]

这个世界中最根本的东西是什么，生命中最高贵、最重要的是什

<hr />

① Harijan, *Collected Works of Mahatma Gandhi*, Vol. 43, p.96.

② Raghavan N.Iyer, *The Moral and Political Thought of Mahatma Gandhi*, Oxford University Press, 1973, p.155.

么，人应该向何处而去，人应该如何行动，行动的原则如何获得，对于这些问题甘地诉诸心间，他到心中去寻找答案，而这种寻找的方式就是内心的道德直感。

对于如何证明上帝存在，甘地认为只能通过内心的道德直感才能证明。甘地说："他可以在他自身中测试上帝的存在，通过一种虔诚的信念。由于信念不能通过外在的证据证明，最可靠的方式是相信道德统治世界，相信道德律法——真理与爱的律法——至高性。"① 而内在的方式是什么，甘地说道："只能通过一种确切的亲证，这种亲证比起五种感官的感触具有更多的真实。感官认知往往是虚假的、欺骗的，无论它们对我们显现得多么真实。有一种感官之外的体认它是不会错的，上帝被证明不是通过外来的证据，而是在改变行为与品性中，内在地感受到上帝的真实展现。"这种内在的感受其实是人的一种内心道德直感活动。

甘地早期对神的认识、对真理的认识，并无特别之处，也没有形成自己独到的主张。神就是真理，真理就是神，他常常混淆二者，并不特别强调哪个方面。1908 年 12 月，甘地在约翰内斯堡演讲："神在哪里，真理就在哪里；真理在哪里，神就在哪里；我生活在对神的敬畏中，我只爱真理，因此神也就跟随着我。如果我的真理之路不能取悦于某一社团，但是取悦于神，那么即便这个社团的人都反对，我也将坚持我的真理之路。"②

---

① M. K. Gandhi, *GOD IS*, The Collected Works of Mahatma Gandhi, Vol.43, Navajivan Publishing House, pp.95–96.

② M. K. Gandhi, *Harijan*, The Collected Works of Mahatma Gandhi, Vol. 9, Navajivan Publishing House, p.212.

**真理就是神**

但是，到了 1919 年前后，甘地对神与真理关系的思考深入了一层，陈述上做了细微的变化，改变了从前的提法而改为"真理就是神"。促使甘地对神与真理关系做出新思考的契机，源自 20 世纪前期的印度基拉法（Khalifah）运动。

第一次世界大战以后，1918 年 5 月 14 日，英国等国对土耳其的停战草案公布，土耳其面临肢解，伊斯兰教圣地不保、哈里发（穆罕默德去世后继任伊斯兰教政教合一领袖的人）地位受到威胁。消息传到印度，不少穆斯林感到焦躁不安。1919 年 3 月 20 日，孟买的穆斯林建立了基拉法委员会，宣布要为维护哈里发地位而战斗，得到印度其他许多地区穆斯林的赞同。在当时，对于印度穆斯林的基拉法运动，在印度教教徒占绝大多数的国大党内部就有不同的意见。很多国大党成员不愿参与到这个运动中去，认为这个运动的宗教色彩太浓厚，与印度民族独立运动的目标相去甚远。尼赫鲁就认为："印度的其他伊斯兰教徒几乎不知道其在别处的这些运动，因为他们蒙蔽在他们自己的封建气氛之中，对别处发生的事情毫不了解。他们只想着宗教问题；如果他们同情土耳其的话，那主要由于宗教上的结合关系。他们尽管带有那种强烈的同情心，但是对于土耳其的民族主义者和颇带有非宗教性的运动是协调不起来的。"[1] 时至今日，仍有学者认为甘地参与基拉法运动是他一生最受批评的事件。[2]

甚至在印度穆斯林的内部，他们的领导人对于基拉法运动也并不支持。"穆斯林联盟内有些活动家积极倡导，但是穆斯林联盟的主要领

①〔印〕贾瓦哈拉尔·尼赫鲁：《印度的发现》，齐文译，世界知识社，1956 年，第 457 页。
② B.R.Nanda 在《寻找甘地》一书第 11 章《甘地与泛伊斯兰主义》中，开篇就写道："在甘地漫长政治生涯中，没有哪个决定比他支持 20 世纪 20 年代基拉法运动（泛伊斯兰主义）更遭人尖锐的批评了。"见 B.R. Nanda, *in Search of Gandhi,* Oxford University Press,2002, p.86.

导人真纳（Muhammad Ali Jinnah）却对这种泛伊斯兰主义活动并不十分热心。"[1] 如何将不同宗教信仰的民众统一起来，引导印度穆斯林将宗教情感融入追求民族国家利益的诉求中去，在这个大历史背景下，甘地提出的新思考和新概念就是"真理就是神"。

1920 年，在一篇题为《真理与基拉法运动》的文章中，甘地写道："所有的正法处处表现为真理，真理就是神，真理之上再无正法。"[2] 这次运动的成功，我们可以看到"真理就是神"这一口号的包容性。甘地从早期"神就是真理"，强调对神的虔诚与体认，到现实运动中，根据需要修正为"真理就是神"，形成了甘地的真理观。对此，甘地有了充分的自觉。他在多个场合下说明这个变化的原因。1931 年 12 月，他去英国出席圆桌会议，回国途经瑞士洛桑，甘地发表了一次演讲，在演讲中甘地对于神与真理的关系做了透彻地分析，特别分析他为何最后确定"真理就是神"的主张。

在解释为什么最初认为"神是真理"时，甘地说：

> 在我小时候，大人们教我念印度教经典里神的一千个名字，但是这一千个名字也并不意味着所有的神都在里面了。因此我们才说，神是无名字的；因为神有很多形式，我们也说神是无形的；神被说各种语言的人念诵，因此神是无言的；当我研究伊斯兰教时，我也发现伊斯兰教也同样有很多神的名字……如果人类的词汇有可能对此做完整的归纳的话，那么我的结论就是神就是真理。[3]

---

[1] 林承节：《殖民统治时期的印度史》，北京大学出版社，2004 年，第 291 页。

[2] Harijan, *Collected Works of Mahatma Gandhi,* Vol. 21, p.328.

[3] Harijan, *Collected Works of Mahatma Gandhi,* Vol. 54, p.268.

在这里，甘地的意思就是，无论是印度教不同派别的神，还是伊斯兰教的神，都有很多称呼、名称，而进行归纳和总称的话，用"神就是真理"最为合适。甘地这段论述充分反映了甘地早期的立场，由神——客观唯心主义的立场看待世间万物。同时，还反映出甘地试图将不同宗教的神祇统一起来的努力，无论是印度教的，还是伊斯兰教的，都用"真理"去统一。

甘地在演讲中，接着分析了自己最终为何实现了向"真理就是神"的转变："但是无神论者在追求真理的激情中，完全从他们自己的观点出发，会毫不犹豫地否定神的存在。正因为这样的推理，我觉得，与其说神就是真理，不如说真理就是神……你们还可以看到，在伊斯兰教的清真言中也强调和显示同样的道理，在一个穆斯林所背诵的所有祈祷词中，神是独一无二，无所旁依的，并且就是等于真理。因为以上理由，我得出了很清楚的结论，真理就是神——这个定义使我最满意。"[1]在这里我们可以看到，甘地试图用"真理就是神"将各方面的力量——无神论者、伊斯兰教徒都团结起来，使之都为印度民族独立运动而共同努力。

甘地真理就是神的真理观，容许存在不同的宗教信仰者，无神论和有神论者在坚持真理的名义下各行其是——在印度民族独立运动中无疑具有积极意义。1919 年印度《罗拉特法案》（Rowlatt Act）[2]通过后，引起了印度社会各阶层民众的极大反感。1919 年 3 月 30 日甘地号召举行全国性总罢工、歇业、举行祈祷与绝食。印度各地积极响

---

[1] Harijan, *Collected Works of Mahatma Gandhi,* Vol. 54, p.269.

[2] 英属印度政府于 1918 年 3 月通过的一项法案，其目的主要针对第一次世界大战期间，在可能出现社会动荡或出现颠覆政府的一切不确定因素下实行紧急状态。这项法案授权政府在未经审判的情况下，有权将英属印度范围内包括民族独立运动者在内的所有疑犯逮捕入狱。实际上，也是英国当局压制印度革命活动的具体措施。

应，旁遮普是斗争最为激烈的地区，出名的阿姆利则惨案（Amritsar Massacre）就是在这个背景下发生的。为了调查惨案的过程，殖民政府组织了以亨特（Lord Hunter）为首的委员会，甘地等相关证人出席了调查会。下面节选的对话是甘地于 1920 年 1 月 9 日在艾哈迈德巴德（Ahmedabad）出席亨特委员会时与调查者的对谈。甘地在回答中阐释了不少他自己的核心理念：

> 甘地：Satyagraha 就像一个有无数分枝的大榕树，公民不服从是其中的一个分枝，而 Satya 和 ahimsa 一起构成树干，而其他数不清的分枝都从这个树干中衍生出去……
>
> 施塔瓦德 C.H. Setalvad：照我的理解，你的 Satyagraha 学说意在追求真理？
>
> 甘地：是的。
>
> 施塔瓦德：而且在追求真理的过程中，宁可个人受苦，也不可以暴力伤害他人？
>
> 甘地：是的。
>
> 施塔瓦德：这就是我所理解的坚持真理的基本原则。
>
> 甘地：正是如此。
>
> 施塔瓦德：那么在这个原则之下，谁来决定真理？每个个体自己决定？
>
> 甘地：对，由个人决定。[1]

在甘地与委员会成员谈判中，我们可以看到，甘地再次重申了自己的哲学观念，真理就是神！并且指出，生活中确实各有各自的真理

---

[1] Harijan, *Collected Works of Mahatma Gandhi,* Vol. 19, pp.216–217, pp.245–247.

观，而且甘地特别强调真理最终的裁决权在个人手中。

从表面上看，"神就是真理"和"真理就是神"两种说法没有太大区别。但就是些许细微的区别，却有重大的意义。甘地跨出了新的一步，确认"真理就是神"。从甘地"真理就是神"的独特定义来看，用"真理"指代梵天、毗湿奴、湿婆、真主、上帝等各种神，调和了印度多宗教并存状态下，不同宗教、教派间对神的称呼与理解，有利于教派间团结、互信，从而使甘地的宗教思想具有更广泛的群众基础。

甘地从"神就是真理"到"真理就是神"的转变，根本原因在于印度多宗教并存的现状，甘地的口号必须是各派宗教都能接受的"最大公约数"。英国在印度建立殖民统治之后，出于维护殖民利益的需要，对印度原来的各土邦、地区、不同教派采取分而治之的策略。"把印度各种不同的宗教群体公开分割开来，挑拨它们之间的关系，让它们在相互指责甚至冲突中竞选议会席位。这就加剧了印度原来的宗教矛盾，激发了教派冲突，特别是印度教、伊斯兰教和锡克教三者之间的冲突。"[1] 面对近代以来印度的宗教现状，作为政治领袖的甘地必须考虑如何联合本土各宗教派别，共同反对英国的殖民统治。而甘地提出的新口号"真理就是神"，便是各教派都能接受的新创见，因而能够流传开来。

甘地认为生命的最高境界就是与上帝（神）合而为一，其实是指与自己的良知合而为一，使自己的种种行为做到不违背自己的良知。他认为只有达到与良知的合而为一才能消除个人精神的内在冲突，以及社会的冲突，才能达到真正的自由，才能体验到天赐的福报，才能达到自我的真正实现。甘地的这种想法其实是"将自我与真理或上帝

---

① 姜景奎：《印度的教派问题》，《南亚研究》，1998年第2期，第55页。

等同起来"①，认为自我并非肉体的我，而是精神的我，将精神的我等同于良知，认为良知才是真正的我、最高的我，而自己的目的就是达到最高的自我的实现。所以，甘地将宗教看作是自我的实现。甘地认为要想达到与自己的良知合而为一，就要控制与善化自己生命的种种欲望与邪念。但他认为对欲望的控制与善化不是寻找一个清净的地方去进行孤立的自我修行，而倾听上帝召唤，践行上帝的道。他认为上帝的道是公道，那就必须投入社会公共服务中，只有在为社会的服务中才能实现上帝的道，而这种社会服务在甘地看来是履行神圣的义务，而不只是一种世俗的社会服务事业。

甘地之所以这样想是因为人的良知不能在自己之中获得满足、喜悦、幸福，良知的发感是在人与人或人与其他动物的交往中产生，指向的是世间的人或动物，因其指向的对象是世间的人或动物，那必须服务世间的对象，服务世间的对象需通过善行，在善行完成之后才能产生满足与喜悦感，而这种满足感与喜悦感如同一种天赐的福报。所以，甘地认为他所做的服务并不是为了从服务的对象那里去获得什么，他只是听从心中的良知，他所获得的是良知上的满足与喜悦。甘地的与上帝合二为一其实质内涵是将良知的号召在现实中实现，而不只是思想中念想，只有在现实中实现才是良知的现实，才算真正的与上帝合二为一。

"道德"是甘地宗教思想中的关键词，在《伦理宗教》一文中他间接地表达了自己对道德的理解。文中说道："一种道德行为必须是我们自己的行为，它必须来源于我们自己的意愿，如果机械地行为，那在我们的行为中没有道德内容……我们应当在心中牢记机械行为与有意

---

① G. Richards "Gandhi's Concept of Truth and the Advaita Tradition", *Religious studies*, Vol. 22, 1986, p4.

行为的区别。"① 又强调"一个人出于伟大的同情提供食物给穷人，另一人做法一样，但是带着赢得声望的动机或者带着一些自己的目的。虽然行为是相同的，但一个的行为是道德的，而另一个的行为则是非道德的"②。这里讲到了道德行为的特征——自愿、非功利性，然而什么能够触发这样的行为，可联系孟子所说："今人乍见孺子将入于井，皆有怵惕恻隐之心；非所以内交于孺子之父母也，非所以要誉于乡党朋友也，非恶其声而然也。"③ 孟子说这样的行为是由恻隐之心发动，是非目的的，而恻隐之心是良知的一个方面，那么道德行为可以说是由良知自行发动，所以甘地所说的道德是指良知的发用。

1919 年，基拉法运动的开展，就是甘地成功地引导穆斯林积极参与到民族独立运动的有效实践。也正是在不断的政治斗争与实践中，甘地放弃"神就是真理"，确立"真理就是神"的新表达。正是在这一理念指导下，甘地开展的坚持真理运动不仅可以宽容印度教之外的任何宗教信徒，而且可以宽容其他追求真理的无神论者。甘地把真理放在了最高位置上，就变成了具有普世意义的信条，有利于消除和其他宗教信徒之间的隔阂。"甘地这种改变的目的，明显地是要号召印度各种不同的信仰、种姓和民族的人都聚集在他的真理旗帜之下。"④ 这和法国大革命时期，资产阶级喊出"自由、平等、博爱"的口号，希望以此吸引不同等级的民众参与法国大革命中去，具有类似的作用和意义。

---

① M. K. Gandhi, *Ethical Religion*, The Collected Works of Mahatma Gandhi, Navajivan Publishing House，Vol. 6, 1968, p.229

② Ibid.

③ 焦循：《孟子正义》，中华书局，1987 年，第 233 页。

④ 黄心川：《印度近现代哲学》，商务印书馆，1989 年，第 150 页。

# 第二节
# 从不杀生到非暴力不合作

✦

　　非暴力不合作这一独具特色的政治斗争策略，无论是其中的"非暴力"思想还是"坚持真理"的理念，都有着明显的宗教特性。关于这一点我们已经在第二章中展开过相关论述，本节要解决的问题是：甘地非暴力不合作策略是如何形成的，即为什么甘地采取了这种具有浓厚宗教色彩的斗争方式，并且在印度获得极大成功，最终成为甘地宗教思想的重要构成。

　　甘地的非暴力不合作，历经了从宗教上的"不杀生"到现实斗争中的"非暴力"（Ahimsa），从传统政治上的不合作到坚持真理运动（Stayagraha）的转变。形成上述两个转变的历史条件在于：英国文官制度造就了一批服务于殖民当局的社会上层人员，暴力革命得不到印度从上到下各基层民众的有力支持。非暴力的斗争原则、坚持真理的抗争方式，既能调动广大民众的参与，也符合国大党温和改良派的主张。甘地的非暴力不合作，纠正了激进派暴力革命的倾向，但又最大限度地调动了各阶层参与到独立运动中去。本节将以甘地及其追随者展开的具体的非暴力不合作斗争为依据，具体分析说明甘地非暴力不合作的形成过程。

### 困境：温和派与激进派的各自不足

印度国大党成立于1885年，成立之初的成员多为英国激进自由派分子和印度资产阶级上层精英。英国退休官员休谟（Allan Octavian Hume）、印度第一位获得英国下院议员资格的瑙勒吉（Dadabhai Naoroji）都是国大党的创始人之一。国大党的成员背景，使得他们希望通过自身与英国的广泛联系和影响，赢得英国人同情，从而让殖民当局制定有利于印度的政策。在很长的一段时间内，国大党将自己的活动局限于要求局部改良，以会议的方式，年复一年地通过各种决议呈送给殖民政府。国大党成立后，他们系统地提出了政治、经济改革的主张，顶住了殖民当局的各种压力，而且建立了中央和地方党组织，这是国大党值得肯定之处。但是，甘地之前的国大党最大的问题是其精英主义的立场，无法发动底层民众参与政治运动。帕尔就认识到："国大党仅代表有教养的阶层，并非群众的真正代表者，而在目前的印度政治斗争中，最后的胜利是完全取决于群众的支持的。"[1]国大党的这一根本缺陷使得在19世纪末、20世纪初印度政治、经济形势发生重大变化时，内部自然而然地出现了温和派和激进派的分裂。

19世纪末印度的经济状况急剧恶化，"连续发生的饥荒构成了1857年以后这个时期历史的最黑暗面，一次可怕的饥荒使亚格拉、旁遮普、拉其普他拿和卡赤在1861年成了杳无人烟的荒地"[2]。印度各地的经济困难、饥荒的普遍发生、政府赋税加重、手工业者大量破产、

---

[1]〔印〕贝平·钱德拉·帕尔：《我的生活与时代回忆录》卷2，加尔各答，1950年，第269页，转引自〔苏〕安东诺娃、戈尔德别尔格、奥西波夫主编：《印度近代史》下册，北京编译社译，生活·读书·新知三联书店，1978年，第871页。

[2]〔印〕辛哈、班纳吉：《印度通史》，张若达、冯金辛译，商务印书馆，1973年，第1024页。

大学生就业困难。"1900 年的季风并没有使情况好转，1896—1900 年，饥饿暴动、抢粮事件日益增多，这是很自然的。"[1] 在如此残酷的历史现实下，国大党领导人郭克雷（Gopal Krishna Gokhale）在 1905 年贝拿勒斯的年会上依旧宣称印度要逐步建立英帝国自治领那样的政治制度，但是只能一步步实现。国大党内部以激进主张著名的提拉克（Bal Gangadhar Tilak，1856—1920）、"革命思想之父"比平·钱德拉·帕尔（Bipin Chandra Pal，1858—1932）、"旁遮普之狮"拉吉帕特·拉伊（Lala Lajpat Rai，1865—1928）[2] 开始登上历史舞台，他们号召组织群众性的民族独立运动。孟加拉的帕尔组织民众开展抵制英货运动；马哈拉施特拉的提拉克用马拉提语演讲，鼓动民众开展斯瓦拉吉运动；旁遮普的拉伊等甚至鼓动群众参与到反抗殖民统治的运动中来，这和早期国大党只走上层路线形成了鲜明的对比。

国大党激进派的政治主张无疑反映了民众希望变革现实的迫切愿望，对于实现自治的手段，极端派与温和派的主张也不同。激进派主张运用消极抵抗的方式对待英货和殖民主义统治，他们把提倡国货和抵制英货看成是动员群众对英国当局开展坚决斗争的政治手段。在激进派之外，还有更为革命的"秘社"组织，他们运用暗杀的手段对付英国统治者。"除了国大党内的激进派发展和利用抵制外国货的运动抗议分治之外，秘密社团在印度到处蜂起，声言其目的是搜集武器、制造炸弹、干掉某些官吏、可能的话还要组织武装起义。不仅在孟加拉，就连边远省份如旁遮普和马德拉斯，都存在着普遍的严重骚乱。"[3]

---

[1]〔苏〕安东诺娃、戈尔德别尔格、奥西波夫主编：《印度近代史》下册，北京编译社译，生活·读书·新知三联书店，1978 年，第 830 页。

[2] 以上代表人物的别称，见维基百科相关条目。

[3]〔印〕R.C. 马宗达、H.C. 赖乔杜里、卡利金卡尔·达塔：《高级印度史》下，张澍霖等译，商务印书馆，1986 年，第 995 页。

激进派虽然主张采取消极抵抗的策略开展反英斗争，但是他们也不拒绝暴力与革命。"铁拉克本人针对殖民主义者说：如果小偷钻进了我们的房屋，而我们没有力量把他们赶走，我们就应该毫不犹豫地把他们锁在屋里，活活地烧死。"[1] 1897 年由于饥荒、霍乱瘟疫以及殖民主义者推行警察恐怖制度，马哈拉施特拉的政局急剧尖锐化了。"在这种情况下，这年夏季纪念西瓦吉的例行庆祝会变成了印度民族主义左派决心更积极地同殖民主义者作斗争的游行示威，铁拉克的拥护者们的演讲具有宣扬人民有权起义的性质。"[2]

正是在激进派的鼓动下，印度民族独立运动在 1905—1908 年形成了一次高潮，不少马克思主义史学家对此评价甚高。但是，如果我们将这段时期的印度民族独立运动放到印度反抗英国殖民统治大的历史背景下，即向前看——1905 年之前的印度民族独立运动，和向后看——1914 年甘地回国后展开的民族独立运动，我们就可以发现，这一阶段所倡导的激进式的、革命式的斗争方式与印度占主流的民族独立斗争方式并不一致。"极端派自 19 世纪 90 年代起变得日趋过分自信，他们比温和派迫切要求更迅速地自治，而不像后者关心渐进的预备步骤。在印度成为什么样的国家的问题上，极端派的目标不像温和派的那样明确。"[3]

正是由于激进派与国大党建党以来温和渐进式的改革不一样，所以 1905—1908 年期间过于激烈的民族独立运动引起殖民大局的大力镇压。1908 年，殖民政府集中力量镇压极端派，把提拉克、奥罗宾多和其他一些主要领导人相继逮捕入狱，极端派一下子成了一盘散沙，群

---

① 〔苏〕安东诺娃、戈尔德别尔格、奥西波夫主编：《印度近代史》下册，北京编译社译，生活·读书·新知三联书店，1978 年，第 775 页。

② 同上。

③ 〔印〕A.L. 巴沙姆主编：《印度文化史》，闵光沛等译，商务印书馆，1997 年，第 578 页。

龙无首，印度的民族独立运动陷入了困境。

而上述情况就是甘地回国前的印度民族独立运动的现状。

### 破局：非暴力不合作的形成

1914 年，甘地带着巨大的声誉从南非回到印度，印度举国欢迎。"国大党的主要人物，如提拉克、郭克雷，对他的意见都洗耳恭听。"[①]郭克雷和甘地有过交往，他曾去过南非声援甘地为印度侨民争取权益的斗争。郭克雷建议甘地，一年内在政治上保持沉默，以便用这段时间多听、多看，以便充分了解祖国印度。

从后来的历史发展看，甘地回国后，特别是 1920—1940 年期间，他逐步成为国大党的核心成员，成为印度民族独立运动的领袖人物。甘地运用在南非坚持真理运动的成功经验，在印度加以新的拓展和运用，形成了独具特色的非暴力不合作，并且极大地推动了印度民族独立运动的发展。联系前面论述过的国大党温和派和激进派的分裂，我们可以看出，甘地的成功就在于，他用非暴力不合作的方式，使得独立运动又回到了较为温和而非激进的发展道路上来。和早期国大党的改良最大不同之处在于，甘地学习和借鉴了激进派发动民众参与运动的方式。甘地和农民、纺织工人、贱民、国大党上层等不同阶层的人紧紧地联系在一起，极大地弥补了国大党精英路线的不足。甘地团结各阶层民众最有效的方式就是极具宗教色彩的非暴力不合作运动，这种斗争方式既延续了印度传统宗教中不杀生的观念，又吸收了基督教的博爱观念，而且甘地不限于在宗教领域讨论非暴力。在现实政治斗争中，非暴力成为政治对立的两极都能接受的方式，非暴力与坚持真

---

[①] Catherine Clement：《甘地：神圣的骡子》，施康强译，时报文化出版企业有限公司，1995年，第 52 页。

理成为解决冲突的一种新机制、新方法。

（1）非暴力观念的形成

甘地的非暴力脱胎于印度宗教中的不杀生，但是又不同于传统的不杀生。非暴力不合作思想，不仅接受了耆那教的非暴力观念，还融合了基督教的博爱观，形成了独具内涵的非暴力主张。1915 年 3 月，刚从南非回到印度的甘地，参观了泰戈尔（Rabindranath Tagore）的修行地圣提尼克坦（Shantiniketan）。1915 年 3 月 14 日，甘地离开加尔各答并计划创立自己的修行场所，在拟定修行的规矩时，甘地在给合作人——他的侄儿莫甘拉尔（Maganlal Gandhi）的信中写道：

> 你对非暴力的思考是正确的，它本质就是怜悯、息怒、淡泊名利，坚持真理运动建立在非暴力基础之上。我们在加尔各答很清楚地看到了这一点，而且我们也应该把这一条加到我们的誓言中去。这个誓言会产生更多更深的戒律，如果我们按照誓言行事，我们将感知非暴力的内在意义。在和众多人的交流中，我一直把戒律放在一切事物之上。[①]

甘地强调的重点已经不是佛教或者耆那教意义上的不杀生，而是放在了对待敌人的态度上，将非暴力这样一条单纯的宗教戒律变成了一项政治活动原则。

1928 年 9 月 10 号，甘地发表了题为"托尔斯泰百年诞辰纪念"的演讲，其中说道："在西方没有一个作家关于非暴力的描写比托尔斯泰更有力，而且我同样认为在印度或者其他地方，也没有人就非暴力的本质理解上超过了托尔斯泰……我们的非暴力是一个没价值的东西，

---

① Harijan, *Collected Works of Mahatma Gandhi,* Vol. 14, p.383.

我们尽力避免不同程度地伤害臭虫、蚊子、跳蚤，避免杀害鸟类和动物……我以此为例和托尔斯泰交流过，我们的这个不是非暴力的内涵。非暴力应该是具有海洋一般宽广的同情心，它意味着我们对他人不怀有敌意，这并不是卑躬屈膝或者胆小怕事，恰恰相反，这意味着意志坚定，勇气非凡。"[1]我们可以看到，甘地对印度传统的不杀生其实有所批判，认为那只是一种单纯的不害，而托尔斯泰的非暴力则具有积极主动的因素，并且以坚定的意志坚持自己的观点。经过甘地改造后的非暴力，已和印度传统意义上的非暴力呈现出不同的含义。

甘地的这种拓展，其实是他在接受印度传统宗教的同时，自觉地接受了西方基督教观念的结果。甘地到英国的第二年，就改变了小时候对基督徒的不好印象。"特别是《新约》，使我产生了完全不同的印象。尤其是《登山宝训》（*The Sermon on the Mount*），打动了我的心。我认为它可以和《薄伽梵歌》比美。'我告诉你们：不要与恶人作对。有人打你的右脸，连左脸也转过去由他打。如果有人要拿你的衣服，连大外套也由他拿去。'"[2]甘地自传中的这段记录，充分说明了他内心开始接受基督教的部分教义，对基督教的态度有所转变。

从《新约全书》到与托尔斯泰（托尔斯泰信奉的东正教与天主教教义基本相同，但相对而言更强调正统观念，更保守一些）的书信往来，甘地将对人宽容、不怀敌意、意志坚定等内容注入印度传统的"不杀生"中去。而这些内容都是基督教有关宽容和爱他人的教义，如基督教中常见的，"你们听见有话说，以眼还眼，以牙还牙，只是我告诉你们：不要与恶人作对……有人强迫你走一里路，你就同他走二里"。（《马太福音》第 5 章第 38 节）"爱你的邻居，爱你的仇敌。"（《马

---

① Young India, *Collected Works of Mahatma Gandhi*, Vol. 43, 1928, pp.6–7.

② Autobiography, p.63.

太福音》第 5 章 43 节）等，都是基督教博爱观念的表现。

正是融合了印度本土宗教与基督教的某些传统，所以甘地的非暴力与传统意义上的非暴力呈现出不一样的含义，甚至容许"杀生"情况的存在。1914 年 8 月 4 日，第一次世界大战爆发后，他在伦敦组织侨居于此的印度人参与战争的服务工作，为英国士兵提供医疗服务。消息传到南非，甘地的主张引起了很多人的非议，他的朋友波拉克（Polak）便问他参战的行动与非暴力信仰如何统一起来，甘地做了如下回答：

> "非暴力"是一个含义广泛的原理，我们都是生活在互相残杀的火焰中的无助的凡人。俗语说生命依生命而生，这有很深的意义。人的生活本身——吃、喝和行动——必然造成某种杀害，即对于生命的摧残，哪怕是多么微小。因此，凡是信奉"非暴力"的人，只要他的行动都是出于怜悯，只要他尽力避开了对于微小如虫的动物的摧残，并设法加以营救从而不断地致力于从杀生的可怕的樊笼中解脱出来，那他就算是忠于自己的信仰。[①]

在这里，甘地将"非暴力"赋予了较为积极和主动的意义，而不是简单地固守"不杀生"的传统。只要出发点是饱含怜悯之心（Compassion）——他的行动是出自怜悯，那么他就可以从杀生的樊笼中解脱出来，即便有杀生也算是忠于自己不杀生的信仰。

从上述分析我们可以看到，甘地的非暴力并不完全等同于印度传统中正统"不杀生不害"的观念。甘地的"非暴力"既有来自印度本

---

① Autobiography, p.321.

土宗教的因素，因为"不杀生""非暴力"是印度普通民众耳熟能详的词汇，易于大家接受和理解。但同时，甘地又对传统的"不杀生"加以改造，将基督教的博爱思想注入其中，从而使得这种"非暴力"既符合印度宗教的传统，又有基督教的某些因素。

（2）改造的原因：现实政治的需要

甘地不是一个纯粹的宗教改革者，他将非暴力的内涵做了拓展和创新。促发甘地的这种转变，从而最终形成甘地非暴力思想与行动的，是基于现实政治斗争的需要。

甘地回国后进行的第一次非暴力实践，是1917年在昌巴兰（Champaran）为靛蓝种植农民争取权益的斗争。英国殖民当局规定比哈尔邦的农民在最肥沃的土地只能种植靛蓝，而不准他们种植粮食，因为从本地靛青植物提取的靛蓝颜料，一直都是一种高利润的交易商品。但是1898年，德国巴斯夫公司成功地通过化学合成生产了靛蓝，从而导致了该产品在世界市场上价格的迅速下跌。英国的种植园主企图通过提高税收来弥补自己的损失，他们巧立名目，增设了不下40种不同的税收项目。农民不堪重负，负债累累。1916年，甘地参加国大党年会，一位靛蓝种植农民丘拉克（Raykumar Chukla）走到他身边，向他陈述种植农们遭受到的剥削和压迫。甘地接受了这位种植农民的请求，愿意实地考察并为他们争取权益。

1917年5月，当甘地深入昌巴兰了解情况后发现，"本地的形势比我想象中的更为严重，它似乎比在斐济和那塔尔的情况还要糟糕"[1]。为了改变现状，甘地首先会见了种植园主协会的秘书威尔逊。他认为甘地是局外人，与种植园主和佃农之间的事毫无关系。第二天，甘地又拜访了地区长官摩尔歇德，他明确告诉甘地只能以政府的名义进行

---

[1] Letter to Maganlal Gandhi, *Collected Works of Mahatma Gandhi*, Vol. 15, p.331.

调查，奉劝甘地立即离开比哈尔。如不照此办理，将有遭受"逮捕"的可能。

当甘地开始对当地的情况和种植园主对佃农剥削进行调查取证的时候，果然收到了警察局的传票，要求甘地翌日到法庭受审。几千农民跟在甘地后面涌向法庭，手足无措的地方法官只好宣布推迟审判，并因甘地拒绝由别人进行保释而无条件将其释放。而同时，甘地还注意当地其他官员——收税官、县长、警察局长之间处理好关系。甘地采取这种策略，让统治者明白，"我对他们个人并无冒犯之意，只是对他们的命令进行了文明的抵抗而已。他们因此觉得放心了，不但不来为难我，反而在我和我的同事们合作下帮忙维持秩序"①。

此案撤销后，甘地和他的律师同事们继续调查，从4月下旬到6月上旬，甘地和助手们先后记录了8 000多名佃农的陈述材料，他们来自昌巴兰地区大约850个村庄。"许多农民甚至在甘地住处前露宿静待，盼望甘地一行人记载他们的委屈和疾苦。整个靛蓝农抗租斗争其间，共收集和记录了22 000—25 000份靛蓝农民的陈述报告。"②除了记录农民的陈述以获得法律证据外，甘地还用非暴力抵抗和不合作的原则对农民进行教育。他解释说，能够获得自由的唯一基石是摆脱害怕的心理。甘地和志愿者们对目不识丁的农民进行基本的卫生教育，并为他们的子女创办学校。"这是典型的甘地政策——同时在两条战线上进行斗争，一条在外边反对不公正，一条在内部反对无知和

---

① Autobiography, p.378.

② 袁传伟：《甘地与比哈尔靛蓝农民运动（1917—1918）》，《南亚研究》，1984年第4期，第43页。

无能。"① 对于开展斗争可能引发的政府逮捕，自愿参加斗争的律师们也纷纷表态："我们有这么一批人可以做你吩咐的任何工作，至于要我们准备坐牢，那对我们是一件新鲜事情，我们愿意努力采纳你这个意见。"②

慑于农民运动的兴起，以及甘地和同事们就靛蓝种植事件造成的全国性影响，英国殖民当局于 1917 年 6 月 13 日宣布成立了一个以中央邦首席专员弗兰克·斯莱为主席的调查委员会，甘地成为五人调查委员会最后一名成员。在历经两个多月的调查中，经过甘地的据理力争，英政府于 10 月 18 日通过决议，采纳了调查委员会的建议，通过了《昌巴兰农业法案》(The Chanparan Agrarian Act)：减少土地租金，赋予农民更多的土地种植权和出售农产品的权力。这次抗租成功，是比哈尔靛蓝农民经过世世代代的斗争的结果，也是甘地回国后第一次发动的坚持真理运动的成功。这次成功使得甘地声誉日隆，为他日后发动更大规模的群众运动打下了基础。

总结甘地参与昌巴兰靛蓝种植农民反抗租金的斗争，我们可以发现，该斗争之所以能获得成功，有如下四个原因：

第一，甘地并不反对现行殖民当局的统治秩序。他和他的同事所进行的反抗，是在英帝国法律范围内的反抗，即运用法律的手段为目不识丁、没有话语权的农民争取权利。这一点使得甘地的抗争与前一阶段激进派暴力或革命的方式大不一样，这种温和的方式，易于当时英国殖民政府接受。

第二，在争取权利的过程中，甘地一方面自觉不自觉地发动民众

① 〔印〕克里斯纳·克里帕拉尼：《甘地》，陈武俊等译，中国人民大学出版社，1989 年，第
129 页。
② Autobiography, p.376.

（昌巴兰农民自愿聚集在甘地周围，因为甘地的抗争行动能直接给他们带来实际利益），另外一方面，甘地注意和政府的其他官员处好关系，把争取利益的阻力减到最小。甘地克服了国大党早期运动中精英主义立场，关注普通民众的权益，从而有效地吸引着下层民众积极参与到民族独立中去。

第三，甘地的非暴力不合作激发了农民的自尊，让农民摆脱了对种植园主、英国人、社会上层精英的害怕心理。昌巴兰处在喜马拉雅山脚下靠近尼泊尔的地方，和印度其他地方相去甚远。在这个地方没有人知道国大党，"就是听过国大党这个名称的人，也不敢参加，有的连名字都不敢提"[①]。面对种植园主、英国人统治以来的压迫，不识字、没有任何抵抗力的农民一直长存畏惧心理，而甘地倡导非暴力、不合作的方式，赋予手无寸铁的农民基本的尊严和力量。

第四，甘地不是一个人在战斗。毛拉马兹鲁尔·哈克（Maulana Mazharul Haq）是甘地在伦敦时的同学，曾于1915年担任穆斯林联盟主席。甘地来到昌巴兰时，他来看望甘地并给予支持；国立穆扎法浦尔大学（Muzaffarpur）教授克里巴兰尼（Kripalani）告知甘地比哈尔邦艰难的情况并给予甘地生活上的支持；年轻人拉金德拉·普拉萨德（Rajendra Prashad）自愿担任律师，30年后，他成为印度的首任总统。"这样，在帝国边陲发生的一项不起眼的事情，吸纳了若干未来的国家公仆人员；其中有一位当文书和翻译的当地律师，30年后成为印度的第一任总统：R. 普拉萨德。"[②]

分析至此，我们可以看到，甘地非暴力不合作的形成，有对印度

---

① Autobiography, p.378.

② 〔美〕埃里克·埃里克森：《甘地的真理：好战的非暴力起源》，吕文江、田嵩燕译，中央编译出版社，2010年，第251页。

宗教传统宗教戒律"不杀生"的借鉴，有对西方基督教的博爱观念的吸收。更为重要的是，甘地及其同事、追随者是在现实的政治斗争中，为了更好地解决政治斗争双方不同的主张而进行了一种妥协与协商。甘地的非暴力不合作，对于争取权益的底层民众、维系统治的殖民主义者和社会精英，都能得到不同程度的接受与容忍。善于利用传统宗教资源，根据现实需要为我所用，这就是甘地非暴力不合作中宗教思想的出发点与落脚点。

# 第三节
# 从印度自治到罗摩之治

❦

　　甘地有关印度自治的理论经历了向西方学习到印度自治、自我完善以及建立人间罗摩王国的变化过程，在这个过程中，印度教的因素日益明显。从甘地自身角度看，从英国学成归来之后，他在着装上也逐步具有印度本土文化特色，逐步向一名宗教圣徒靠拢，完全改变了他初到英国时西装革履的"西化者"形象；从对待西方文明的态度上看，他不再膜拜西方文明，而是对西方文明展开了批判；从建国理想上看，"罗摩之治"口号的提出，则是向印度教传统观念与理想的回归。甘地的上述转变，与甘地为代表的印度人在南非的遭遇的种族歧视有关，也与 20 世纪初期西方世界内部出现的反思现代物质文明的思潮相关。甘地自治论"神治"立场的确立，受到了当时印度教民族主义思潮、印度教立国的激进思想的影响，在一定程度上延续着 20 世纪初期印度民族独立运动中追求正统印度教复兴的浪潮。

### 西方文明：从学习到批判

　　甘地对西方文明，经历了最初因仰慕、向往而赴英国学习，最后回归印度传统，批判西方文明的转变。这样的心路历程与甘地独特的成长过程、律师的工作经历、自身的政治生涯有关，也与 19 世纪西方世界内部对自身的批判、印度民族主义者对印度精神性文明的歌颂有关。

甘地来自印度西北部古吉拉特邦沿海城镇博尔班达（Porbandar），这一地区以海外经商著名，甘地所属的巴尼亚种姓（Bania Caste）最早可能是零售商。[①] 印度诚信化工（Reliance）创始人安巴尼（Dhirubhai Ambani）与甘地来自同一地区，同一种姓分支。甘地所在的家族和地区，多在海外从事贸易，海外贸易或求学的风潮直到今天依然这样。[②] 甘地最初冒着被家族开除种姓的危险赴英伦求学。1888 年，时年 19 岁的甘地来到英国伦敦开始学习和报考律师的生活。从小害羞、学业表现欠佳的甘地在伦敦这样一个世界性的大都会，"经历了巨大的文化撞击，这有助于他发现自身的文化"[③]，甘地在与"他者"对照中发现了"自身"特性。可以毫不夸张地说，甘地在异域文化中，对自身宗教背景反而有了新的认识。"在伦敦，他试着当印度教教徒，而且更重要的，是做印度人。"[④]

甘地在自传中，特别提到了在英国读到《薄伽梵歌》的情况。刚到英国第二年，两位神通社（Theosophist）成员见甘地来自印度，便邀请他用原文诵读《薄伽梵歌》。甘地很羞愧地告诉他们，自己以前没

---

① Autobiography, p.1.

② 关于印度诚信化工（Reliance）商业帝国创始人安巴尼与甘地来自同一种姓，生活在同一时代，却走向不同路径的分析，参考《告别甘地：现代印度的故事》"海边城市"章节中的有关论述。该书作者是瑞士记者，曾在孟加拉做田野调查，常驻印度 20 余年。见贝尔纳德·伊姆哈斯利，《告别甘地：现代印度的故事》，王宝印译，人民日报出版社，2009 年。

③ Claude Markovit, *The Un-Gandhian Gandhi: The Life and after Life of the Mahatma*, Orient Longman Private LTD, 2003, p.2.

④ Catherine Clement,《甘地：神圣的骡子》，施康强译，时报文化出版企业有限公司，1995年，第 35 页。

诵读过此书，更不知道梵文或古吉拉特文版本是什么样子。[1] 但甘地还是很乐意和他们一起参照梵语读英文版本的《薄伽梵歌》，而且从此喜欢上了诵读《薄伽梵歌》。这种独特的经历和体会，甘地自传中还记载了不少，如与英国人一起诵读《圣经》，和神通社创始人贝赞特夫人（Mrs.Besant）的交往等。他们大多是理想主义者，其中不少人是叛逆分子，他们抛弃后维多利亚时代（Victorian Era）盛行的价值观，斥责资本家及工业社会之丑恶，崇尚简朴生活，强调精神价值高于物质价值及矛盾调和。所有这些思想，对甘地重新思考西方文明、对他个性及其政见的形成，都有潜在影响。

甘地在异国他乡，对自身的宗教信仰渐渐有了新认识，这种觉醒很快因为在南非独特的现实遭遇而迅速成长。1893 年，甘地搭乘火车到普利托里亚（Pretoria）去办案，途径一个叫马里茨堡（Maritzburg）的小站，因为甘地是有色人种，最后连人带行李都被扔了出去。在这样一个寒冷的冬天，身单衣薄的甘地在月台上待了一夜。

上述遭遇是后来众多甘地传记以及电影《甘地传》中反复叙述的重点，初到南非的这次遭遇让甘地有着刻骨铭心的记忆。但是，这只是个开端，后面各种屈辱、难堪、殴打的都会在不经意间出现。这些经历在甘地还在伦敦求学或者印度生活时，是不可能遇到的。当时在南非的印度人被细化为几大类别，一类是经商的印度穆斯林，被人称为阿拉伯人；一类是印度的拜火教徒，被人称为波斯人；还有一类就是印度教教徒，他们占南非印度人数的多数，一般来自泰米尔、泰卢固和北印度等地区，在南非充当"契约劳工"。甘地作为一名大英帝国的律师，出席法庭的辩护，便面临宗教和民族认同的双重困惑：如果坚持自己是英国的律师，那么他须脱去印度缠头布，戴一顶法庭专用

---

[1] Autobiography, p.62.

的高帽子，但是在当时只有信奉基督教的印度人才能穿欧洲服装；如果他坚持印度人的身份，那么他便只能谎称自己是穆斯林，因为当时殖民当局默认穿伊斯兰服装的人可以戴头巾；如果不谎称是穆斯林，就被认为是"契约劳工"而不可能是律师。初到南非的这一系列经历对甘地产生了怎样的心理冲击，他内心的民族认同与宗教认同是如何实现转换，我们如今已经无法知晓，只能通过甘地后来在南非从事的相关斗争中推测。美国传记心理学家埃里克森对此有过精当的评论："这样，代表他内心中夸耀和谦卑这一冲突最势利方面的头饰问题，将他置于本国人民认同的漩涡之中。"①

也正是在这种被侮辱与被压迫中，甘地对西方文明形成了自己新的认识。从最初单纯地学习西方转换到自我意识的觉醒以及初步形成了对西方文明的批判态度。甘地外在的服饰也由从前的英式装扮向土产（Swadeshi）印度人转换，改穿一身白色棉服，这也意味着甘地在逐步找寻印度本土之根。而当 1904 年甘地读到罗斯金、托尔斯泰等人对西方文明批判的著作时，进一步强化了甘地内心萌发的对西方文明的批判意识。

罗斯金（John Ruskin,1819—1900）是 19 世纪英国杰出的艺术家、批评家、社会活动家。罗斯金当时在欧洲已享有盛名，是艺术、建筑、意大利文艺复兴史方面的专家。罗斯金眼中的世界是上帝缔造的表象世界，这个世界背后潜藏着上帝的精神。正是基于这个出发点，罗斯金对自然界表现出超常的热情，对已成为必然趋势的"工业生产"表现出强烈的厌恶。"罗斯金坚持以道德的原则批评艺术，认为一切作品都是上帝的完美杰作。在自然界，罗斯金发现了美；用这种眼光看待

---

① 〔美〕埃里克·埃里克森：《甘地的真理：好战的非暴力起源》，吕文江、田嵩燕译，中央编译出版社，2010 年，第 130 页。

社会，他发现了残缺和不足。"[1]1858年罗斯金的艺术理论著作基本完成的时候，他将自己的兴趣转向了社会领域。1860年起罗斯金在《康希尔杂志》（Cornhill Magazine）上发表了4篇对社会进行批判的文章，1862年他将这4篇文章编在一起出版，书名为《致未来者》（Unto the last）。在书中罗斯金提出了自己的伦理主张和经济主张，认为资产阶级的政治、经济原则是违反人性的。罗斯金反对英国维护剥削制度的立法，认为劳资间的问题是一个道德问题，资本家不应榨取工人的血汗。他还认为机械技艺的发展扼杀了工人的主动性，将中世纪手工业劳动理想化，主张回到古老的前资本主义时代。"这本书，对道德化的政治经济学产生影响，在一定程度上也影响着政党政治和政治行动。1906年英国国会选举中，面对工党的喧哗与躁动，有记者们问他们，此书对他们的影响。有人承认，有人否认，但不管怎样，《致未来者》加入了伟大作品的行列。"[2]

1904年，时年35岁的甘地接受好友帕拉克（Polak）馈赠的《致未来者》，他十分认同罗斯金的将神与道德相结合的理念。甘地赞同罗斯金对宗教的独特理解："所有的宗教以道德律为前提，即便无视宗教，但是遵循道德惯例也是必要的。我们的幸福来自我们对道德的遵守，这一点也是罗斯金确立的，他开启了西方人的有关认识。直到今天，我们看到很多西方人都遵循这个教导。"[3]甘地在自传中，毫不掩饰他对罗斯金《致未来者》的喜欢，并且宣称罗斯金的作品改变了他的生活。在自传第四部分题为"一本书的魔力中"一节中，甘地写道："我在罗斯金这部伟大的著作里发现了它反映着我自己的一些最深切的

① John Ruskin, *Thoughts on Ethics*, selected from the Writing of John Ruskin, by A.C.Hartshorne, Tokyo Eigaku Shinpo Sha, 1903, p.4.

② E.T.Cook, *The Life of John Ruskin*, George Allen & Company Ltd., 1912, p.14.

③ Harijan, *Collected Works of Mahatma Gandhi*, Vol. 8, p.317.

信念，这就是它能够吸引我并在我的生活中引起变化的原因。"①

托尔斯泰（1828—1910）是俄国享誉世界文坛的作家，也是欧洲19世纪批判现实主义的代表人物。他的多部作品以道德为基石，对资本主义的拜金主义与享乐主义进行了无情的揭露，表达了对资本主义制度的失望和愤怒，甚至完全否定了现代文明的进步意义。"托尔斯泰的民粹主义思想是宗教性质的，他以农民之强烈道德观念与上等人之肤浅、虚伪形成对比，对资本主义文明展开批判。"②托尔斯泰处在俄国旧时代变化之际，传统的贵族和宗法制的农民体系在资本主义的入侵下面临巨大挑战。19世纪80年代，托尔斯泰的立场由早期的贵族地主立场转到宗法制农民立场，成为俄国革命中"千百万农民反抗和绝望情绪"的表现者。他建立在宗教道德基础上的"不以暴力抗恶""道德的自我完善"和人类爱的托尔斯泰主义思想体系也发展到了顶峰。③

甘地对托尔斯泰很敬佩，多个场合下坦承托尔斯泰等人对他的影响。1920年，记者提问："请您告诉我什么书或什么人对您影响最大？"甘地回答："我并不是杂食动物，什么书都读，我只选择最好的；对我影响最大的是：《圣经》、罗斯金、托尔斯泰。"④甘地在谈论自己受到的影响时，常常同时列举托尔斯泰和罗斯金。甘地确实接受了他们的影响，但最为根本的是罗斯金、托尔斯泰两者对西方文明的批判。它们都是基于宗教或道德的视角而展开，这些对于南非期间自我意识正在觉醒、宗教意识日益强化的甘地，无疑起到了催化剂的作用。甘地自身独特的经验，在罗斯金和托尔斯泰那里找到了契合点。我们

---

① Autobiography, p.275.

②〔美〕马克·斯洛宁：《现代俄国文学史》，汤新楣译，人民文学出版社，2001年，第20页。

③ 杨正先：《托尔斯泰研究》，中国社会科学出版社，2008年，第31页。

④ Collected Works of Mahatma Gandhi, Vol. 19, p.336.

可以说是甘地"发现"了他们，看到他们利用宗教批判现代文明的价值所在，这一切有利于甘地对西方文明批判思想的最终形成。

### 复古的潮流：从自治到神治

甘地由学习西方到批判西方的转变，是其自我意识逐步强化、印度主体观念逐步增强的结果。与此同时，对于印度自身该如何建设，甘地在《印度自治》中也有描述，其中最主要的莫过于对自我提升、自我完善的强调。这种观念就不是一般民族主义者所向往的"政治独立"或"自治"（Home Rule），而是 Swaraj——理想社会应该建立在个人与神性的结合上，最终实现罗摩之治（Ramaraj）。甘地的自治，突出的是印度自我完善，而不仅仅是赶走英国人，特别是后来对"罗摩之治"的强调，更凸显了甘地的印度教立场。甘地从"印度自治"到"罗摩之治"的转变，吸收了提拉克等人提出的"斯瓦拉吉"口号，接受了奥罗宾多从精神与宗教角度上的自治设想，也不可避免地受到了20世纪印度教民族主义者追求的"印度教立国"思想的影响，这一切共同促发了甘地自治论的形成。

（1）政治意义上印度自治的出现

在 1895 年，印度独立运动的先驱人物提拉克（Tilak Bal Gangadhar）第一次旗帜鲜明地亮出了印度自治的口号。"提拉克在致力于将印度人民组织国家主义团体时，便运用印度教作为普遍诉求的资源。"[1]提拉克在《狮报》上发表文章，号召印度人民要像当年马拉特民族英雄西瓦杰反对莫卧儿帝国统治那样，起来争取印度的斯瓦拉吉，斯瓦拉吉作为政治斗争纲领就这样提出来了。而且提拉克将西瓦杰的出生日

---

[1]〔印〕西贝尔·夏塔克：《印度教的世界》，杨玫宁译，台湾城邦文化事业股份有限公司，1999 年，第 118 页。

定为纪念日，以宣扬自治（Swaraj）观念。提拉克本人也被认为是西瓦杰的化身，被大众认为是毗湿奴的化身，希望他能像罗摩王和克里希纳那样重建正义。"司瓦拉吉一词在吠陀经典中已经有了，意为自主，提拉克此时把它作为一个纲领口号提出，并把西瓦杰作为它的象征，显然意指争取独立。"[①] 提拉克认为："我们丧失了我们独立的国家，商业凋敝，工业衰败，光荣成了过去，财富损失殆尽。"[②] 他得出结论：印度落到这个田地，关键是丧失了政治独立，要复兴印度，必须首先恢复政治独立。

提拉克超出同时代人之处在于提出了"政治独立"理论。20 世纪初，大多数理论家都认为印度经济可以在殖民主义体系内进行发展，对殖民者的批判大多限于殖民政策的批判而不是针对殖民统治本身。提拉克最先鲜明地提出政治独立是经济独立的前提，强调没有政治独立就不可能有真正的经济独立。

甘地后来的自治运动，从自治口号到发动民众的方式，对提拉克都多有学习。提拉克提出了四个原则：自治、自产、民族教育、联合抵制，而提拉克的"联合抵制"主要是通过消极抵抗来进行。上述原则和斗争方式，在甘地那里都得到了继承。如甘地后来展开的坚持真理运动（Satyagraha）就是在联合抵制方式上，增加了非暴力、坚持真理的要求。在甘地 20 世纪 20 年代成为国大党领袖之前，提拉克无论是在国大党还是在普通民众中，都具有很高的威望。甘地学习和继承了提拉克的政治遗产，特别是他出色地动员民众的能力。"甘地调动了大量提拉克的信徒加入坚持真理运动中去，这些信徒得益于前期提拉

① 林承节：《印度民族独立运动的兴起》，北京大学出版社，1984 年，第 246 页。

② 苏联科学院东方研究所：《印度民族解放运动与提拉克的活动》，俄文版，莫斯科，1958 年，第 526 页。转引自林承节：《殖民统治时期的印度史》，北京大学出版社，2004 年，第 208 页。

克的宣传和鼓动，甘地自己也说，大树不是一天长成的。"[1]

如果说甘地从提拉克那里学习和继承了从政治的角度看待印度自治问题，那么从奥罗宾多那里则学会了把宗教目的与社会理想结合起来的思考方式。奥罗宾多（Aurobindo Ghose, 1857—1950）7 岁时就被送到英国接受教育，曾在剑桥大学学习，对西方哲学、自然科学有较深的了解。但是与甘地一样，回到印度后，他也由最初的学习西方转变到反抗西方，积极参与印度民族主义运动。他创办《敬礼祖国》（Bande Mataram）杂志公开宣扬"印度自治"的政治目标，号召印度人民用一切可能的手段包括"以暴力对付暴力"的手段争取印度的独立。1907 年，他因煽动罪被捕。在狱中，奥罗宾多转向了瑜伽神秘主义，出狱后开始鼓吹以复兴印度教为基础的民族主义思想。1910 年后，他退居到泰米尔邦法国领地本第治里（Pondicherry），创办修道院，著书立说。

早期的奥罗宾多与提拉克一样，鼓吹印度自治就是实现印度政治的独立与自由，这种激进目标在当时受到国大党温和派的反对。[2] 奥罗宾多后来的转向，特别是由激进派向一位宗教修行者的转变，有自身内在的心理因素。奥罗宾多认为宗教目的应与社会理想结合在一起，宣称人类理想社会也就是"神在地上的王国"，为此，他对未来社会做了很多描述，理想社会就是建筑在实现神性的个人基础之上。"达到理想社会的手段不是改造人的外部环境，而是改造人的内部本性，即通

---

[1] Ashok. S. Chousalkar, *Indian Idea of Political Resistance: Aurobindo, Tilak, Gandhi and Ambedkar*, Ajanta Publications, 1990, p.60.

[2] 除了提拉克、奥罗宾多外，贝赞特夫人也支持印度完全自治（home rule），国大党认为激进派没有耐心，从而加以反对。相关论述参见 *Indian Freedom Struggle:the Pathfinder form Surendranath Banerjea to Gandhi,* by B.Krishna, Manohar, 2002, p.95.

过羯摩瑜伽、自我认识、自我净化，达到与神的结合。"[1]

甘地的自治论，特别是在实现自治途径上，追求自我约束、自我完善，而不是单纯地赶走英国人，那有可能是"没有英国人的英国统治"——机器文明、利益至上、钩心斗角。甘地主张从根本上变革自我、提升自我。在这一点上，甘地与奥罗宾多上述观点有诸多相似之处。

甘地的自治，有对政治独立的诉求，更有对精神独立的主张。提拉克和贝赞特激发了甘地自治论中的政治想象；奥罗宾多则启发了甘地运用宗教的方式开展民族独立运动。对此，着重强调政治意义上独立的提拉克并不完全赞成甘地这种宗教式的自治论，"提拉克认为甘地提供了这种类似圣徒模式的政治斗争，确实很奇特，如果成功了，他将第一个加入"[2]。

（2）印度教民族主义的兴起

印度教民族主义（Hindu Nationalism）是一种带有强烈教派主义色彩的民族主义思想，这种思想的萌芽最初来自19世纪末反对英国分割孟加拉国的一些政治作家中。到了20世纪二三十年代，印度教民族主义思想开始形成一种正式的政治思想，有了系统化、理论化的表述，并开始对印度民族独立运动发挥重要作用。

孟加拉语作家宣扬印度教特性、宣扬印度文明，始于对罗易的"反叛"。罗姆·摩罕·罗易（Ram Rohan Roy）是印度启蒙运动之父，他于1828年在加尔各答创立了梵社（Brahma Samaj），梵社的成立可以说是印度和西方冲突在宗教上的一种回应。罗易以《奥义书》的一

---

[1] 黄心川：《印度近现代哲学》，商务印书馆，1989年，第142页。

[2] Ashok. S. Chousalkar, *Indian Idea of Political Resistance: Aurobindo, Tilak, Gandhi and Ambedkar*, Ajanta Publications, 1990, p.60

神论为基础，摄取了伊斯兰教、基督教的因素提出了崇拜唯一的、理性的实体梵，并主张废弃一切烦琐的祭祀仪式。他竭力反对种姓制度、偶像崇拜、歧视妇女、敌视异教等，提倡现代教育和西方科学技术。凡此种种，对于印度的宗教和社会改革都具有重要的开创意义。但是，梵社只能算是一个温和的改革派。"他认为英国统治把印度从以往统治者长期暴虐统治下解救出来是印度的幸运，他祈求神让英国的统治在未来若干世纪继续下去。"[①]显然，罗易认同的是西方启蒙运动以来的普世观念。"梵社不是一棵根植于印度土壤开花结果的树，而是一个从各个树上采来鲜花然后组成的花环。"[②]它无疑是美丽的，但是在当时更多被认为是在传播非印度教的观念。

否定罗易所代表的非印度教观念，宣扬正统印度教意识，在19世纪后半期慢慢成为潮流，孟加拉作家般吉姆（Banhim Chandra Chatto-padhyay, 1838—1894）就是一个典型代表。早期的般吉姆也是罗易和梵社的追随者，"但是1880年，他转向了，欧洲文化作为物质性文明被否定，而印度教文化作为精神性文明得到褒扬"[③]。1905年印度掀起反对孟加拉分裂运动，般吉姆以此为背景创作的《阿难陀寺》（*Vande Matarm or Bande Matarm*）对当时的政治运动产生了很大影响。"反对孟加拉分治而开展武装斗争的成员后来说，辨喜的演讲和般吉姆的小说《阿难陀寺》，塑造了他们的意识形态，激发了他们的斗志。"[④]总结起来，般吉姆的小说中有很强烈的宗教意识，特别是印度教色彩，"敏感、不现实、半宗教性是般吉姆很多小说的特点，他的小说中充满了

---

① 林承节：《印度史》，人民出版社，2004年，第255页。

② A.N.Kapoor, V.P.Gupta, *The Gandhian Era,* Mohini Gupta, Radha Publications, 2007, p.147.

③ Samaren Roy, *The Banglees: Glimpses of History and Culture*, Allied Publishers Limited, 1999, p.93.

④ Ibid. p.102.

对穆斯林的偏见，印度教教徒始终是第一位和最重要的，他只建构了印度教教徒的自由"①。般吉姆的作品受到了读者和评论家的最高赞誉，他的作品在全印度流行，影响深广。

除般吉姆之外，帕巴尼（Bhabani Charan Banerjee）也有相似的激进的印度教思想。他创作了第一部孟加拉语讽刺小说《时髦先生的享乐》( *The Amusements of the Modern Babu* or *Naba Babu Bilas* )。1832 年，他作为达摩大会（Dharma Sabha）的创始人，呼吁建设正统的印度教，"他反对罗易的异端邪说，而且为印度教传统辩护。他作为达摩社的创始人（Dharma Sabha），和罗易的观点作对，开始他新的宗教改革"②。当时加尔各答最受欢迎的这批文学家，在 19 世纪后期和 20 世纪初期获得了整个印度知识界的广泛支持。他们向印度本土文化的转向，有多种因素促成，其中主要是："英国统治者顽固地无视印度知识分子日益增长的正当愿望，结果，一方面挫伤了印度人的自尊心，另一方面激发了印度人的民族独立精神。"③

般吉姆这些作家还只是间接地鼓吹印度教民族主义，20 世纪初期印度教大斋会（Hindu Mahasabha）的成立，则是印度教民族主义思想在现实政治运动中发挥作用的开始。萨瓦卡 (Vinayak Damodar Savarkar, 1883—1966) 是印度教大斋会的首领，也是印度教民族主义的奠基人。1923 年，他出版了一本题为《印度教特性：谁是印度教教徒》的书，其中"印度教特性"（Hindutva）一词产生了深远影响。从 20 世纪 30 年代到 50 年代，萨瓦卡一直通过印度教大斋会宣传印度教民族主义思

---

① J.C.Chosh, *Bengali Literature,* Oxford University Press, 1948, p.161.

② Samaren Roy, *The Banglees: Glimpses of History and Culture*, Allied Publishers Limited, 1999, p.54.

③ 卡兹·阿卜杜尔·沃杜德：《孟加拉语文学》，选自《印度现代文学》，黄宝生、周至宽、倪培耕译，外国文学出版社，1981 年，第 23 页。

想。萨瓦卡理论的核心是"印度教特性"，旨在恢复印度教的传统，建立一个印度教统治的国家。这种理论第一是反对英国殖民主义者，力图将他们驱逐出印度；第二是想把印度的穆斯林排除在印度这个国家之外。

国民志愿服务团（the Rashtriya Swayamsevak Sang）的领袖戈尔瓦卡尔（Madhava Sadaiva Golwalkar,1906—1973）是印度教民族主义的另一代表性人物，他最突出的成就是明确提出"印度教国家"理论（Hindu Rashtra or Hindu Nation）。戈尔瓦卡尔认为，在印度这块土地上生活的人群中，只有印度教徒才符合作为这个国家居民的标准，因为他们热爱印度。以印度教徒为基础的社会，具有共同的历史、文化、习俗，也有共同的爱和恨以及共同的利益。因此，基于这样的标准，"在印度生活了几个世纪的穆斯林，包括改信伊斯兰教的印度教教徒，都不属于这个国家。他们对印度教的信仰和生活方式完全抱有敌意"①。为了建立强大的印度教国家，戈尔瓦卡尔提出"国家虔信论"（Rashtra Bhakti），这种理论要求每个印度教徒必须把自己的全部思想、感情和力量都贡献给印度教国家，称这个"印度教国家"为"祖国母亲"。

印度教民族主义鼓吹印度教立国，排斥伊斯兰教和其他教派。尽管这种非理性的思想不符合印度多元宗教杂糅的现实，在现实中也容易对其他教派，特别是印度穆斯林造成伤害；但无可否认的是，在印度教徒占多数人口的印度，单一印度教的口号与理念，很容易激发民众的认同。在印度近代传统的村社与社会面临解体的危机，而新的民族国家尚在形成的进程中，建立"印度教国家"的思想一经提出，对于近代饱受英国殖民之苦、宗教意识深厚的印度民众而言，无疑具有相当的吸引力与影响力。

---

① 朱明忠：《印度教民族主义的兴起与印度政治》，《当代亚太》，1999 年第 8 期，第 34 页。

从甘地自治到罗摩之治的转变，印度教民族主义的影响显而易见。1909 年甘地《印度自治》中还没有明确提到"罗摩之治"，但回到印度后时常有这样的表述。1921 年，甘地在一次演讲中称："自治，也就是罗摩之治（Ramaraj），意味着这个国家被压迫的阶级和最虚弱的妇女得到平等和保护。"[①]1925 年，甘地在卡拉提半岛（Kathiawar）演讲中说："我理想中的印度国家就是罗摩盛世（Ramarajya），罗摩不需要通过现代蹩脚的投票方式知晓大众的观点，他有能力努力抓住你的心，罗摩盛世在今天完全可能。"[②]

在甘地之前，不同派别的印度民族主义者都不同程度地肯定印度乡村的价值，强调印度文明的精神性特质。"印度是精神文明，西方是物质文明"的说法成为当时印度知识精英关注的话题。甘地自身独特的经历也让他实现了从学习西方到批判西方的转变，并且在罗斯金、托尔斯泰那里找到了批判西方物质文明的印证，从而成就了甘地作为"印度人""印度教教徒"的身份。提拉克从政治的角度明确提出自治要求，奥罗宾多从宗教立场鼓吹自治应与自我完善相结合，而萨瓦卡等印度教民族主义者关于"印度教立国"的激进思想，这一切既激发了甘地有关印度自治的新思考，也促成了甘地由"印度自治"向"罗摩之治"的转变。这种转变既离不开前辈与同人的影响，也脱离不了印度当时风起云涌的印度教民族主义运动的影响，这一切共同推动着甘地自治论从"自治"到"神治"的转变。

---

① *Collected Works of Mahatma Gandhi*, Vol. 23, p.79.

② *Collected Works of Mahatma Gandhi*, Vol. 30, p.62.

## 第四节
## 从公民身份到自我净化

✦

　　甘地的种姓观是其宗教思想的重要构成，在形成过程中受到多重社会思想的激发与影响，是在与各种不同思想主张的交锋过程中逐步成型的。国大党激进派、印度左派组织发动贱民全行业罢工，鼓动贱民参与现实政治斗争，试图用一种革命式的方式推进种姓改革，实现贱民解放。而甘地的种姓观与它一以贯之的改良立场一样，希望通过非暴力、协商的方式解决贱民问题，这与激进派形成了鲜明的对比。安倍德卡尔从现代公民所应该具有的自由、平等的公民身份出发，为贱民争取单独的选举权，预留议会席位。甘地反对安倍德卡尔从政治角度解决贱民问题，而坚持从印度教内部自我净化与改革的立场，主张废除贱民制，改革种姓制。甘地的种姓观中吸收了印度启蒙运动早期"西化派"改革者的主张，认为种姓间可以自由通婚、贱民有权进入神庙或公共区域。同时，甘地赋予贱民"神之子"的称呼，将"世俗权利"与"宗教神圣"紧密地结合在一起。

　　甘地种姓观的形成，是与国大党激进派、印度左派等激进的种姓立场相抗衡的结果，也是与安倍德卡尔主张贱民问题政治化解决方案相博弈的结果。甘地坚持从印度教内部改革种姓制度，废除贱民制，这既是传统宗教观念的继续，又注入了"公民权利"等新的元素。现实政治的考量、印度教内部的改革传统，共同形成甘地独特的种姓主张。

### 国大党激进派、印度左翼的种姓立场

有关印度种姓改革的各种主张，自印度中世纪以来，就不绝于缕。进入近代以后，英国人统治下的印度社会，与印度封建王公统治时的社会呈现出很大的差异。印度传统社会向现代社会转型的过程中，各种姓阶层的利益诉求、政治诉求有了更多的表达。

1870 年，德里的清洁工举行大规模抗议，反对德里市政委员会实行的督查、管理清洁工的行政举措。在印度传统社会，从事清洁和打扫工作的贱民，一般依附于某一家庭，以家庭佣人身份从事清洁工作。尽管依附于家庭的贱民阶层，受到高等种姓者的歧视，但贱民游离于国家政权管辖之外，有自己相对独立的生存空间。在英国殖民统治下，由于中心城市的发展和公共空间的拓展，使得更多无地或失业农民从事清洁工作，更多的贱民被纳入国家统治和管辖的范围。管理在城市从事清洁工作的贱民，成为殖民政府必须承担的行政职责。"1885 年，只有 200 名男性劳动力在工厂工作，但到了 1911 年，超过 23 000 名的劳动力从事纺纱工作。为了保持城市的清洁，环境卫生部门也在增加，从农村移民到城市的人群为从事城市清洁工作提供了雇佣来源。"[1]

在传统社会中，附属于具体家庭从事清扫工作的贱民还能糊口和生存。但在英国殖民统治下，由于资本家的压榨和统治者对底层的漠

---

[1] Vijay Prashad, *Untouchalbe Freedom: a Social History of a Dalit Community*, Oxford University Press, 2000, p.25.

视，工厂的雇佣工人生存条件十分恶劣，薪酬也十分低廉，贱民也不例外。在此大背景下，国大党激进派崛起，他们激进的政治主张在工人和底层民众中具有重要影响力。1905 年，国大党激进派发动工人群众进行斗争。"不仅孟买、孟加拉，而且以前没有发生过罢工的地区都出现了罢工；不仅纺织工人，而且其他部门工人，如铁路工人、列车员、邮递员以及清洁工都举行罢工，要求增加工资。"[①]1906 年，提拉克在加尔各答举行的工人集会上发表演讲，"号召工人自觉投入争取斯瓦拉吉的大目标，还呼吁个阶层各宗教的大团结，特别谈到了种姓制度应该改变，以适应工会的需要"[②]。

以提拉克为首的国大党激进派为了发动民众，主张废除贱民制，改革种姓制度。激进派并不寄希望以和平的方式为贱民争取权利，而是鼓动民众激进抗争。但是，这种斗争方式，在当时印度工业还不发达、产业工人人数并不太多的情况下，效果并不明显。"与郭克雷相比，提拉克所采取的态度是主张坚持权利而不是让步，并在合法范围内极力反对政府，并利用印度人的感情来激发反政府的情绪。他的言辞虽豪壮，但新兴阶级尚未准备接受这些策略。"[③]国大党激进派废除贱民制的目的，更多的在于发动贱民成为独立运动的组成部分，扩大工会斗争的需要。但由于国大党激进派的革命主张受到殖民政府的排除和打压，因此他们为废除贱民制度展开的斗争，效果也受到影响。

在国大党激进派之外，一战后兴起的印度共产党、国大党左派也因各种政治需要，开展为贱民争取权利的政治运动。第一次世界大战对印度的影响重大而深远，"印度是被英国拖入这场大战的，在大战期

---

① 林承节：《印度民族独立运动的兴起》，北京大学出版社，1984 年，第 338 页。

② 同上书，第 339 页。

③〔英〕C.L. 莫瓦特编：《新编剑桥世界近代史》第 12 卷，中国社科院世界史研究所组译，中国社会科学出版社，1987 年，第 411 页。

间，资本主义在印度，首先在工业中，开始以较快的速度发展起来"[①]。产业工人的增多，为印度无产阶级的兴起创造了条件，钱德拉·鲍斯便是其中左派的代表人物。苏巴斯·钱德拉·鲍斯（Subhas Chandra Bose,1897—1945），生于孟加拉国富裕的律师家庭。1919年起，他游学英伦，主攻方向是欧洲历史和国际事务。1921年，鲍斯回到印度，投身民族独立运动，并加入国大党。1924年，鲍斯当选国大党总书记之一。在1928年国大党加尔各答的年会上，鲍斯提出了印度"完全独立"的主张，但没有获得国大党重要领导人甘地的赞同。因此，鲍斯也对甘地的"不合作"立场感到不满。1938年，鲍斯当选国大党主席，并于1939年连任。他认为，应该给英国政府下达最后通牒，六个月内给予印度独立地位，而国大党也必须为自由的最后一战做好准备。此提议遭到国大党内部的强烈反对，鲍斯不得不于4月29日宣布辞去国大党主席职务。

尽管鲍斯离开了国大党，但是他依旧坚持他的观点。1939年5月3日，鲍斯在加尔各答的群众集会上宣布组织"前进同盟"（All India Forward Bloc）。6月22日，"前进同盟"的第一次全印大会在孟买举行。鲍斯认为，前进同盟与国大党的矛盾归根结底就是妥协与反妥协、宪法道路与革命道路的矛盾，前进同盟赞成后者。鲍斯在第二年召开的全印前进同盟第一次全印代表大会上宣称：全印前进同盟是一个社会主义的党。鲍斯认为："成熟的社会主义性质的左派政党应该代表大众的利益，致力于印度全体人民政治和经济的彻底解放；建立一套健康的国家计划经济制度，通过计划重建国家的农业和工业，消灭地主；

---

[①]〔苏〕巴拉布舍维奇、季雅科夫主编：《印度现代史》（上），北京编译社译，生活·读书·新知三联书店，1972年，第29页。

以村社制度为基础，建立新型的社会关系，消除种姓制度。"[1]

鲍斯是当时颇具影响的国大党领袖，尽管后来他向法西斯德国和日本寻求帮助与合作，在某种程度上成为日本法西斯侵略亚洲的帮凶，但鲍斯在印度民族独立运动中所做出的贡献，并不能因此而抹杀。时至今日，鲍斯的肖像还在印度国会大厅与甘地和尼赫鲁的肖像并列悬挂。鲍斯具有的重要影响，不仅仅是他个人能力的结果，更说明以鲍斯为代表的印度左翼思想主张得到了当时民众的认同。

在更为激进的国大党激进派和印度左翼看来，完全废除种姓制度，是应有之义。他们通过各种激进的主张，试图完全调动各阶层参与独立运动的热情，暴力的手段、革命的手段都在考虑之列。他们都主张彻底地废除种姓制度、贱民制度，将农村和城市贫困人群吸纳到革命斗争队伍中去。而这些手段和方式，和甘地倡导的方式形成了鲜明的对比。"共产党成功地组织清洁工联盟，通过罢工帮助他们争取权益。而神之子社团服务社（Harijan Sevak Sangh）的工作多数是在为贱民寻找福利。"[2]

### 公民身份：安倍德卡尔的政治方案

甘地所主张的废除贱民制、改革种姓制度延续的是印度中世纪以来的宗教改革传统，是站在宗教内部看待贱民问题。贱民领袖和代表人物安倍德卡尔（Bhimrao Ramji Ambedkar,1891—1956）则是从西方人权和自由平等的理念出发，为贱民争取作为现代公民的权利。如何定位不可接触者的身份，是甘地与安倍德卡尔产生重大分歧的关键所在。

---

① 葛宁：《鲍斯传奇》，《读书》，2010 年第 11 期，第 54 页。

② Vijay Prashad, *Untouchalbe Freedom: a Social History of a Dalit Community*, Oxford University Press, 2000, p.133.

安倍德卡尔出身于不可接触者家庭，在美国哥伦比亚大学攻读了经济硕士、法律博士学位，博士论文便是《印度种姓制度：机制、起源与发展》（Castes in india: Their Mechanism, Genesis and Development）。可能正是这种留学美国的经历，安倍德卡尔的种姓立场更多地借鉴了西方启蒙运动以来追求个人权利、自由与幸福的社会思想。他明确宣称自己的哲学就是自由、平等、博爱。"我个人铭记的哲学词语就是，自由、平等、博爱。有人认为我是从法国大革命借来的词汇。其实不是，我的哲学根植于宗教而不是政治。这是我从我的人生导师，佛陀那里得到的教义。"[1]因此，安倍德卡尔从西方自由主义视角出发，认为"没有什么办法能够解救那些种姓制度之外的人，除非完全的破除种姓制度"[2]。正是在这种思想背景下，安倍德卡尔对种姓制度进行了彻底的批判，特别强调"由于各种社会弊端的流行，不可接触者在社会、经济、政治的公平与正义问题上，完全归于失败"。基于这种平等政治的考虑，安倍德卡尔才在英国召开的圆桌会议上提出在政府选举中要为贱民单独分配选举名额，赋予贱民与其他人一样的政治地位。

甘地也同样在为贱民争取"权利"，只不过甘地所依赖的方法与路径与安倍德卡尔大不一样。在整个20世纪20年代，甘地在农村旅行演讲的一个重要主题便是"不可接触者"制度。1930年11月，英国和印度政界在伦敦举行第一次圆桌会议，商讨印度国内日益高涨的自治问题，国大党和印度工商业的很多重要人物因为参与不合作运动而被关进了监狱，并没有参加第一次圆桌会议。在这次会议上，作为不

---

[1] Ramashray Roy, *Gandhi and Ambedkar: A Study in Contrast*, Shipra Publications, 2006, p.76.

[2] D.R.Nagaraj, Self-purification versus Self-respect: on the Roots of the Dalit Movement, *Debating Gandhi*, edited by A.Raghuramaraju, Oxford Unviersity, 2006, p.370.

可接触者的代表，安倍德卡尔提出为不可接触者分配独立的候选名额。1931 年 9 月到 12 月，甘地参加了在伦敦举行的第二次圆桌会议，会上甘地提出了三条主张：国大党是政治印度的唯一代表；不可接触者也是印度教徒，不应该视为"少数派"；穆斯林或其他少数族裔都不应当设立单独的选区和提供特别的保护。甘地的主张遭到了其他与会印度代表的反对，为此甘地不惜停止公民不服从运动以给与会代表施压。在这次会议上，关于穆斯林特别选区和保护的问题，甘地和穆斯林代表谈判破裂；关于是否应当视不可接触者为印度教徒之外的少数派，是否给予贱民以投票名额上的照顾，甘地与安倍德卡尔观点不一。

尽管印度国内对于上述议题意见不一，但是英国首相麦克唐纳（Ramsay Macdonald）还是于 1932 年 8 月 17 日宣布了新的裁决方案（Communal Award）：印度少数民族选举法，各省议席增加一倍，孟加拉和旁遮普的少数民族和穆斯林另立选区分别选举，贱民阶级的选举权也得到承认，但须自立选区分别选举，并保留一定的席位。针对英政府的这一方案，甘地立刻于 18 日致电麦克唐纳，对贱民阶级的选举法提出抗议，并表示政府如不收回成命，他将自 9 月 20 日起绝食至死。9 月 20 日，甘地开始绝食，诗人泰戈尔（Rabindranath Tagore）在圣提尼克坦（Santiniketan）为民众演讲，声援甘地绝食的伟大行动。这时，甘地作为一名魅力型领袖的作用开始起作用，全国民众情绪高涨，神庙、水井、公共场所都对不可接触者开放。在这个大背景下，正统印度教教徒领袖和不可接触者代表安倍德卡尔在浦那会谈，决定修改英国首先麦克唐纳先前的规定，从而应对甘地做出的将绝食致死的反抗。1932 年 9 月 26 日，甘地在泰戈尔的见证下，结束了绝食行动，而较高种姓代表和不可接触者代表安倍德卡尔最终达成了 1932 年的《浦那协议》（Ponna Pact）。

《浦那协议》共有 9 项主要内容，原则上不单独为不可接触者设立投票站，不可接触者将像正常人一样参加选举，但还是为不可接触者保留一定的席位，各邦设立的保留席位均有所增加，总数达到了 148 席，较之先前英政府裁定的 71 席有大幅增加。尽管在保留席位这个问题上，协议的双方都还有各种不同的看法，但是《浦那协议》在印度历史上无疑具有重要意义。"被人们认为明确宣告了不可接触制的无效，是其终结的开端……尽管对不可接触者地位的正式废除是直到印度独立后才郑重宣布的，然而浦那协议仍然可谓在贱民解放的道路上迈出了决定性的一步。"①

甘地之所以与安倍德卡尔在贱民选举名额问题上针锋相对，根源在于他将贱民身份定位成印度教徒，因此只能从印度教内部来看待贱民问题；而安倍德卡尔将贱民定位为公民，所以要为公民争取平等、自由权。甘地并不否认贱民在现实中遭遇到的种种歧视和不公，但他坚持认为他们首先是"印度教徒"。因此，废除贱民制度，本身就是印度教内部的事情，必须通过印度教"自我净化"去实现，而不是在政治上给予独立的地位。

甘地与安倍德卡尔在贱民选举名额问题产生分歧，另外一个重要原因在于，甘地洞察到如果赋予贱民单独的选举权，那么其他的社团组织，如印度的基督徒、居住在印度的英国人、印度穆斯林、锡克教徒等等，他们都可以援此为例，那么统一的印度将成瓦解之势。甘地的终身秘书德赛（Mahadev Desai）曾记载了甘地对此的评论："哈里真的单独选举，在我看来，完全是个错误。单独选举为其他社团提供了类似的可能，如果这样，我们对不可接触者就不可能有特别的作为……他们并没有认识到，单独选举将在印度教徒中间造成分裂，将

---

① 〔意〕詹尼·索弗里：《甘地与印度》，李阳译，读书·生活·新知三联书店，2006 年，第 110 页。

导致流血冲突。不可接触者中的阿飞们（Hooligans）、穆斯林中的阿飞们将有理由杀害其他有种姓地位的印度教徒。英殖民政府对此一无所知？我不相信！"[1]通过这一记载，我们可以看出，甘地反对贱民单独选举有着很现实的政治考量。在印度信仰多元、种族成员复杂、语言种类众多的现实中，贱民的单独选举，很容易为其他各种因宗教、种姓、语言组织起来的社团提供先例，那么多元统一的印度教社会将走向分崩离析。

甘地认为，这种单独选举和保留席位的做法，只是从政治上对贱民有利，而缺乏对贱民实际的帮助，这样会对前期从内部自我改善、自我提升角度展开的服务贱民的运动造成损失。"不可接触者地位的提升不应该是依赖保留席位，而是依靠印度教徒坚持不懈的改革。甘地确信，这种单独选举会伤害印度教徒改革者的热情，并且引起他们的极大反抗。"[2]由此可见，甘地反对从选举政治的角度解决贱民问题，并不是甘地不懂政治，恰恰是甘地从更广阔的政治视角看待贱民政治问题的必然结果。

### 贱民解放：世俗权利与宗教神圣的结合

甘地的种姓观，无论是其对于贱民"洁"与"不洁"的论述，还是主张从印度教内部改革种姓制度，都是宗教的角度看待种姓与贱民问题。但是，甘地又不仅仅是从宗教这一个维度看待种姓问题，而是为传统宗教注入"新的元素"。"新的元素"来自罗易等早期西化派对个人权利尊崇，来自安倍德卡尔赋予贱民更多的自由与福祉的追求。

---

[1] Mahadev Desai, The Diary of Mahadeo Desai, p.301, from *Caste in History*, edited by Ishita Banerjee-Dube, Oxford University, 2008, p.203.

[2] Subhmani N.Busi, *Mahatma Gandhi and Babasaheb Ambedkar, Crusaders against Cate and Untouchability*, Saroja Publication, 1997, p.197.

甘地关于种姓间婚姻、血统、饮水等方面的主张，究其实质，就是从现代政治的角度出发，赋予各种姓成员更大的平等、更多的权利。

在甘地看来，瓦尔纳制是维系印度社会与文明所必需的，但各阶层成员在神面前都是平等的；贱民制度是印度教内部的"毒瘤"，应该完全消灭。甘地的瓦尔纳合法论与废除贱民制度的主张，这种从神、从印度教的角度看待种姓与贱民问题，是印度教内部一些宗教改革家一以贯之的传统与立场。甘地承接《梨俱吠陀》"原人之歌"中四瓦尔纳同源于"原人"的说法，接受《薄伽梵歌》中，"瓦尔纳是神圣的，由于妇女堕落才产生种姓"①的论断。甘地的这一理解，在印度近代一直不乏其人，在达耶难陀、辨喜那里就有类似的主张。

近代雅利安社创始人达耶难陀，在印度启蒙运动中就提出："瓦尔纳不应该以出身、血统，而应该以德行、知识来划分。"②作为雅利安社的创始人，达耶难陀以"回到吠陀去"的保守立场著称，他的瓦尔纳论同样是古代印度教观念的延续。辨喜，是让印度教走向世界的代表性人物。作为印度教的辩护者，他并不支持过于"西化"改革印度教的方案。辨喜认为："每个民族一如每个人一样，都有生活中的主题。如英国，在政治中展现活力，在音乐中展示另外一面；而印度，宗教生活应该是它的主题，这是全部民族生活的基调。任何民族抛弃自己的传统接受其他民族的生活方式，注定失败。"③在这里，辨喜特别强调，宗教性是印度文明的主要特征。对于种姓制度，辨喜也为之辩护，认为它是印度宗教遗产的重要组成部分，不应该废除，而是改进。辨喜认为，种姓间的不同成员在神面前都是平等的，他认为贱民制不属

---

① 〔古印度〕毗娑耶：《薄伽梵歌》，张宝胜译，中国社会科学出版社，1989年，第16页。

② 黄心川：《印度近现代哲学》，商务印书馆，1989年，第44页。

③ *The Indispensable Vivekananda: An Anthology for Our Times*, edited by Amiya P. Sen, Permanent Black, 2006, p.103.

于印度教。不可接触主义（Don't-touchism）属于精神疾病，这不是正常印度教教徒该有的立场。解决种姓中存在的问题，辨喜认为，应该倡导婆罗门的精神生活，"我们的理想就是婆罗门精神性文化的复兴，理想的婆罗门精神与智慧在当今世界是缺席的"①。

除了承袭印度教内部净化的立场，甘地也吸收了"西化派"的现实主张，在贱民问题上有着更为世俗、更为实际的考量。而这种"西化"与世俗的主张是印度近代以来如何实现印度社会现代化的另一种思想资源与脉络。

1828 年，罗易在加尔各答创立了梵社，梵社对不同种姓成员都开放，只要信奉了大梵，均不受任何歧视，自由加入。1872 年，梵社婚姻协议（*Brahmo Marriage Act*）规定，禁止童婚、废除一夫多妻、支持寡妇再嫁和种姓间通婚。②罗易创造的梵社，在当时产生了广泛影响。"但他常常受到印度教正统教派的攻击，被斥为印度教的异端邪说。"③罗易引起人们攻击很重要的一点就在于他在种姓问题上过于"西化"的立场，特别是种姓间通婚，完全背离了传统印度教的内婚原则。罗易接受了西方启蒙运动以来的很多理念："人是自由的，他拥有无限的能量，文明是人理性的创造物，个人最重要的特征就是自由和创造性。"④罗易代表着近代印度改革中一个重要的流派，我们可以称之为"西化派"，他们注重从西方思想中汲取养分改革印度社会。梵社后来的继任者，德宾特拉纳特·泰戈尔（Debendra Nath Tagore），提出了一套更为彻底的宗教改革纲领。其后喀沙布·钱德拉·孙（Keshab

----

① *Complete Works of Swami Vivekananda*, Vol. 3, p.168.

② Hervey De Witt Griswold, *Insights into Modern Hinduism*, Aryan Books International, 1996, p.40.

③ 石海军：《后殖民：印英文学之间》，北京大学出版社，2008 年，第 266 页。

④ S.Abdul Sattar, *Humanism of Mahatma Gandhi and M.N.Roy*, The Associated Publishers, 2007, p.180.

Chander Sen），于 1866 年重新组织了印度梵社。喀沙布综合印度教、基督教、伊斯兰教和中国儒家学说等内容创立了"新天道"（New Dispensation），在"为神服务即为人服务"的口号下，由于它"过多地吸收了更多基督教和其他宗教的内容，而脱离了印度教的基本传统"[1]。所以，到后期，梵社亲英的政治态度和不遵守种姓通婚的原则，遭到一些青年激进派的反对。

甘地发起的神庙向贱民开放、贱民可以在公共水井取水、贱民可以与其他种姓间通婚的各种运动，究其实质就是为贱民争取更多的"人权"和"自由权"。这些有违印度教传统而更带有"世俗权利"色彩的主张，超出了正统印度教的接受范围，与罗易当年一样，遭受了很多正统印度教教徒的反对。马德拉斯（Madrasi）的一位婆罗门在 1933 年 8 月号的《印度之镜》（The Indian Mirror）上撰写诗歌表示反对，他认为甘地的鼓动，让曾经安于现状的人变成不满现实的人：

> 曾经我们的不可接触者都是善良的，
> 直到甘地告诉他们是神之子；
> 为了迎合贱民的信任，
> 为了国大党成员点头赞许。[2]

印度受压迫阶级联盟创始人贾吉夫·拉姆（Jagjivan Ram）就认为，"神之子"是居高临下的一种施舍，以恩人心态自居，向贱民开放神庙也是不当的。因此，他认为甘地废除贱民制的实践，"在概念上不

---

[1] 朱明忠、尚会鹏：《印度教：宗教与社会》，世界知识出版社，2003 年，第 63 页。

[2] Eleanor Zelliot, Gandhi and Ambedkar: A Study in Leadership, from *Caste in History*, edited by Ishita Banerjee-Dube, Oxford University, 2008, p.205.

当，在侧重点有误，在行动上犹豫不决"[①]。后来担任第一任内务部长的帕特尔（Vallabhbhai Patel）在当时也认为，甘地的立场，其实是两种论调的调和，这种调和反而在贱民中与婆罗门中两头不讨好。

甘地的种姓主张，学习和借鉴了国大党激进派、印度左派解放贱民、发动底层民众的策略。同时，甘地反对安倍德卡尔从政治的角度解决贱民问题，根本的出发点是为了防止其他教派或部落团体竞相模仿，追求各种的独立选举权而导致印度社会的分裂。甘地的种姓理论的形成，延续了印度教内部自我净化的传统，吸纳了近代以来世俗权利的观念，同时也是在和其他政治派别与社会思潮中不断抗衡与斗争中逐步形成的。

---

① Eleanor Zelliot, Gandhi and Ambedkar: A Study in Leadership, from *Caste in History*, edited by Ishita Banerjee-Dube, Oxford University, 2008, p.206.

— 第五章 —

神圣与世俗：
甘地宗教思想的特质

宗教的神圣化与世俗化，使得宗教如钟摆一般，在神圣与世俗之间来回波动。印度教不仅不是制度性宗教，更为特别的是与种姓阶层、出生地有着密切的关联。杂糅着神圣与世俗、信仰与习俗的印度教，无法如现代基督教那般实现较为清晰的政教分离。千百年来的印度社会，服从于多神信仰、多元种族、地方语言、原始部落等"社群"约定俗成的习惯法。对印度人而言，最重要的是完成"达摩正法"，不同种姓的人各有其使命。依据梵天、湿婆、毗湿奴等各自信奉的神灵，达成自我身份的认同。与印度破碎、非系统的历史相比，印度教反而是保持印度文明连续性的重要纽带。即便是信奉伊斯兰教的德里苏丹国与莫卧儿帝国，他们都没有完全打碎印度的社会秩序。相反，他们进入南亚次大陆后，接受了印度教的种姓制度。无论是历史上的印度教政权，还是伊斯兰教政权，他们都不曾把国家视为推行信仰的工具。任何严格意义上的"政教合一"或"政教分离"，对于古代印度而言，都有隔靴搔痒、方凿圆枘之处。印度这一有别于欧洲的浓郁宗教氛围，使得民族国家的独立与未来发展，都呈现出自身的独特性。从历史经验看，唯有深谙印度民族特性的甘地，才获得了巨大成功；从独立后的发展看，强制性的模仿西方，推行完全的世俗化，导致尼赫鲁执政时期教派主义的高调"反弹"。

　　甘地宗教思想的形成有它诞生的深厚土壤和成长环境，印度近代各种社会改革运动都在不同程度上利用宗教，都与宗教有着密切的关系。从印度民族独立运动的兴起与发展，特别是印度教民族主义的形成，就更能看出宗教与现实政治的复杂关系。但是，甘地与同时代其他社会思潮或社会理论相比，他的宗教思想表现出了自身独特的内涵和特点。概括起来，主要特征是：第一，宗教与政治相结合。一方面追求政治宗教化，用传统的方式将政治与宗教结合起来，特别强调政治手段与目的要同样高尚；另一方面，以实践行动为目标，形成行动主义宗教，打破了近代以来宗教改革运动局限于上层精英阶层的不足。第二，宗教信仰与理性的统一。甘地倡导个体坚持自己的宗教信仰，用理性观念革除宗教传统中迷信和愚昧之处，同时用理性的观念看待其他各宗教，主张宗教平等与对话。甘地用理性给宗教"祛魅"，承接印度近代宗教改革运动中的理性精神；宗教间平等对话，又使得甘地与印度教极端分子在思想观念上呈现出极大的不同。第三，印度传统与西方观念的融合。甘地的宗教，既有来自印度传统的因素，也汲取了西方近代以来诸如人权、平等、自由的思想资源，并且将西方的这些思想资源巧妙地融合为印度式的表达，易于广大民众接受。

# 第一节
## 宗教与政治的结合

❦

　　甘地是政治家还是宗教领袖的论争，从甘地生前还在领导印度民族独立运动时就有过。在甘地去世后，有关如何给甘地定位的论争未曾停歇。杰出的梵语学者、在美国首创南亚研究机构（1926 年）的宾夕法尼亚大学教授诺尔曼·布朗（William Norman Browm）认为，甘地不是一个政治家，他是一个宗教热衷者，是被一步步逼到政治道路上来的。[1]而以马丁·路易斯（Martin Deming Lewis）为代表的一派学者则认为，甘地是个不折不扣的政治家，甘地追求的政治目标是印度的独立与自由。[2]对甘地定位的争议，本身就说明其思想的复杂性。至于甘地在宗教与政治的光谱中，更倾向于哪一极，笔者认为这并不是一个非此即彼的二元对立关系，而是你中有我、我中有你的包容关系。

---

[1] 有关诺尔·曼布朗教授对甘地的定性认识，参见张东春：《美国学者对甘地的认识和研究》，《吉林大学学报》，1986 年第 2 期，第 94 页。

[2] 马丁·路易斯教授的代表作《甘地：现代印度的锻造者？》（*Gandhi: maker of Modern Indian?*）1965，在书中认为甘地主要是个政治人物。另外他还著有《英国在印度的统治：帝国主义还是托管？》（*The British in Indian: Imperialism or Trusteeship?*）1962。

甘地思想是印度民族独立运动具有重要影响的政治思想，但它的形成与影响离不开印度传统的宗教观念。正因为如此，甘地才包含有政治与宗教的双重内涵和两者交织的特点。

### 政治抗争与宗教

政治与宗教的关系，本身就是个非常复杂的议题。在一般意义上，宗教与政治追求的目标并不一致，其根本区别在于宗教强调彼岸之维，政治基于今世目标。在现代政教分离的国家政权模式下，"上帝的归上帝，恺撒的归恺撒"[①]。政治成为公共事务，而宗教信仰则是个人选择。在印度，长久以来宗教与政治呈现出彼此交织、渗透的状况。法国学者杜蒙在《阶序人：卡斯特体系及其衍生现象》[②]中认为，正是宗教观念，特别是等级制度与污染的观念以及婆罗门祭祀阶层的地位维系着整个制度。王权与政治保护着宗教，但王权与政治却在根本上依赖于宗教观念和婆罗门的祭祀活动为其提供合法性。因此，在印度，政治与社会依赖于宗教制度和观念，宗教包含政治。宗教对于政治的这种包含和超越关系，使得印度的宗教与政治的关系，既不是现代西方意义上的"政教分离"，也不是古代伊斯兰世界的"政教合一"，而是一种"政教协约"[③]。在这种政治与宗教彼此支持、相互协议的模式下，各派宗教领袖人物具有影响、指挥现实政治的可能性。甘地的宗教思想在印度民族独立运动中能获得成功和广泛认同，就在于它契合了印度这种传统的政教模式，并恰当地利用了宗教引导政治运动的结果。

——————————

① 《圣经·新约：马太福音》，第 22 章第 21 节。

② 〔法〕杜蒙：《阶序人：卡斯特体系及其衍生现象》，王志明译，远流出版事业股份有限公司，1992 年。

③ 政治与宗教这三种可能存在的模式，参考了卓新平的观点。见卓新平：《"全球化"的宗教与当代中国》，社会科学出版社，2008 年，第 26 页。

甘地的政治宗教化，就是指宗教与政治是不可分割的，追求政治宗教化、纯洁化，这是甘地宗教思想最突出的特征。甘地与同时代的"辨喜追求弥赛亚式的印度教复兴、达耶难陀有耐心地进行宗教改革、提拉克激进派的现实主张、泰戈尔浪漫的普遍主义"[①]形成了鲜明对比。

甘地的政治宗教化在宗教社会改革运动、民族独立运动等多种政治场合中表现得很明显。甘地第一次在南非的集会，就是为了要反抗南非殖民政府对当地印度侨民的不公正待遇。甘地最大限度地调动群众参与的方式，恰恰就是让与会者自己发誓，希望用神的观念督促人们坚守自己的誓言。正是通过甘地等人组织的这次抗争，使英国官方深受震动，虽然《亚洲人法律修改令》（Asiatic Registration Act）最终还是通过了，但是取消了其中对妇女限制的规定。这次抗争起到了一定效果。

甘地将对神宣誓的内容加入传统的政治集会中，从而使第一次坚持真理运动大获成功。这次成功得益于多方面的因素：第一，激发了每个参与者的主体意识，让每一个参与者都明白，自己不仅是为政治首领做事，而且也是为自己争取权益；第二，利用宗教认同，推进新团体的形成，从而达到团结人心的作用；第三，甘地将政治活动以宗教名称去命名，而且用梵语去称呼，使之神圣化、合法化，甚至让印度侨民骄傲，极大地激发了民族自尊心和自信心。这三方面的因素，共同的表现形式是政治宗教化，通过宗教化产生了新认同和力量，激发民众尊严，最终又有利于政治活动的推进。

甘地的政治宗教化，除了在上述具体的政治活动中常有如此表现外，还表现在他创办的多个净修场所或精舍（Ashram）的建院宗旨

---

① Raghavan N.Iyer, *The Moral and Political Thought of Mahatma Gandhi*, Oxford University Press, 1973, p.38.

上。他在南非和印度先后办了 4 个净修所：一是南非德班附近的凤凰村，二是南非约翰内斯堡附近的托尔斯泰农场，三是印度古吉拉特邦阿默达巴德（Ahmedabad）附近的"非暴力抵抗学院"（Sabarmati Ashram 或译为"真理学院""真理修道院"），四是在瓦尔达附近萨伐格拉姆的真理学院。

我们以第一个创办的凤凰村为例。在那里工作的人不分国籍、宗教、种族、肤色，一律平等，人人必须劳动，自食其力。他们利用朋友所给的废旧材料建立了简陋的厂房和宿舍。每个人在印刷厂周围分到 3 英亩土地耕作。每人每月一律 3 英镑作为生活费。在印刷《印度舆论》（周刊）时，他们有时故意放弃使用机器而单靠人力。这种新生活是大家都劳动，不分高低贵贱，人人平等和同甘共苦。这就是甘地看完英国作家罗斯金的《给最后这一个》一书后的实际行动，甘地认为建设凤凰村的目的有三点：一是个人的利益包含在大众的利益之中。二是律师的工作和理发师的工作具有同等价值，因为大家都有权力谋生。三是依靠劳动生活，如农夫和手工业者的生活都很有意义。

甘地创办的这些修道院，具有两方面特征：第一，究其本质，这些修道院是一种政治理念的实践，而这种政治理念和西方乌托邦理想、空想社会主义密切相关。托尔斯泰自己曾创办农场，欧文、圣西门、傅立叶等人在各地都曾创办过类似的组织，试图建立一个没有阶级压迫，人人平等的"乌托邦"，这一思潮是 19 世纪末 20 世纪初西方社会思想中很重要的组成部分。甘地在罗斯金、托尔斯泰的作品中深受启发，也创办类似的组织。第二，甘地的修道院又是一种宗教团体，是多元思想共存的试验场。修道院为志于学习和实践坚持真理的人提供各种修行方面的训练，如素食、禁欲（brahmacharya）、摒弃各种形式的暴力、锻炼无所畏惧、安于贫穷精神等。但我们把甘地创办的修道院与奥罗宾多、辨喜在印度南端和北端创办的传统意义上的修道院相比，就不难发现，甘地的这个修道院出发点和落脚点都是政治，只是在实践方式上有很多宗教元素，借鉴了印度传统中的祈祷、静观、弃欲等修行方式。

甘地不仅从形式上运用宗教元素开展政治活动，而且也追求政治的净化、道德化。甘地认为政治必须接受宗教的指引。没有宗教和道德指引的政治，将成为追名逐利的工具。提拉克和甘地都有关于政治与宗教关系的阐述，从中可以很清楚地看清两人对于政治与宗教关系的认识。

提拉克不否认宗教在现实政治中的作用，但是他认为两者作用不一。"航行中的轮船当然需要北极星作为指引，但是它的目的绝不是到达北极星。与此类似，宗教观念可以是我们的指导，但政治活动中必须有实际的观点，仅仅是宗教观念在实际政治中并不一定有用。我们应该坚持北极星做指引，但是记住，目标绝对不是去北极星。"①而甘地则在多个场合表明他的态度：政治与宗教不可分离。

> 政治，如果脱离了宗教，绝对没有任何意义。政治是我们生活的一部分，我们应该知道政治，但是我们也需要亘古不变之光，需要宗教信仰的热忱。②
>
> 消极抵抗具有巨大的力量，我们应该反复使用它。在印度人看来，政治无法从宗教中分离出来，这两者其实是同一的。③
>
> 我们很多人认为，政治生活中并不需要带入宗教因素。甚至有人走得更远，以为政治应该与宗教无涉。而我们过去

---

① M.Y.Jayakar, *The Story of My Life,* Vol.1, p.387, from Raghavan N.Iyer, *The Moral and Political Thought of Mahatma Gandhi*, Oxford University Press, 1973, p.51.

② *Collected Works of Mahatma Gandhi*, Vol. 15, p.174.

③ *Collected Works of Mahatma Gandhi*, Vol. 14, p.252.

的经验是，否定上述说法，我们的每一次活动都以宗教精神
为支撑。①

从这个比照中，我们可以看出，甘地对于政治的理解更理想化，
更宗教化。尽管他知道政治与宗教不同，但他还是坚持将政治宗教化，
认为脱离宗教的政治，算不上好政治。

### 行动主义的宗教

甘地说："我不是一名幻想家。我声明，我是一名实干的理想主义
者。"所谓的理想主义者就是从自己所认定的道理出来，进行思想与构
想。而甘地所认定的理，是自己内心所体验到的良知，甘地从良知出
发判定是与非，应与不应。但甘地强调自己是个实干的理想主义者，
要去践行所认定的道理。但甘地也重视经验，认为经验可以证实自己
的理想是否正确，且要求从实干的经验中去反省过去的错误以校正自
己。甘地的方法可以概括为三种：相信、体验、检校，先通过内心的
道德直观得出信条，然后再用信条引导与去践行与体验，最后去检验
与校正信条是否正确。

甘地不仅仅在外在形式上采取宗教的方式开展政治活动，更重要
的在于，甘地试图将政治宗教化，站在政治自我净化和道德化的立场
去理解政治，这一立场与多数民族独立运动领导人并不一致。甘地又没
有完全被宗教所俘虏，在延续古代宗教、政治不分离传统的同时，更注
重宗教的实现效果，用动态的眼光看待宗教，而不是墨守成规、食古不
化。这一点，和近代以来印度教改革中的"新吠檀多派"相似。

甘地一直以来就不是一个纯粹的书斋中的学者或宗教冥想者。

---

① *Collected Works of Mahatma Gandhi*, Vol. 17, p.357.

1894 年，在甘地还在南非的时候，国大党领袖郭克雷就告诫甘地，多少世纪以来，印度从来不缺乏托钵僧，他们没有世俗的野心，但是现在为什么就不能有僧人能为印度的再生而服务和尽力呢？"印度从来不缺乏宗教圣人，但缺乏现实改革家。"[1] 郭克雷被甘地视为"政治导师"。当时郭克雷是国大党元老，温和派的代表人物。他极力"倡导将宗教原则引入公共生活并使其精神化，正是从郭克雷那里，甘地懂得了为了争取目标，必须首先纯洁手段"[2]。后来，无论是在南非创办凤凰村、托尔斯泰农场，还是回到印度创办的各种真理修道院，其实都是甘地在践行郭克雷的指导，将单纯的宗教信仰转化为实际行动。

甘地对宗教实际作用的强调，对行动的重视，代表着近代印度教一个新的转折。在甘地思想诞生之前，印度教较为突出的是两个流派——注重知识的绝对派和注重宗教信仰的虔诚派。绝对主义以罗摩那·马哈什（Ramana Maharshi）为代表人物，该派多数由印度教上层的知识分子组成，他们注重思考终极实在与梵之关系，追寻宇宙及自我的根源；虔诚派的代表人物是罗摩克里希那（Ramakrishna Paramahamsa）和辨喜，他们不注重理论上的探讨，更注重对宗教的信仰，通过各种瑜伽修行，保持对神的虔诚信仰。"绝对主义的印度教形式从未盛行过，然后，它却一直拥有相当大的影响力，并持续在当代的印度教发挥作用。"[3] 以辨喜为代表的虔诚派，不仅赢得了国内诸多信徒，而且成功地使印度教走出印度，在美国和其他国家产生了重要影响。绝对主义派与虔诚派在侧重点上，也有不一样的地方，但是近代印度教这两大派别最大的共同之处在于他们更多地属于上层种姓或精英阶层，

---

① 以上论述，参见 B.R.Nanda, *In Search of Gandhi: Essay and Reflections*, Oxford University Press, p.25.

② 尚劝余：《圣雄甘地宗教哲学研究》，中国社会科学出版社，2004 年，第 16 页。

③〔印〕沙尔玛：《印度教》，张志强译，上海古籍出版社，2008 年，第 28 页。

和甘地后来倡导的大众的宗教、行动的宗教形成了一个鲜明的对比。

我们以辨喜、奥罗宾多为例稍做分析。1884年，辨喜毕业于加尔各答中央学院。在大学期间，他就对西方哲学颇感兴趣，研究过黑格尔、康德、笛卡尔、斯宾塞等人的学说。毕业后，辨喜拜罗摩克里希那为导师，决心献身于印度教改革事业。1893年，他打破了传统印度教不许教徒出海远游的教规，赴美国芝加哥参加世界宗教大会。在美期间，被哈佛大学和哥伦比亚大学聘为梵文和东方哲学讲师，并在美国各地发表了数十场有关印度宗教和吠檀多哲学的演讲，受到美国知识界的普遍欢迎。1896年，他在纽约首创了"吠檀多研究会"，开始向美国传播吠檀多思想。此后，还访问了英国、瑞士、德国等欧洲国家。归国后，于1899年在喜马拉雅山麓建立了"吠檀多不二论书院"，宗旨是研究和改革吠檀多。主要著作有：《吠陀宗教的理想》《吠檀多哲学》《理性与宗教》《业瑜伽》和《信瑜伽》等。

尽管商羯罗的哲学为辨喜的学说提供了理论基础，但实际上商羯罗的哲学还是被辨喜有意地误读和篡改了，也被后来现代印度教思想家们所改造。最初的吠檀多不二论哲学主要试图说明，除了梵——一种不可描述的绝对之外，现实世界的一切事物都是幻象（Maya）。这种学说并不鼓励人们去参与社会活动和政治活动。从某种意义上看，商羯罗把世界看作是虚幻的，因为世界万物都不是永恒的，都是暂时的。而在辨喜那里，在印度民族主义思想家那里，他们对现实世界采取了更为积极而肯定的态度。"因此，他们转而求助于《薄伽梵歌》的教导，采取了另外一种观念：业瑜伽，即一个人必须通过自己的工作或行动为神服务。"[1]强调业的作业，而不是只生活在业的控制之下，这

---

① 〔英〕尼尼安·斯马特：《世界宗教》，高师宁、金泽、朱明忠等译，北京大学出版社，2004年，第441页。

也是甘地为什么终身诵读《薄伽梵歌》的根本原因所在。

　　在改革吠檀多过程中，辨喜批判了商羯罗的吠檀多论，汲取西方近现代哲学和自然科学的方法和内容，重新阐释奥义书和古代吠檀多原理，创立了新吠檀多体系——"行动吠檀多"。尽管这一派别影响甚大，产生了不少有一定影响力的人物（如奥罗宾多·高士的"整体吠檀多"、K·薄泰恰里耶的以认识论为基础的吠檀多、薄伽万·达斯以心理学为基础的吠檀多、S·拉达克里希南的"完整经验吠檀多"等），但从根本上讲，在甘地之前的吠檀多学派更多的还是以学院式的方式生存。以奥罗宾多为例，在他身上很典型地体现了那个时代较高层次印度人的特点。他和辨喜一样，也曾求学剑桥，回加尔各答后在教书、研究之外写诗、修行瑜伽并策划秘密革命。在 1905—1908 年的民族革命运动中，作为国大党中的极端派他高呼民族主义是超乎一切的最神圣的宗教，鼓吹暴力推翻英国统治的革命，失败后遁于泰米尔纳杜的法国殖民地本地治里（Pondicherry），直到去世。在这期间，他创办英文思想月刊《圣道》（Arya），建立修道院，专事瑜伽修行和研究工作，创作梵语诗歌和其他文学、思想作品。奥罗宾多退隐本地治里，不仅仅是逃避英国的追捕，那只是外在的因素——甘地把被捕入狱视为自我修炼的一种——更根本的原因在于奥罗宾多经历了种种斗争之后，开始向印度传统回归，开始追求林栖期与遁世期的生活。

　　将甘地置于上述历史人物的谱系之中，我们不难看出，以宗教界的视角来看甘地，他无疑是个另类和特殊的人物。他代表着印度教中一种新生的力量，一种源自传统却又别开生面的力量。甘地与同时代人相比，他有关印度教书本知识的积累并不突出。提拉克在狱中完成了研究吠陀的著作《吠陀所见北极之家》（the Arctic Home in Vedas,1903），甘地在 1905 年 3 月 4 日约翰内斯堡的一次演讲中还专门引用提拉克的结论来论证他的观点："提拉克先生，一位著名的梵语学者，通过天文学的研究发现，我们的吠陀本集可能有上万年的历史。"①
在后来的演讲中，他又反复引用提拉克的结论。在这里不是要深究这
一结论正确与否，或者甘地借用这一结论的目的何在，只是说明提拉
克除了大家较为熟知的作为国大党激进派领导人之外，还有"学者"
的头衔。而这种情况在当时印度精英分子中并不少见，瑙勒吉是经济
学家，奥罗宾多著述甚丰，印度穆斯林启蒙运动先驱赛义德·阿赫默
德·汗著有《〈古兰经〉注释》，而甘地除了广为人知的《我的自传》
之外，在学术上并无著述。甘地后来虽然步入了国大党高层，但是在
起点和出身上，甘地与这些精英阶层的底色还是很不一样。旧派的知
识分子，他们推崇的印度传统是以奥罗宾多为代表的知识之路和虔信
之路。辨喜确实是近代印度哲学的集大成者，他开创了新的哲学派别，
注重吠檀多中的业瑜伽，但那也是从学理上去推导，最后他的落脚点
还是在喜马拉雅山上建精舍与修道院，奥多宾多在印度南部也是做同
样的工作。而甘地则不同，他用自己的实践来践行行动的吠檀多哲学。
因此，甘地的宗教更多地强调行动，强调宗教的实际效用，而不是注
重宗教教义与文本的演变、差异等。这和辨喜、奥罗宾多等人形成了
鲜明的比照。

甘地很强调根据实际对宗教经典进行调整。"作为神圣印度教教徒，
我坚定地认为，没有任何权威能够扼杀我们自己有解释经典文本的自
由精神。言辞与人类一样，是不断进化的。即便是吠陀某文本，如果
它和理性不符，和实践不合，我们一样可以抛弃。"②甘地敢于大胆抛弃
吠陀教义，而不是如达耶难陀一样，呼吁"回到吠陀去"，根本的原因
就在于甘地是以实际效用来评判宗教经典的。

---

① *Collected Works of Mahatma Gandhi*, Vol. 4, p.200.

② *Collected Works of Mahatma Gandhi*, Vol. 39, p.320.

### 宗教仪式的凝聚效应

宗教节日与日常生活结合最为紧密，对于凝聚人心、传承文化观念有着直接的效用。被发明的宗教"节日"与"仪式"对于民族共同体情感的激发起到了重要作用。印度民族大起义也同样是借助宗教的外衣，达到了凝聚民族情感，抵御反抗英国统治的重要作用。1857年年初，英国殖民者用动物脂肪和猪油涂抹药筒，这样固然提高了装弹的速度，但对禁食猪肉的穆斯林，以及对圣牛崇拜的印度教徒而言，这无疑是奇耻大辱。他们都认为，"弹药筒是一个污辱他们并迫使他们改信基督教的阴险传教士阴谋的见证，而且这种恐怖症很快传到了孟加拉"[①]。印度士兵对英国殖民者的仇恨，经此事件后，进一步加剧升温。宗教信徒们，装扮成"圣人"的形象，他们手持薄饼或莲花，来到站岗的士兵面前。

提拉克（Bal Gang ā dhar Tilak，1856—1920）是甘地出现之前，印度民族独立运动中最有影响力、最有群众基础的领导者、宗教改革家。提拉克出身于马拉特的婆罗门家庭，20岁即毕业于孟买大学，积极参与印度民族独立运动的各种活动。他创办英文版《月光报》和马拉特文的《猛狮周报》，用媒体向普通民众宣传印度独立的思想。1884年，他参加创建具有民族独立性质的社团组织"德干教育协会"。提拉克特别注重从日常生活习俗中挖掘整合民众的因素，如1893年举办纪念象头神——伽尼什(Ganesh)的节日，1895年举办纪念马拉塔民族英雄湿瓦杰的庆祝大会。这两大庆典活动，极大地调动了民众参与独立运动的热情，唤起了印度人民的民族意识。1886年，他加入国大党并担任秘书，开始在更广阔的舞台上宣传推翻英国殖民统治，争取民族

---

① 〔美〕斯坦利·沃尔波特：《印度史》，李建欣、张锦冬译，东方出版中心，2015年，第231页。

独立的政治主张。

节日是人类独有的发明，提拉克在 20 世纪初期重塑了两个重要传统的节日——象头神节日和纪念英雄湿瓦杰的节日。这两大节日有追溯传统、纪念先人、传承宗教精髓的功能在其中。1893 年，提拉克恢复了马哈拉施特拉邦的宗教节日，以纪念湿婆的儿子象头神。这个在印度教传统中被视为智慧与财富象征的神灵，深受各阶层民众的欢迎。在提拉克的倡导下，传统的节日又一次复活。每年 AVANI 月（阳历八至九月间）的月圆之日，是象头神的神诞日，信众们会早早准备好椰子、花环、香枝、鲜果等祭祀用品，虔诚祈求象头神的庇佑。在为期 10 天的节日中，信众们涌入近邻的德干城镇，参与提拉克组织的各种歌舞、演讲、甜点、唱诵印度史诗和往世书。"印度文化民众主义的根源第一次被挖掘，且比国大党自身要更深厚，这里的民族是指严格意义上的印度教教徒。"①

提拉克"重塑"的第二个民族节日是纪念马哈拉施特拉的民族英雄湿瓦吉。贾特拉帕蒂·湿瓦吉 (Chatrapati Shivaji)，是一名马拉地族的勇士。17 世纪末，当时管治波斯高原和南亚地区的莫卧儿帝国国势转弱。湿瓦吉乘势起兵，在一番的激战后打退了莫卧儿帝国奥朗则布的军队，建立了马拉地王国。至 1680 年 4 月去世，湿瓦吉领导马拉特人共进行了 35 年的反抗莫卧儿帝国的武装斗争，把马拉特人 96 个部族联合成为独立的军事强国。他在内政上实行颇得民心的改革，驱逐了穆斯林封建主，农民的田赋减少到收成的 1/3，财政来源主要是依靠向莫卧儿帝国统治区征收的军事保护税。军事上建立了军纪严明的以农民为骨干的、善于进行山地游击战的轻骑兵。湿瓦吉领导的马拉特

---

① 〔美〕斯坦利·沃尔波特：《印度史》，李建欣、张锦冬译，东方出版中心，2015 年，第 258 页。

游击战缓解了奥朗则布吞并所有地方王国的努力。这本身也构成了近代以前印度教政权与穆斯林政权之间的争霸与斗争。

1646 年，湿瓦吉任马拉特军少年队队长，以浦那为据点展开了反抗比贾普尔苏丹和莫卧儿王朝的斗争，并把马拉特人团结成为统一的战斗集体。1674 年 6 月 6 日，经过一夜的斋戒后，湿瓦吉举行了印度国王的献祭仪式。他的妻子从金罐里倒出恒河圣水沐浴全身，他换上国王御用的锦袍后，接受婆罗门的礼赞，登基于新造的王位之上。湿瓦吉高呼，湿婆—查特拉帕提（Siva Chhatrapati）。"湿瓦吉的加冕礼是 17 世纪最重要的政治举动之一，在整个次大陆得到了广泛传扬。这是数代以来，首个地方君主在没有提请帖木儿皇帝恩准的情况下宣布拥有国王的权威。湿瓦吉通过戏剧性的举动，重申了他独立于印度穆斯林权威和政治文化之外，他建立了一个好战的印度教王国。"[①]

作为民族运动领袖的提拉克在挖掘传统资源的基础上，让好战的印度教重新复活。他于 1895 年第一次举办纪念马拉特反抗莫卧儿帝国的英雄湿瓦吉的群众大会，希望唤起关于自我身份的民族意识，并借此向英国殖民者示威。时隔两年，在 1897 年的聚会上，他高喊独立的口号，进行有激情的演讲。当有听众询问，湿瓦吉谋杀莫卧儿帝国的统帅是否合法时，提拉克找到《薄伽梵歌》中的经文宣讲道："我们甚至有权力杀掉我们自己的导师和我们的男亲戚，不要像井底之蛙一样限制自己的眼界；从刑法典中解脱，进入威严壮丽的薄伽梵歌的崇高氛围中去。"[②]

甘地的宗教，在政治与宗教结合方面，有两点特质；第一，强调

---

①〔美〕约翰.F. 理查兹：《新编剑桥印度史·莫卧儿帝国》，王立新译，云南出版集团公司，2014 年，第 207 页。

②〔美〕斯坦利·沃尔波特：《印度史》，李建欣、张锦冬译，东方出版中心，2015 年，第 259 页。

政治宗教化。甘地承接印度传统中宗教、政治相互影响、相互协商的模式，特别突出坚持政治的精神化、道德化，赋予政治以宗教和道德的维度；第二，强调宗教的实现效用，甘地开创了近代印度教行动主义的派别。不拘泥宗教教义，强调实际价值与效用，是甘地宗教思想有别于学院派哲学家、神学家最大的不同之处。

## 第二节
# 信仰与理性的统一

❧

对于信仰与理性的关系，不同的哲学家或宗教学家都有自己的阐释。"自启蒙运动以来，'信心'或'信仰'被认为是一种头脑简单，缺乏批判精神的低等知识。"[1] 在马克思看来，"宗教是被压迫生灵的叹息，是无情世界的心境，正像她是无精神活力的制度的精神一样。宗教是人民的鸦片"[2]。启蒙运动后的理性主义者将理性看作"通往天国的钥匙"，把其抬高到至高无上的地位，而对非理性的因素大加否认。英国哲学家罗素认为宗教源于对未知世界、缺乏食物、艰难世事的恐惧："我认为，宗教是由于恐惧产生的病症，是人类灾难深重的渊源。"[3] 他把科学知识作为衡量一切人类文化形式的标准，把宗教哲学简化为"自然科学判断"，于是，理性在他那里被夸大为"唯自然科学主义"。因此，在一般启蒙主义者那里，宗教中的信仰与科学中的理性完全是

---

[1] 〔加〕许志伟：《基督教神学思想导论》，中国社会科学出版社，2001年，第7页。

[2] 〔德〕马克思：《〈黑格尔法哲学批判〉导言》，载《马克思恩格斯选集》第一卷，人民出版社，2012年，第2页。

[3] 〔英〕罗素：《为什么我不是基督教徒》，沈海康译，商务印书馆，1982年，第27页。

对立的两极，无法兼容。

甘地对于宗教信仰与理性关系的理解，不同于马克思或罗素，而是有着自己独特的看法。第一，坚持用理性的观念审视传统印度教，破除其中蒙昧、落后的因素，对传统印度教中贱民制、童婚、寡妇殉葬等非理性的制度或观念大加反对。第二，不仅用理性观念审视印度教内部的愚昧和落后，也用理性观念平等对待印度教之外的宗教。甘地是基于理性的立场，包容各种不同的宗教派别。第三，在理性思考的同时，并不否认"神"，保持对宗教的虔诚与信仰。尽管甘地倡导用理性观念审视印度教、平等看待其他宗教，但甘地并不是一个无神论者，坚持祈祷、苦行的方式，追求解脱之道，这是甘地与一般民族主义政治领袖最不一样的地方。甘地用对宗教的虔诚、信仰与热忱，使自己成为具有宗教领袖魅力的政治家。总而言之，甘地既保留了对印度教的虔诚信仰，又不因宗教信仰而导致轻信、盲目和排外。在理性认识基础上，甘地较好地将信仰与理性统一起来。

### 用理性祛魅，指导政治运动

从认识论角度看，"信仰"固然是一种"主观上充足而客观上不充足的信念"（康德语），它似乎也缺乏符合其身份的应有的科学论证。然而，宗教中的信仰不仅不是认识论意义上的"低等知识"，"它更包括人类救赎的道德与本体论方面的意义"[1]。如果从现象学或心理学的角度来看，由对宗教虔诚的信仰而产生的宗教情感、宗教体验以及其相应的社会功能规范又有着积极的意义。

甘地对宗教的认识，既建立在宗教认识和情感之上，又有相对理性客观的认识。甘地对于印度传统，并不主张原封不动的接受，而是

---

[1]〔加〕许志伟：《基督教神学思想导论》，中国社会科学出版社，2001年，第7页。

对传统做了很多非正统的解释。正是因为如此，甘地才会在南非开展的凤凰村实验中，主张个人亲自打扫厕所。这一举措让他的妻子十分恼怒，因为在印度教传统中，这属于贱民阶层的工作。甘地针对印度教展开的各种改革，无论是非暴力的抗争方式还是废除贱民制度，在一定程度上让正统的印度教教徒觉得背离了印度传统。"最终刺杀甘地的印度教教徒戈登斯（Nathuram Vinayak Godse）就认为，甘地所有的改良实验都是以牺牲印度教教徒利益为代价的。"[1]

甘地用理性的思维对印度教进行大胆的革新，反思印度教传统的宗教经典。甘地反复地向经典的权威提出挑战，实际上他是把西方思想中的理性和反思批判的精神与印度传统思想结合在一起。如果对经典的权威解释和经典本身不符合，他坚决服从理性与道德，要求对经典做出新的解释："我并不相信吠陀的独一无二的神圣性，我相信《圣经》《古兰经》《阿维斯托注释》（Zend-Avesta）是像吠陀一样神圣的。我对印度教经典的信仰并不要求我把每一个词和每一节都当作是受神的启示。我也并不自称对这些神奇的书有什么第一手的知识。但我确实宣称懂得和感觉到这些经典的要义所教导的道理。不管某种解释多么具有学术性，如果它违背了理性或道德，我就拒绝接受这种解释的束缚。"[2]

甘地不仅运用理性观念审视宗教，祛除宗教中的蒙昧与落后，而且用理性指导分析他的政治活动。对于甘地非常重要的非暴力不合作策略，非暴力本身是个宗教术语，经过甘地的改造，赋予它更多的内涵。更重要的是，甘地在运用这种策略进行政治斗争时，时时以理性的态度分析斗争的力量对比和彼此态势。我们以印度民族运动斗争中

[1]〔印〕阿希斯·南迪：《最后的相遇：甘地遇刺之政治》，彭娲菡译，选自《阿希斯·南迪读本》，南方日报出版社，2010年，第47页。

[2]《青年印度》，1920年9月29日，转引自马小鹤：《甘地》，东大图书公司印行，1993年，第188页。

著名的食盐进军为例。1929年末到1930年初，印度民族独立运动遇到了很大的挫折——英国国会曾经答应赋予印度自治领地的计划化为泡影。国大党在新当选的主席尼赫鲁的带领下，通过决议，号召全力以赴发起争取印度完全独立（Purna Swaraj）的斗争。甘地一方面在他主办的《青年印度》上撰文，提出各种要求。另一方面，他在寻找一个能重新发动非暴力不合作运动最合理、最有效的方式。泰戈尔曾说他为此夜以继日，绞尽脑汁。最终，他将目标锁定为：打破政府的垄断，夺回印度人自制食盐的权利。"圣雄的许多战友都对整个主意表示怀疑和顾虑。在他们看来，这个目标太有限了。"[①]不仅如此，对于行进的路线和方式，甘地也有自己的考虑。这一年甘地已经61岁，三年前他的健康状态就很差，血压一直偏高，可是他以惊人的毅力，用24天时间走完241英里的路程。在这24天里，有关他行程的进展引起了全印度甚至国外媒体的极大关注。后来的历史证明，"这次食盐进军是甘地作为一个非暴力的使徒和一个民族运动领袖事业的顶峰"[②]。

从上述食盐进军的例子，我们可以看出，甘地从运动一开始就理性地分析以何种方式开展反抗斗争，甚至对于行进方式、路线、反抗的具体手法——到达目的地丹迪（Dandi）后将海盐高举，使之迎风散落——这系列行为都极富宗教仪式色彩的活动，无一不是经过仔细考虑而为。所以金克木先生也说："甘地的政治活动，从决策每一件小事，没有一处不是从实际出发并考虑到实际效果的。"[③]这充分说明，甘地在用理性审视宗教内部蒙昧与落后时，也善于用理性去指导政治运动。

---

① 〔意〕詹尼·索弗里：《甘地与印度》，李阳译，生活·读书·新知三联书店，2006年，第99页。

② 马小鹤：《甘地》，东大图书公司印行，1993年，第152页。

③ 金克木：《略论甘地在南非早期政治思想》，《南亚研究》，1983年第3期，第50页。

### 用理性包容其他宗教

作为一名宗教信徒与领袖，甘地表现出相当冷静和理智的一面。1905 年，甘地在南非受神智学会（Theosophical Society）的邀请，在约翰内斯堡的共济会神庙（Masonic Temple）做了四次有关印度教的演讲，该演讲在当时引起较大反响，这份演讲词后来发表在当地的报纸上。关于演讲的目的，甘地在开篇之初就指出，是要"比较不同的宗教，发现在这些宗教之下，不同信仰的人们是如何通过众多不同的道路实现对神的亲证。如果我就印度教多说几句的话，我认为有利于我们实现上述认识"①。后面的演讲中，甘地清晰地分析和回顾了印度教的起源以及佛教的兴起对印度教的借鉴作用；伊斯兰教的入侵既带来了暴力，也让低种姓印度教教徒看到了平等的希望，于是有改宗者出现；正当伊斯兰教与印度教在彼此竞争时，基督教从果阿进入印度，受之影响的梵社、雅利安社也相继成立。尽管印度教在其发展史上受到了佛教、伊斯兰教、基督教的三次冲击，但是都没有改变其本性：神是存在的，它无始无终，无任何属性或形式。但它无所不在，无所不能。灵魂是存在的，它与身体不同，灵魂也无始无终，它和最初的梵没有区别。最后，在演讲结束时，甘地说道：

> 所有的宗教都教导我们都要用爱和善意共同生活，这并不是我向你们布道或者有意的说教。但是如果我的演讲在你心里产生了好的印象，那么我希望我的同胞们也从中受益，就像当英国人受到攻击而自我防卫一样。②

---

① *Collected Works of Mahatma Gandhi*, Vol. 4, p.243.

② Id. p.247.

正是因为甘地这种宽容、理性的认识，使得他对其他宗教理解更透彻，也对自身信仰的印度教更热爱。有人怀疑说，学习其他宗教会削弱或损害信徒对自己宗教的信仰。而甘地则认为，这种学习的态度会以己之心揣度他人宗教，从而更好地理解自己的宗教。"不要有这种担心，哪怕是片刻的担心：即虔诚地学习其他宗教可能会削弱会动摇对自己宗教的信仰。""培养对其他宗教的宽容，会使我们对自己的信仰有更正确的认识。"[①]甘地以自己对基督教的学习为例，说明学习其他宗教的好处："我要对印度教教徒说，你们的生活不会完整，除非你们虔诚地学习耶稣的教诲。我的结论是：就我的经验而已，不论属于什么信仰，只要虔诚地学习其他宗教的教诲，就会使胸怀变得开阔，而不是狭窄。"[②]

正是在这个意义上，甘地反对任何既定宗教信仰者改宗、转教。他反对非印度教教徒改信印度教教徒的做法，认为自己的宗教比他人的宗教优越，从而要劝他人转信自己的宗教，是最大的不宽容。在甘地看来，真正的皈依是让信仰者更好地相信自己的宗教。甘地写道："我一贯祈祷：让基督徒成为更好的基督徒，让穆斯林成为更好的穆斯林。对我来说，这是真正的皈依。"[③]甘地极力宣扬印度教教徒中的包容特性，"为什么我是印度教教徒？据我所知，印度教是最宽容的宗教。印度教并不是排他的宗教，它使它的信仰者尊重其他的宗教，而且同化和吸收其他宗教中的有益成分。印度教信仰同一性，不仅仅是对人类生命同一性的认识，也包括了所有生命同一性的认识"[④]。

甘地对于宗教的包容态度，在对待印度穆斯林问题上，体现得更为清楚。甘地的社会思想中，实现印、穆团结是其中很重要的构想。

---

① Robert Ellsberg ed., *Gandhi on Christianity*, Orbis Books, Mary-knoll, 1997, p.85.

② Id. p.86.

③ Ibid.

④ Collected Works of Mahatma Gandhi, Vol. 40, p.291.

1919 年回国之初，甘地为支持穆斯林基拉法特运动，发动了印度有史以来最大的一次群众运动，促进了印度教教徒和广大穆斯林之间的合作。1937 年，在省立法会议选举后，印度教教徒和穆斯林之间关系紧张，甘地通过自己努力，维护两者之间的团结；1940 年，在穆斯林联盟在拉合尔决议中提出建立自己的国家，甘地依旧不放弃维护两者之间和睦的努力；最后，直到分裂已成大局之势，79 岁高龄的甘地依旧希望通过自己绝食的行动，中止当时印、穆之间的大屠杀。

这种宗教宽容是甘地宗教思想的重要内容，也是甘地有别于印度近代以来其他宗教团体和宗教领袖的重要特征。宗教宽容对印度宗教来说，是维系印度文明的一个重要原则。印度本土宗教甚多，印度教、耆那教、佛教、伊斯兰教、锡克教、拜火教、基督教、巴哈伊教等。即便占主体地位的印度教，内部也是千差万别。每个印度教教徒都在用自己的方式寻找神，膜拜万千神灵中的一位或多位，每位神明都是某种力量的化身或表现。在印度农村，从一个村庄到另外一个村庄，很少能见到相邻两个村庄膜拜相同的神明，但这从来不会引起宗教战争。

### 保持对宗教的虔诚与信仰

尽管甘地是用理性审视宗教，但是甘地宗教思想中最为突出的特征还是在于对宗教的那份虔诚，运用宗教的力量推动印度独立运动的进程。其实，用理性观点审视宗教，并不妨碍对宗教的虔诚与信仰。"纯粹理性并不破坏宗教，而是破坏它的过失。你们会丧失偏见，但是保留宗教。你们越是让宗教接近理性的光芒，在未来它就会越安全越持久地确立起自己的地位。"[1] 甘地用实际行动充分说明了这一点：在吸

---

[1] 〔美〕詹姆斯·斯密特编：《启蒙运动与现代性：18 世纪与 20 世纪的对话》，徐向东、卢华萍译，上海人民出版社，2005 年，第 180 页。

收理性观念的同时，保持对宗教的虔诚与信仰。

甘地在政治运动中坚持理性，但是理性和逻辑并不是他生活的全部。对于神与真理，甘地保持敬畏与虔诚。在他自传的前言中曾说："真理便是至高无上的原则，它包括无数其他的原则……永恒的原理，即上帝。关于上帝，有无数的定义，因为他的表现是多方面的。这些表现使我惊奇和敬畏，有时候还使我惶恐。然而我只把上帝当作真理来崇拜，我还没有找到他，但是我正在追求他。我为了达到这个愿望，宁肯牺牲我最珍贵的东西。"[①]在这里，甘地表现出的就完全是宗教信徒的一种虔诚和无理性——为了真理，宁愿牺牲自我最珍贵的东西。这份对真理与神的虔诚，甘地认为是私人的体验，而且认为他的政治活动均由此而来。"这些体验只有我自己知道，而且我在政治方面进行工作所具有的那种力量无不得自这些体验。如果这些体验真正是属于精神上的，那么就没有什么值得自吹自擂的了。"[②]甘地持久不变的信仰就是"真理"与"非暴力"，而且甘地特别强调通过体验方式证悟真理的存在。

甘地对宗教的信仰不仅仅表现在对神的虔诚上，还表现在现实生活的修行或戒律中。甘地本身没有包含具体的宗教禁忌和戒律，但是甘地本人却有自己的许多清规戒律，而且很多戒律不是一开始就有的，而是伴随着甘地思想的深化而渐渐丰富起来的。这些宗教禁忌概括起来包括四大方面：素食、体力劳作、不蓄私财、断绝情欲。尽管这些主张在印度都能找到它的宗教源头，但四个方面还是很有甘地特色。从来源上看，它们可能分属于不同的宗教派别，但是甘地极其严格地

---

① M. K. Gandhi, *An Autobiography: The Story of My Experiments with Truth*, translated from the Original in Gujarati by Mahadev Desai, Navajivan Publishing House, 1927, 前言，第 7 页。

② Ibid.

遵守这些禁忌，如严格的素食，不与妻子发生性关系，等等，属于极端苦行僧的修行方式。

甘地在生活中对宗教表示虔诚之处还有对"自我净化"的强调，也就是完全的禁欲，这也是印度古代梵行（Brahmacharya）内容之一。在甘地离开印度赴英国求学之前，他的母亲就要求他发誓在英国不近女色。而甘地真正断绝情欲是1906年在南非期间，在组织医疗队为英国人救治的时候，他认识到要全身心投入到社会事务中去，就必须放弃要更多的孩子和财富的欲望，过一种林栖期（Vanaprastha）的生活，即解脱家庭生活之累，而专注于道的修为。

甘地的素食主张，在西方国家易于理解和接受，而有的禁忌与修行，如甘地中年时期发誓不再和妻子发生性关系，则让很多人特别是西方人感到惊讶。但实际上，如果把甘地的宗教思想作为一个整体来观照，我们不难发现，甘地把苦行为核心的自我克制、自我修行当作重要的宗教道德修养来强调，其实是要把自我净化同追求真理的宗教目标联系起来，从而更好地为印度社会改革和民族独立运动服务。

甘地说"禁欲[①]字面上意味着一种生活方式——引导对上帝的亲证。缺少自我控制的训练这种亲证是不可能的。"[②]甘地认为欲望会妨碍人对上帝亲证，要想达到与上帝的合而为一需对欲望进行控制，而上面已明确指出甘地所说的上帝其实是指人的良知，那么与上帝合而为一也就是与自己的良知合而为一，达到不背离良知，随着良知而行动。这种说法与王阳明的"知行合一"相同，王阳明的"知"指的是良知，而王阳明认为"吾心之良知，即所谓天理也"，他的"知行合一"是指

---

① "禁欲"在原文中为"Brahmacharya"，由"Brahma"与"charya"两个词组成，"Brahma"在汉语中的翻译为"梵"，也就是上帝的意思，"charya"的意思是保持一致。

② M. K. Gandhi, *Key To Health*, translated from the Original in Gujarati by Sushila Nayyar, Navajivan Publishing House, 1948, p.42.

自己的行为与良知合而为一。

甘地认为人们要倾听自己内心良知的教导，良知会告诉人们什么应该做、什么不应该做、什么要去做、什么不要去做。甘地认为人难以凭借自己的意志防止自己滑出道德的轨道，只有倾听良知的警告才能防止自身的堕落。对良知的倾听有两种重要的方式：一种是在行动中倾听，一种是在内心中自白。内心自白的一种方式之一是祷告，甘地认为祷告不是迷信，"祷告不需要言语。它本身就不受任何感官的影响。我丝毫不怀疑祈祷是一种净化狂热之心的不竭手段。但它必须与最大的谦卑相结合"。甘地所说的这种祷告是将自己的所做、所想坦白在自我的良知之下，让良知对自己的所做、所想做出发感，在良知的发感面前使灵魂得到安逸。甘地在其自传中说到一件事，说他在英国的时候对妻子以外的异性产生了情欲，书中写道："正当我准备越过界限，扔下纸牌去做不好的事情时候，上帝通过好友发出神赐的警告：'你这邪念从那来，我的孩子，离开快点'"[1]。面对这种情况，甘地说他心慌意乱地迅速逃离现场。甘地回想起这件事认为是上帝拯救了他，他倾听了上帝的警告才没有越轨。

甘地认为上帝的警告教导人们不要去做什么，而上帝的号召是呼唤人们去行使他赋予的义务。"他认为，人的良心是内在于神或受神指导的，良心的声音是神的存在的最可靠的证据，这种良心能使人去恶从善，达到真理，因此服从这种良心的声音是人的义务。"[2]甘地之所以这样认为，是因为人的良知有一种特性，这种特性能够使人产生羞耻感、愧疚感、同情感、道义感、罪恶感、崇敬感、是非感，而这些感

---

[1] M. K. Gandhi, *An Autobiography: The Story of My Experiments With Truth*, translated from the Original in Gujarati by Mahadev Desai, Navajivan Publishing House，1927, p.173

[2] 黄心川：《甘地哲学和社会思想述评》，《南亚研究》，1985 年第 1 期，第 2 页。

觉的产生具有一种内发性与天赋性，也就是孟子讲的"恻隐之心，人皆有之；羞恶之心，人皆有之；恭敬之心，人皆有之；是非之心，人皆有之……非由外铄我也，我固有之也"[1]。正是这些感觉的特性让人觉得在内心中潜藏着某个东西在向自己呼唤或指责，而人要想做出有德的行为就是听从它的呼唤与指责。

甘地认为欲望是导致人堕落的根源，也是导致社会混乱与冲突的根源，而要想建立一个良好的社会必须对欲望控制。在解释印度为什么会被英国人统治时，甘地在《印度自治》一书中的回答是："不是英国人占领了印度，而是我们将印度给了他们。他们不是因力量才站在印度，而是因为我们留了他们。"[2]甘地说是印度人没受得住英国人的商品与金钱的诱惑才致使印度的沦陷，原因在于印度人没有把控住自己的欲望，从这个角度甘地将印度自治理解为对自我欲望的自制。所以，甘地认为对欲望的控制不管是自己还是对社会都是必须的。

甘地认为欲望的产生不能全归结为身体的需要，意念在欲望的产生中起了很大的作用，有些欲望根本就不是身体所需要的。在食欲方面，甘地身体力行地坚持吃素，他从三个方面对自己的吃素行为做了解释，一是"大多数的医学观点是倾向于杂食，但有一类派别的观点坚定地认为解剖学与生理学的证据倾向于人是素食者，他的牙齿、肠、胃等似乎表明在天性上人就是素食者"[3]；二是"吃奶或肉是确实有问题，为了获得肉我们必须宰杀，我们的确没有资格吃其他的奶，除婴

---

① 焦循：《孟子正义》，中华书局，1987年，第757页。

② M. K. Gandhi, *Indian Home Rule*, translated from the Original in Gujarati, International Printing Press, 1910, pp. 30–31.

③ M. K.Gandhi, *Key To Health*, translated from the Original in Gujarati by Sushila Nayyar, Navajivan Publishing House, 1948, pp.13–14.

儿时期母亲的奶外"[1]；三是"奶与肉都携带来源于它们的动物的疾病，家养的牲畜几乎没有完全健康的"[2]。甘地从身体的需要、道德、健康三个方面都强调人是天生的素食者，但其更多是想强调道德方面的不应当，在他看来宰杀动物时动物也遭受着痛苦，且这种行为过多后会使人的良知弱化。对那些需从动物身上获取的东西，他认为可以寻求一种替代物，比如从植物中去提取某些人所需要的营养物，对于那些对人来说无必要的且伤害身体的欲望更应去掉。

甘地认为人难以以自己的力量去控制自己的欲望，只有虔诚地借助上帝的善化才能真正摆脱欲望的控制。对于情欲，甘地将之限制在人类繁殖的需要下，但认为不能采取强制压制的方式，强制压制只会导致自我冲突的加剧。甘地认为欲望在很大程度上是由意念导致的，那么就通过意念的调控来达到对欲望的控制，而对于如何调控，甘地认为可通过良知进行善化。通过念上帝的名字、描绘上帝的形象阻止胡思乱想。在男女方面以亲情化的方式相互看待，在亲情的看待中消除情欲，使情欲变成情爱。甘地认为只有从良知发出的爱情才是纯洁的爱情，才能去除心中的种种欲望与邪念。

甘地将对宗教的虔诚与现实政治运动结合起来，这种例子比比皆是。甘地倡导的纺纱运动，自 1920 年发誓每天纺纱半个小时，从此以后就一直没有间断过，即使在狱中也不例外。这种的纺纱态度和方法，完全是一种宗教仪式性的，而不是在于纺纱的实际经济效用。甘地把手纺纱发展成对千百万印度穷人的鼓励，帮助他们抵抗外国布匹，从而展开争取自治的土布运动。由于他的提议，每个国大党成员必须每

---

[1] M. K. Gandhi, *Key To Health*, translated from the Original in Gujarati by Sushila Nayyar, Navajivan Publishing House, 1948, p.15.

[2] Id. pp.15–16.

天纺纱半个小时。在他的支持下，印度国旗中设计有一个纺车的图案，后来经过修改，改进成阿育王石柱上法轮的形状。

甘地对待贱民的立场和解救贱民的方式，也同样说明了它试图通过为贱民提供服务和便利——开放公共水井、神庙、道路以实现自我救赎与解脱。在这里，甘地与安倍德卡尔博士走的就是完全不同的道路，而导致这种差异的根源就是在于甘地对贱民的理解是基于一种宗教信仰——用爱去拯救世界，实现自我解脱。为了实现对贱民的帮助，甘地有时甚至偏向宗教狂热而失去理性。有关甘地偏好宗教信仰，而做出非理性推断最著名的事例就是1934年比哈尔邦发生了一次地震。甘地宣称，这是对不合理的罪孽的贱民制度的"神圣惩罚"，泰戈尔强烈地表示反对，他认为甘地的这种看法助长了非理性的力量。

甘地宗教思想中包含信仰与理性认识的统一，对于理性，甘地并不排除。不仅运用理性意识批判印度教自身的不足和陋习，而且用理性的认识看待诸宗教，从而以包容的心态平等对待伊斯兰教、基督教、锡克教等。甘地如此理性的态度，使得他的学说和理论看上去颇有些无神论的色彩。P.A.拉朱博士在他的著作《甘地和他的宗教》中专门有一章题为《甘地身上无神论的条纹》，较为形象地概括出甘地理性立场所暗含的无神论色彩。但是，甘地依旧保持对神的虔诚和信仰，毫不遮掩对真理与神的追求。

甘地以人内心的良知为"宗"，希望人们以这个"宗"教化自身，不同的个体围绕这个"宗"运转，在围绕这个"宗"的运转中自动地形成一种神爱的、有序的人际关系，在这种人际关系中形成一个和谐的社会。甘地的这种想法表达了他对一个真、善、美的世界的强烈渴求，为此也付出了自己的生命。这种想法蕴涵着一种强烈的自我崇拜，崇拜自我生命中的良知，把它当作至高无上者进行尊奉，而人的良知是人这种生物的一种机能发用的成效落在自我意识之镜上，自我意识之镜照见它的美妙后将之推崇为生命的宗。社会不会按照人的美意运转，甘地的思想与行动虽深深地影响了印度社会，而印度社会不会按照他的理想去建构，也不可能按照这种理想去建构，但在人际关系以及社会福利事业方面，甘地的这种宗教思想能够起到很大的作用。

# 第三节
## 印度思想与西方观念的融合

❧

　　甘地的宗教思想在形成过程中无疑受到了印度宗教与西方宗教的双重影响，但是甘地宗教思想的独特之处就在于，它不是对本土思想或西方观念简单地照搬和接受，而是进行了吸收与转化，最终形成既具印度本土特色又包含诸多西方现代精神的甘地思想。甘地的宗教思想在思想观念上固本化外，借鉴西方宗教与社会观念对印度传统宗教思想进行了创造性转化；在现实的政治斗争中返本开新，坚持真理与非暴力的原则，使得印度近代民族独立运动具有理性、民主和可操作性的现代政治特点。作为民族主义运动指导思想的甘地思想，较好地实现了西方观念与印度传统的融合。他将西方近代启蒙运动以来一些广为传播的理念和口号，如自由、平等、人权等与印度传统不着痕迹地融合在一起。甘地并没有单纯地借用一些西方词汇，恰恰相反，他总是强调运用印度本土的表达方式。印度传统与西方观念，无论是宗教理念还是宗教实践都可以彼此交融。正是这种既有印度传统之魂，又有西方现代政治之形的甘地思想，得到印度上至精英，下至庶民的广泛认同，从而极大地推动了独立运动的发展。

### 固本化外：摄取西方宗教观念

西方文化对印度近代民族国家的形成、思想观念的再造都有着不可忽视的影响。以英国为首的西方国家在 18 世纪就开始进入南亚次大陆，从印度近代开始，也有不少印度人远涉重洋，赴英国和其他国家学习。英国人统治南亚，南亚人走出次大陆，这种双向流动极大地促进了西方思想与印度文化相互间的交流。作为被殖民的南亚，图谋变革，改革宗教中落后的传统，向当时科学技术先进的英国学习是印度近代启蒙运动的主要原动力。甘地承接印度近代启蒙运动向西方学习的立场，也继承了 19 世纪后期印度民族独立运动中激进派对本土文化传统的强调，以一种调和的姿态，将西方观念与印度传统较好地融合在一起。甘地的这种融合能力，在面对基督教、托尔斯泰等西方宗教、思想时表现得最为明显。

甘地还在南非开展反种族歧视的斗争时，就已经注意到了托尔斯泰、罗斯金等人的著作和思想。甘地曾在不同场合下表达对托尔斯泰的敬意，以及托尔斯泰对于他自己思想观念形成所起到的主要作用。1910 年，甘地在《印度观察》中说："我一直谦逊地向托尔斯泰、罗斯金、梭罗、爱默生和其他作家学习……托尔斯泰在很长时间内都是我的老师。"[1]1928 年，在托尔斯泰百年诞辰纪念会上，甘地写道："那是四十年前，当我正陷入严重的怀疑主义和迷惑的危机之中，我读了托尔斯泰的书，天国在你们心中，深为感动。那时候我是个暴力的信徒。读了这本书，治好了我的怀疑主义，使我成为一个 ahimsa（非暴力）的坚定信徒。"[2]1908 年，甘地因领导坚持真理运动而被捕，在狱

---

[1] Indian Opinion, *Collected Works of Mahatma Gandhi*, Vol. 10, 1910, p.458.

[2] Tendulkar Dinanath Gopal, *Mahatma: Life of Mohandas Karamchand Gandhi*, Publications Division, Vol. 2, 1960, p.317.

中他又读了一些托尔斯泰的著作。我们从 1909 年甘地所写的《印度自治》一书附录中向读者推荐的书目——《论生活》(*On Life*)、《我的忏悔》(*My Confession*)、《第一步》(*The First Steep*)、《什么是艺术》(*What is Art*)、《我们时代的奴隶制》(*The Slavery of our Times*)、《我们如何逃离》(*How Shall We Escape*)中，可以看出甘地对托尔斯泰的推崇。

在纪念托尔斯泰一百年周年诞辰时，甘地把托尔斯泰的思想概括为三方面的主要特点——真理、非暴力和自食其力：

> 托尔斯泰一生中对我最有吸引力的是他身教与言行合一，不惜一切代价去追求真理……
>
> 托尔斯泰是这个时代产生的最伟大的非暴力信徒，在他以前或以后，西方从来没有人能够像他这样全面或一贯，深刻动人地描写和描述关于非暴力的问题。
>
> 第三个要义是自食其力的信条，即人人应该用体力劳动来获取面包，世界上的贫困痛苦大部分就是因为人们没有负起这方面的责任。[①]

甘地的这种概括，其实具有很强的主观选择性。非暴力、强调实践和自食其力既是托尔斯泰思想的主要内容，也正是甘地自己最感兴趣的方面。甘地的这种选择，都是将印度原本就有的思想观念加以强化，用托尔斯泰巨大的声望为自己的理论增加说服力。如果托尔斯泰对甘地某方面的理论有怀疑之处，甘地便很聪明地过滤掉，并不展开过多的论述。1909 年 10 月 1 日，甘地在写给托尔斯泰的一封信中，

---

[①] Id. pp.317–319.

讨论到印度的轮回与转世问题："在上次来信的结尾部分，你劝导人们放弃轮回转世观念。我不知道你对这个问题是否有过特别的研究。轮回与转世观念受到印度是千百万民众自觉的认同与接受，实际上在中国也是如此。也许对很多人而言，那是一种体验，而不是作为一种理论接受，它能够合理解释生命中的神秘现象。我写信给您并不是要劝您相信此信仰，而是建议，如果您觉得需要，不需要在您的读者面前宣扬此种观念，您也可以避而不谈。"[1] 托尔斯泰对此表示同意。

托尔斯泰是俄国乃至世界知名的文学家、思想家，他的思想也有多个侧面。甘地敬仰托尔斯泰，但并不是完全做托尔斯泰的"门徒"，而是吸收其思想中与印度传统、与他自己的主张相契合的部分——非暴力、坚持真理、政治实践。而托尔斯泰反对轮回转世说，则在甘地这里得不到回应，因为轮回转世观念根植于印度深厚的历史文化之中。由此可见，甘地反复宣说他受到了很多西方文学家、思想家的影响，其实更多的是甘地"发现"了这些作家与思想家，借助"他者"进一步形成了自己的观念和主张，而不是简单的挪用西方思想资源。

甘地的这种拓展，其实是在接受印度传统宗教的同时，也自觉地接受了基督教的某些观念。甘地到英国的第二年，就改变了对小时候去他们家乡传教的基督徒不好的印象。"特别是《新约》，产生了完全不同的印象。尤其是《登山宝训》(*The Sermon on the Mount*)，打动了我的心。我认为它可以和薄伽梵歌比美。'我告诉你们：不要与恶人作对。有人打你的右脸，连左脸也转过去由他打。如果有人要拿你的衣服，连大外套也由他拿去。'"[2] 甘地将对人宽容、不怀敌意、意志坚

---

[1] *Collected Works of Mahatma Gandhi*, Vol. 10, pp.131–132.

[2] M. K. Gandhi, *An Autobiography: The Story of My Experiments with Truth*, translated from the Original in Gujarati by Mahadev Desai, Navajivan Publishing House, 1927, p.63.

第五章　神圣与世俗：甘地宗教思想的特质

245

定等内容注入"非暴力"中去，而这些内容都是基督教有关宽容和爱他人的教义。如基督教中常见的"别人打你左脸，把你的右脸迎上去"（《登山宝训》），"爱你的邻居，爱你的仇敌"（参加《圣经·马太福音》第5章43节内容）等，都是基督教有关博爱、非暴力观念的具体论述。

甘地的非暴力观念，是摄取了西方宗教思想之后而形成的一种极富印度本土特色的观念。印度传统文化中，有不杀生的传统，但是也同样有杀生和尚武的传统。季羡林先生曾说："甘地毕生反对使用暴力和种姓制度，提倡非暴力，人人平等。但是《薄伽梵歌》中心思想却正是提倡使用暴力，主张种姓制度。甘地同印度其他哲人一样，是在《薄伽梵歌》中取其所需，我们不必深究。"[1]金克木先生也认为，在印度民族独立运动中，存在一文一武两个传统："主张由文化教育入手到政治自主的罗易、泰戈尔、郭克雷、辨喜、后期的奥罗宾多；主张用武力进行政治斗争夺取政权的提拉克、沙瓦尔卡尔、前期的奥罗宾多。"[2]

非暴力是印度的传统，但尚武亦是印度的传统之一。甘地对非暴力的褒扬与推崇，使得非暴力成为印度的一个典型特征。今人研究甘地的宗教思想，常常认为其中的非暴力因素在印度有着深厚的土壤，这个论断当然成立。但是，这个深厚的土壤中亦有其他精神资源。在当时的历史条件下，甘地的非暴力观念并没有得到印度教徒的完全认同。这种不认同，不仅仅表现在走武装道路还是走立宪和谈道路的差异，而且表现在如何挖掘印度传统资源、如何"锻造"新传统的看法上。"对主流印度（尤其是印度教）文化而言，尽管甘地有能力将各种对立统一起来，他所倡导的社会变革内容，以及要求印度人民投入政治运动的诉

---

[1] 季羡林：《〈薄伽梵歌〉译本序》，《薄伽梵歌》，张宝胜译，中国社会科学院，1989年。

[2] 金克木：《略论甘地之死》，《南亚研究》，1983年第4期，第36页。

求，却具有极大的颠覆性。尽管在那个时期只有少数知识分子认识到这一点，但许多在旧制度和建制中既得利益的保守分子嗅到了甘地宗教思想中的颠覆性。正如作为保守派暗杀者日后所言，他所有的改良实验都是以牺牲印度教教徒作为代价的。"[①]因此，对于甘地之死，印度当代思想家南迪与中国的金克木先生，都认为是印度内部文化的差异性刺杀了甘地。印度文化始终是一个由多元和矛盾构成要素组成的复合整体，内部各种规则和亚文化都有各自侧重和强调的重点。非暴力是经过甘地不断挖掘、倡导、吸收本土与西方思想资源后"再造"与"发现"的，并不是理所当然地蕴含在印度传统之中的。

从甘地对印度传统的选择和对西方宗教思想的摄取中，我们可以看出，甘地一方面"固本"，将印度本土中既有的"不杀生"的主张进行强化；同时"化外"，将域外的思想资源、宗教观念内化为自我传统的一部分，从而建构出新的传统。正是在这个意义上，甘地的宗教思想呈现出与印度传统与西方观念相融合的特征。

### 返本开新：吸收西方公民政治观念

非暴力是甘地宗教思想核心内容之一，非暴力学说在现实政治中的具体运用便是甘地反复倡导的"坚持真理运动"（Satyagraha）。甘地的坚持真理运动，既有印度古代苦行观念在其中，也借鉴了西方公民不服从运动的方法，是印度宗教精神与西方政治斗争方式相融合的产物。

苦行，Tapas，原意为"热"，因为印度炎热，宗教信徒们把受热作为苦行的主要内容。Tapas 在印度教经典里有时指宗教苦行，有时指

---

① 〔印〕阿希斯·南迪：《最后的相遇：甘地遇刺之政治》，彭嫣菡译，选自《阿希斯·南迪读本》，南方日报出版社，2010 年，第 47 页。

肉体上的禁欲和苦行。在甘地这里，苦行具有较为广泛的含义。从最表层的要求看，如节制欲望、素食布衣、忍受磨难、甘愿牺牲、宽容克制等。甘地本身没有宣称有哪些固定的苦行要求或宗教戒律，很多苦行方式并不是一开始就有的，而是伴随着甘地思想的深化而渐渐丰富起来的。甘地有的苦行方式，如素食主张，可能在国内外都容易理解和接受；而有的苦行方式，如甘地中年时期发誓不再和妻子发生性关系，则让很多人特别是西方人感到惊讶。

对甘地坚持真理运动产生重要影响的公民不服从传统，最早由美国文学家、思想家梭罗（Henry David Thoreau,1817—1862）提出。梭罗1817年出生于马萨诸塞州的康科德，1837年毕业于哈佛大学，是个品学兼优的学生。毕业后他回到家乡以教书为业。1841年起他不再教书而转为写作。在拉尔夫·沃尔多·爱默生（Ralph Waldo Emerson, 1803—1882）的支持下，梭罗在康科德住下并开始了他的超验主义实践。

1845年7月4日美国独立日这天，28岁的梭罗独自一人来到距康科德2英里的瓦尔登湖畔，建了一个小木屋住了下来。并在此之后根据自己在瓦尔登湖的生活观察与思考，整理并发表了2本著作，即《康考德和梅里马克河上的一周》（*A Week on the Concord and Merrimack Rivers*）和《瓦尔登湖》（*Walden*）。

在瓦尔登湖生活期间，因为梭罗反对黑奴制（Negro Slavery）而拒交"人头税"而被捕入狱。虽然他只在狱中蹲了一宿就被友人在未经他本人同意的情况下，替他代交了税款保其出狱，但这一夜却激发他思考了许多问题。出狱后曾有一些市民问他为什么有许多人宁愿坐牢也不愿意交税。为解释这一问题，他结合自己的亲身体验，写成了著名的政论《抵制国民政府》（Resistance to Civil Government，后改名为 Civil Disobedience）。Civil Disobedience 即为公民不服从，指发现某一条或某部分法律、行政指令不合理时，主动拒绝遵守政府或强权的若干法律、要求或命令而不诉诸暴力，这是非暴力抗议的一项主要策略。在该篇文章中，梭罗也提到了另外两种对抗不公正的反抗方式，一种是默认（Acquiescence），对不公正的默认；另一种是暴力反抗（Violence)，以暴力对抗不公正。当然，他并不支持这两种方式，不过当不公正达到一种极点时，暴力反抗也是必须的。

甘地坚持真理运动最特别的地方就在于将印度传统的苦行观念与西方公民不服从的政治运动结合在一起。甘地将宗教修为中非常注重的苦行因素加入政治主张之中，有两方面的作用：第一，将苦行为核心的自我克制、自我修行当作重要的宗教道德修养来强调，将个体的自我净化同全社会追求真理的宗教目标联系起来；第二，在政治斗争的关键时刻，恰当地运用苦行的方式，如绝食、甘愿受罚等，迫使对方改变观念或者修改具体的政策、措施。这两个方面，归根到底都是为印度社会改革和民族独立运动服务。

甘地在什么时候接触到梭罗，不同学者的看法不一。有学者认为，甘地1907年阅读了美国思想家梭罗的文章《文明不服从》，并在同年9月提出了 Satyagraha 这个名称。[①] 也有学者经过更加细致地研究，认为《青年印度》杂志上刊登有甘地通过征集名称，最终确立南非开展的不合作运动为 Satyagraha，甘地第一次读到梭罗的文章是在甘地被捕入狱后。[②] 但不管是哪一种说法，可以肯定的是梭罗的"公民不服从"对甘地在南非和印度开展的在英国法律框架范围内各种反抗斗争提供了方法上的借鉴和参考。

---

① George Hendrick, "The Influence of Thoreau's Civil Disobedience on Gandhi's Satyagraha", *New England Quarterly*, Vol.29, pp.462–467.

② Elizabeth T.Mclaughlin, Thoreau and Gandhi: "The Date", *Emerson Society Quarterly*, Vol.43, p.65.

国内外有不少学者对甘地开展的坚持真理运动有过统计和归纳，如任鸣皋曾绘制过甘地绝食一览表（参见《论甘地——中国南亚学会甘地学术讨论会论文集》），乔登斯也曾有过总结（参见其著作 *Gandhi's Religion: A Homespun Shawl*），这里我们不全部照搬甘地 15 次左右的坚持真理运动，而选取其中几次为典型代表，分析甘地是如何将苦行与现代政治结合起来的：

| 时间 | 地点 | 原因 | 苦行方式 | 目标及效果 |
|---|---|---|---|---|
| 1919 年（50 岁） | 艾哈迈达巴德 | 反对《罗拉特法案》，甘地发动罢工，但引起暴力骚乱，甘地绝食自责 | 无条件绝食，绝食 3 天 | 动乱停止 |
| 1924 年 9 月 18 日（55 岁） | 德里 | 印度教教徒和穆斯林冲突，仇杀 | 无条件绝食，绝食 21 天 | 两教派领袖保证和睦后，10 月 8 日进食 |
| 1932 年（63 岁） | Yeravda 监狱 | 在狱中反对麦克唐纳裁定书中关于贱民单独选举的规定 | 有条件绝食，绝食 6 天 | 殖民政府撤销了这一规定，9 月 26 日恢复进食 |
| 1939 年（70 岁） | 拉吉科特 Rajkot | 拉吉科特邦王公压迫民众，甘地为争取民权绝食 | 绝食 4 天 | 期满进食 |

总观甘地所有的坚持真理运动，甘地的苦行主要集中在国内政治上，苦行的主要目标是实现民众现实权利和利益的改进，而不是用此方法直接反对英国殖民的统治。在甘地全部 18 次通过苦行展开的斗争中，只有 3 次是针对英殖民统治者，而其他的 15 次都是针对改善教派关系、推进宗教改革而进行的。而在甘地对英国的 3 次苦行中，我们可以很明显地发现，即便甘地通过苦行抗争，也不一定取得预期效果，

比如反抗《罗拉特法案》，最终《罗拉特法案》并没有收回或修改，只是平息了因为法案而引起的印度各地的骚乱。

因此，甘地开展的多次坚持真理运动，在外人看来都是有明确的政治目标，如提高工人工资、改善贱民生活状况、停止政治活动中的暴力斗争等，所以英国统治者认为甘地的苦行是"政治敲诈"，而国内的工厂主或土邦邦主认为甘地是在制造"政治高压"。但是甘地的出发点，却是自己对宗教的一种独特理解。特别是最后，因为印巴分治已经在所难免，印度教教徒和穆斯林之间出现了大规模仇杀，甘地从神的角度来理解自我使命，认为是自己没有尽到该有的责任。这种理解，在宗教意识极为深厚的印度，很容易引起相关问题者的共鸣。"当甘地绝食，所有的印度人都会屏住呼吸，所有城市在夜晚不点灯，以便在黑暗中更接近他。"[①]而一旦民众对相关宗教问题有了响应，就更易于实现政治改革的目标。

苦行是甘地宗教思想中的重要内容，无论是极端化的绝食、禁欲，还是日常的素食、布衣、祈祷等，都是甘地思想的有机构成。甘地本人在世间完全是一名极端宗教苦行者的形象：从最初在英国西装革履到穿土布衣服，最后变成半裸的游方僧；从素食、日落不食、节日只吃一顿到数十年间不进食盐；在个人生活方面，从节欲到最后完全禁欲。甘地通过苦行实现自身的宗教追求，出发点虽然极富印度传统色彩，但斗争目标和策略却与现实政治紧密相连。印度的宗教传统与现代政治在甘地宗教中较好地结合在一起。

甘地宗教思想存有印度本土的色彩，无论是非暴力还是坚持真理运动中的苦行，都是印度传统的一种延续。甘地运用传统的代码和象

---

[①]〔美〕埃里克·埃里克森：《甘地的真理——好战的非暴力起源》，吕文江、田嵩燕译，中央编译出版社，2010年，第310页。

征，极大了拉近了和普通民众的距离，改变了国大党温和派倡导的立宪道路无法与普罗大众沟通的不足。与此同时，甘地并不排除西方思想资源，在强化印度传统的同时，将域外思想资源内化为本土传统的一部分。特别是其中对公民权利与利益的追求，对每次运动明确目的的强调，都使得甘地不同于国大党温和派的立宪道路，也不同于国大党激进派暴力革命的行动。甘地固本化外、返本开新，将印度传统与西方观念较好地融合在一起。这为改革印度内部弊端、加强与英国政府的对话与谈判，创造了有利的外部条件。

06

流布四方：
甘地宗教思想的影响

甘地的宗教思想呈现出混合、杂糅、新奇的特质。这种混合表现为宗教观念上融合了印度与西方的宗教；这种杂糅表现为印度传统与现代的交融。这种新奇表现为亦东亦西，不今不古。

在哲学上，真理观是其宗教哲学的自然流露，在政治与经济思想（非暴力不合作、印度自治论）上，也都带有浓厚的宗教色彩。这种宗教色彩极为浓厚的甘地思想对当时印度民族独立运动的发展具有什么作用，产生了何种影响？一直有着不同的看法。

1920 年，共产国际第二次代表大会上，列宁与 M.N. 罗伊（印度代表）就甘地现象发生了争论。列宁认为，各国的民族解放斗争都是反对帝国主义的革命力量，"甘地作为一场群众运动的鼓动者和领导者，他是革命者"。而 M.N. 罗伊则反对这种观点，他主张甘地"是一个复兴宗教和旧文化的人，那么在社会方面就必然是反对派，不管他在政治方面看起来是多么革命"[1]。在 20 世纪 30 年代，苏联史学界全盘

---

① 陈峰君：《关于甘地的四次论争》，载《论甘地》，任鸣皋、宁明编，上海社会科学院出版社，1987 年，第 176 页。

否定甘地在印度民族运动中的作用，认为甘地的非暴力思想是对英帝国的妥协，甘地是"帝国主义的帮凶"。到了50年代，印共（马）总书记南布迪里巴德（E.M.S.Namboodiripad）反对采取简单几句话评价甘地这样一个极为复杂的历史人物，他在《圣雄甘地与甘地主义》（*The Mahatma and the Ism*）一书中指出了甘地的伟大之处——联系广大群众，关注他们的生活、问题、情感，但同时他认为甘地是在向普通民众传播冒昧主义思想，这是站在与马克思和列宁相反的立场。同属于社会主义阵营的中国，在20世纪80年代之前，对甘地的评价在很大程度上与共产国际的看法较为一致，评价的重心也主要是从阶级立场来分析，"把握甘地的阶级属性正确评价甘地"是1984年中国南亚学会甘地学术研讨会上较为集中的主题。

而在英、美国家，对甘地宗教思想的影响一般较少用阶级斗争的立场去分析，而强调甘地对于缓解政治对立双方所起到的调适作用。琼·邦杜兰特（Joan Bondurant）是甘地生前好友，她于1958年出版《征服暴力：甘地的冲突哲学》（*Conquest of Violence: The Gandhian Philosophy of Conflict*），这是最早分析甘地非暴力斗争策略对于解决政治冲突所起作用的知名著作；芝加哥大学鲁道夫夫妇（Lloyd I.Rudolph, Susanne Hober Rudolph）在合著的《传统的现代性：印度的政治发展》（*The Modernity of Tradition: Political Development in India*）中认为，甘地的思想适应了现代政治运动发展的需要，对于印度现代社会的形成具有重要影响。

本章对于甘地宗教思想所产生影响的分析，将在前人分析的基础上继续推进。甘地的宗教思想的影响主要表现在两大方面：第一，甘地运用宗教的方式、方法开展各种政治运动，一方面提升了普通民众的自信心、自尊心，使自我意识进一步觉醒，敢于为自己的权益、为印度的独立而斗争；同时，由于印度特殊的宗教环境，这种对宗教的过分强调，使得民众的宗教身份意识强化，容易滋生宗教狂热，被教派势力利用，从而产生负面影响。第二，甘地的宗教思想，看似不合现代化的发展之道，所以独立后甘地从印度主流话语中淡出。但是，甘地宗教思想中暗含自我约束与自我提升的观念，在经济上恰好对无限扩展的现代经济形成规约；在政治上有利于形成底层自治、草根民主的等级共治政治秩序。将甘地置于印度传统与现代性的维度中展开，我们可以发现甘地宗教思想对于西方意义上的现代性所起到的解构与纠偏的作用。

# 第一节
## 印度民族独立运动中的双重效用

❦

　　甘地用通俗易懂的语言、简单易行的祈祷、节制素朴的生活方式、富有启发意义的语录体表达、对非暴力的坚守与对西方文化的强烈批判使其成为普通民众广为接受的巴布（Bapu）、圣雄（Mahatma）。甘地在宗教上的这种威望与声誉，是同时期国大党以及其他任何政治领袖人物都无法企及的。甘地的这种广泛影响，对于处在民族国家形成期的印度具有重要影响。他用自身的宗教魅力征服了最广大的信徒，数百万印度人在甘地身上重新找到自我，重新认识自我，这对于建立民族认同感、维系文化统一性起到了重要作用。同时，甘地对印度教改革的立场，触怒了印度教内部保守派，引发了部分正统印度教教徒的不满，刺激了印度教极端派势力的发展；甘地宗教思想无可避免印度教立场，伤害了穆斯林的感情，不利于印度教教徒与穆斯林之间的团结。甘地试图在宗教框架内解决印、穆分歧与冲突，并没有得到穆斯林联盟领导人的认可，反而加速了穆斯林的分离倾向。

### 自我觉醒与身份认同：宗教思想的凝聚作用

普通民众之所以认可甘地，除了甘地运用方言、语录体的表达，拉近了与民众的距离，传统的服装与饮食习惯暗合了大众对圣人的期盼之外，很重要的一点在于，由于甘地鼓动民众运用的斗争方法——非暴力抵抗——在很大程度上成为手无寸铁的中下层民众保持尊严与信心最方便、最有力的方式。印度民众早已蛰伏的宗教情感找到了新的皈依和表达，这种新的皈依与表达一方面延续着传统的宗教归属感，同时也形成了对印度人身份的新认同。

甘地所倡导的非暴力斗争手段，除了调和统治者与被统治者之间的矛盾之外，最主要的贡献在于激发了被统治者的信心，使民众为了共同的目标团结在一起。尼赫鲁在《印度的发现》中说，甘地最大的贡献就是消除了印度人内心对英国人的害怕与恐惧感。"甘地所说的只有部分为人接受甚至没有被接受，但这不是最重要的，最重要的在于，甘地的教义精髓是无畏、真理以及与此相关的行动。"[1]在甘地之前，多数印度人面对英国的统治内心充满恐惧。"怕军队，怕警察，又怕广布各地的特务；怕官吏阶级，怕那意味着镇压的法律，还怕监牢；怕地主的代理人，怕放债人；又怕经常待在门口的失业和饥饿。"[2]甘地的出现，非暴力抗争手段广泛运用，让各阶层民众找到了争取自己权益与地位的最佳方式。他们对统治者的恐惧消失了，取而代之的是自我意识的觉醒与对"印度"的新认同。

在甘地之前，多数印度人为自己的柔弱感到羞愧，就连甘地自己也是如此。甘地在自传中记载了他偷偷食肉的故事，而促使他和他的伙伴敢于打破素食戒律，尝试食肉的一个重要原因就在于，他们认为

---

[1] Jawaharlal Nehru, *The Discovery of India*, Penguin Books, 2004, p.393.

[2] Ibid.

素食导致他们软弱无力，素食让印度人受人欺辱，沦为为英国的殖民地。"我们是一个孱弱的民族，因为我们不吃肉。英国人所以能够统治我们，就因为他们吃肉。"[①] 他们对于找到的印度孱弱理由也许是错误的，但是对于"印度孱弱"这一集体意识，在当时却是广泛存在，一如当年中国人被帝国主义称为"东亚病夫"。

甘地的种种实践，如坚持真理运动、印度自治与神治、废除贱民制、印穆团结等主张与实践让各个阶层的民众面对的各种统治与压迫的力量内心不再有恐惧，自我信心开始复苏。贱民开始争取平等权；古老的村社不再仅仅是"东方专制主义的基础"，而具有田园诗般的美好；坚持真理让民众面对殖民政府具有了道德上的优势，从前害怕英国的牢狱，如今争先恐后地走向监狱；殖民者和王公显贵奢华的住所，突然间不再让人羡慕而变得可笑粗俗；即便是富人，也不再炫耀他们的财产，而更愿意穿土布衣服，和以前出身卑贱的人看上去无甚差别。印度从近代启蒙运动开始，罗易、泰戈尔、奥罗宾多、辨喜等知识精英推动的各种宗教改革为印度教注入了新的活力。上层精英意识到印度传统文化的价值，如辨喜，他极大地促进了美国等西方世界对于印度教的认识。但是，知识精英的自我意识的觉醒与自信并不意味着普罗大众的觉醒与自信。在甘地之前，没有哪个宗教改革领袖的主张与实践能够如此深入到印度各阶层民众中去，甘地用他超凡的宗教领袖魅力做到了这一点，而对于"甘地主义的形成与甘地领导权的确立"（林承节语）很重要的意义在于，普通民众开始对殖民者不再恐惧。芝加哥大学政治系教授鲁道夫在《传统的现代性》中对于甘地的影响也有过类似的论述："甘地对于民族主义运动的形成，除了坚持真理运动

---

① M. K. Gandhi, *An Autobiography: The Story of My Experiments with Truth*, translated from the Original in Gujarati by Mahadev Desai, Navajivan Publishing House, 1927, p.19.

所包含的斗争技巧之外，更重要的战略意义在于：它为印度人的赢得自尊开创了行动之道，而在此之前印度人一直笼罩在英国人否定性判断之中。"①

　　甘地对于普通民众信心提升所起的重要作用，我们从甘地第一次开展坚持真理运动中就可以窥见一斑。1917年初回印度不久，在为艾哈迈达巴德的工人争取提高工资的斗争中，为解释自己的非暴力主张和当时争取工资斗争的进展情况，甘地每天下午都会和工人领袖安娜舒耶一起来到工人居住区演讲。每天都有5 000人，有时会接近10 000人，一些人是走了两三英里的路才到，"观看这位腰缠土布的小个子演讲——因为很少有人听得清他的讲话。他们知道，他仅仅是在详细阐述传单上的内容，而那些传单已经由少数识字的工人宣读过"②。从1917年2月16日到3月19日，在一个月的时间里，甘地和同人共发出了16份传单，差不多是每两天一张。传单既有罢工的具体目标——提高工资的35%，也有通报具体谈判的进展情况，还有对非暴力抵抗原则的大力宣扬。为了更好地团结更多的工人和农民参与到斗争中来，甘地设法赋予每日下午固定的聚会以一定的仪式：数千人等待几个小时，然后为甘地和他的同伴让道；大声朗读当天的传单以及甘地进行阐释时，全场静穆；收尾是集体高呼起初的誓言，接着许多团体进行友好的歌咏比赛："他们为这个场合创作了新歌，有些博得大声喝彩的打油诗，有些则明显反映了传统的宗教情感正在转移到这一新的社会

① Lloyd I.Rudolph, Susanne Hober Rudolph, *The Modernity of Tradition: Political Development in India*, The University of Chicago Press, 1967, p.161.

② 〔美〕埃里克·埃里克森：《甘地的真理——好战的非暴力起源》，吕文江、田嵩燕译，中央编译出版社，2010年，第288页。

体验中。"①

　　当时的工人们演唱的歌曲被记录了下来：

　　　　不必害怕，我们有圣人相助，

　　　　如果我们将饿死，那就饿死吧，但是我们不放弃我们的

　　决心是正确的。

　　　　愿神赐予仁慈的甘地伟大的光荣和声望，

　　　　无意间他使我们如梦方醒。

　　　　仁慈的甘地吉和我们的姐姐安娜舒耶，

　　　　愿他们的名字流芳百世！②

　　工人们演唱的歌曲很好地表达了他们内心的想法："不必害怕，我们有圣人相助。"甘地不断丰富的斗争方式与方法，从发放传单、集会祈祷到后来的食盐长征、具有象征意味的纺纱等，都具有提升信心、凝聚人心的重要作用。因此，当瑞士记者采访甘地的长子、印度历史学家拉吉莫汉（Rajmohan Gandhi）时，他就认为："甘地成为印度人……一个对所有的阶级、对所有的种姓、语言和宗教具有同等感受力的印度人。数百万印度人在他身上重新认识到自我，不管是富人还是穷人，也不管是印度教教徒还是穆斯林群众，他们都感到与他息息相关，并且从他身上获得了一种归属感。"③

　　因此，甘地宗教思想最具影响力的一方面就在于，它使得甘地具

---

①〔美〕埃里克·埃里克森：《甘地的真理——好战的非暴力起源》，吕文江、田嵩燕译，中央编译出版社，2010年，第300页。

② Ibid.

③〔瑞士〕贝尔纳德·伊姆哈斯利：《告别甘地：现代印度的故事》，王宝印译，人民日报出版社，2009年，第158页。

有广泛的影响力和号召力，使普通民众在甘地这里找到了信心和新的认同。"人民肩头上一层恐惧的黑幕就这样突然地揭掉了，当然还不是整个被揭掉了，但是已到了惊人的程度。"[1]恐惧心被克服的同时，也是建立对"印度"的新认同，而这一切在与印度民族独立运动互为因果的互动中不断发展。

### 双刃剑：宗教间的对立与冲突

甘地的政治斗争具有浓厚的宗教色彩，激发民众为自我权利而斗争、为"印度"的自由而努力。但是事情从来都是一分为二的，甘地有意识地利用宗教，援引宗教到政治斗争中去，对现实的政治运动也产生了一定的负面影响。这些负面影响主要表现为：由于甘地自身的改革立场，让正统印度教教徒认为它背离了传统印度教，印度教内部既有的分裂，特别是激进印度教派，在甘地宗教思想的刺激下更加活跃；同时，由于甘地不可避免的印度教立场，让印度穆斯林受到了排挤和伤害。尽管不是有意为之，但是在某种程度上，对于巴基斯坦最终从印度分离出去，甘地的主张客观上起到了刺激作用。

（1）甘地思想与印度教极端派之间的对立

对于印度教而言，甘地不是复兴派，而是改革者。从甘地思想的内涵上分析，它突出之处在于一直试图将底层的、非婆罗门的、商人和农民文化的特征视为真正的印度教，并试图将这些边缘文化擢升为印度主流文化。而正是这一点，触动和惹恼了印度教的保守主义者。印度教激进派、崇尚武力的派别在甘地的刺激下，更加活跃与激进。在甘地思想产生之前，激进派就已经存在，但是甘地宗教思想的形成，强化了他们的危机感，刺激了印度教内部的进一步裂变。

---

[1] Jawaharlal Nehru, *The Discovery of India*, Penguin Books, 2004, p.393.

印度教极端派势力在 19 世纪末、20 世纪初期获得了很大发展。印度教大斋会（Hindu Mahasabha）、印度国民志愿团（Rashtriya Sva-yam-sevak Sangh，简称 RSS）都是 20 世纪 20 年代在甘地领导的印度民族独立运动高潮时期成立的。他们的政治口号一般多是保护印度教利益、复兴古代印度教国家、保护神牛、推广印地语与天城体书写等。"在政治斗争方式上，他们甚至学习法西斯主义。印度教民族主义领导人亲自到意大利参观学习，对法西斯集权主义领导人墨索里尼和希特勒十分崇拜。"[①]印度教极端派的成立与发展，有其理论渊源，如达耶难陀"回到吠陀去"的极端主张；有其现实条件，如反抗英国残暴与严酷的殖民统治。但从宗教文化的历史深处看，甘地非暴力的主张与极端派的主张与行动完全是相对立的两极。甘地越是对非暴力宣扬，在一定程度上就越是刺激和催生了极端派的发展。

印度教本身就是个混合体，内部有各种不同的教派与主张。"印度教"是近代才有的概念，基本上是西方人用以指称多数印度人所信奉的宗教。"南亚人通常根据本地的种姓阶级和族群来界定他们自己，这些之中没有哪一部经典、一个神或一种宗教导师普遍地为人接受，而可以说是印度教的核心。"[②]在英国统治之前，印度教内部一直都有改革的力量，如中世纪的帕克蒂运动，都是在旧有的种姓制度框架下，推动种姓制与等级制的改革。但是从整体上看，由于印度传统的经济结构与发展水平没有根本性变化，印度教社会中的阶序观、等级制度并没有受到根本的触动。随着英国殖民统治的到来，旧有的经济格局完全被打破，原来的社会上层与统治集团在不断地瓦解与分化。

---

[①] 邱永辉：《印度宗教多元文化》，社会科学文献出版社，2009 年，第 99 页。

[②] 〔美〕西贝尔·夏塔克：《印度教的世界》，杨玫宁译，台湾城邦文化事业股份有限公司，1999 年，第 22 页。

甘地的宗教思想得到了多数下层百姓的认可，并不意味着它得到了旧制度和旧建制中的既得利益的保守分子的支持。甘地宗教思想包含多个思想侧面，但从根本上看，它试图在保持印度传统社会等级与模式的基础上，引入西方自由、平等、博爱的观念。而正是后者在很大程度上，对于近代急剧变革的社会中失势的旧势力形成了巨大的挤压。

印度教极端派的发起人和积极分子很多都是来自传统的婆罗门阶层。国民志愿团创始人海德格瓦（Keshav Baliram Hedgewar）就出生在一个婆罗门家庭。在 20 世纪 20 年代，他曾积极参与甘地领导的民族运动，还因为参与甘地领导的不合作运动而被捕。海德格瓦在狱中反思了自己的立场，出狱后公开批评甘地的非暴力思想。他认为："印度教教徒之所以受苦受难，是以因为太软弱，又缺乏团结。要改变这种现状，印度教教徒就必须组织起来并拿起武器。他决心寻找一条新路——一条不同于甘地和尼赫鲁所提倡的民族建设模式的道路。"[1]1925 年 9 月，国民志愿团在海德格瓦的组织下成立，这个被人们称为印度教原教旨主义者的团体对当时的民族独立运动，对 20 世纪 90 年代印度人民党的崛起、印度政治格局的改变都产生了重要影响。

正是由于甘地对非暴力思想的宣扬致力于提升下层民众自我意识与社会地位，这一切给失势的婆罗门和旧贵族带来了巨大的压力。他们将自身社会与经济地位的下降归因于甘地宗教思想的传播。废除甘地非暴力思想、弘扬传统的尚武精神成为部分极端派树立的目标。而这一思想发展到极致就是消灭这一思想创始人的肉身——刺杀甘地——也就顺理成章变成了具体行动。也正是基于这种文化心理，甘地最后被印度教教徒杀害。在甘地 1948 年遇刺身亡之前，1934、1944、1946 年还有三起对甘地的行刺事件，这三次事件都发生在婆罗

---

[1] 邱永辉：《印度宗教多元文化》，社会科学文献出版社，2009 年，第 100 页。

门势力强大的马哈拉施特拉邦。而且 1948 年甘地遇刺，并不是戈德塞一人所为，但是一同完成任务的两个人事先彼此不知。这些都充分说明印度教内部反对甘地者大有人在。

刺死甘地的戈德塞（Nathuram Vinayak Godse）也是上述所言失势的旧势力人物的代表，他同样来自婆罗门阶层。根据金克木先生的研究，戈德塞名字中，第一字是本人名，第二字是父名，第三字是家族的姓，这是西南地区婆罗门的习惯，而且他是西南种姓中的一个高级分支。[①] 这支种姓曾经在文化和社会地位上居于很高的地位，还曾从事作战，表现勇敢。在没有刹帝利种姓的地区，这一支算文武兼备，但是他们的地位在英国入侵后大大下降。大约 20 岁时，戈德塞在印度民族独立运动高潮时期投身政治运动，参加了以复兴印度教统治地位为目标的印度教大斋会及在其实际领导下更为激进的组织"印度国民志愿团"。后来戈德塞创办了报纸《先锋》（Agrani），宣传反对甘地和反伊斯兰教以及其他非印度教教派的政治主张。由于立场过于激进，该报纸被政府封禁。

甘地的非暴力主张对和平主义与自我控制的强调，让昔日作为武士阶层的刹帝利深感厌烦。戈德塞和他的同伙都来是吉特巴万族（Chitpavan）的婆罗门，他们以骁勇善战著称。"他们认为甘地主义是对印度教教徒的'阉割'，这一说法在孟加拉邦和马哈拉施特拉邦中的中产阶级和高级种姓阶层中尤为盛行。"[②] 再以甘地反复吟唱的《薄伽梵歌》为例，戈德塞同样熟读这部印度教经典，"在遭遇甘地之前，戈德塞有着传统婆罗门的特性：掌握了第一手传统宗教文本知识，能铭记

---

① 金克木：《略论甘地之死》，《南亚研究》，1983 年第 4 期，第 38 页。
② 〔印〕阿希斯·南迪：《最后的相遇：甘地遇刺之政治》，彭嫣菡译，《阿希斯南迪读本》，南方日报出版社，2010 年，第 62 页。

整篇《薄伽梵歌》，并且熟读《瑜伽经》( *Patanjal Yogasutra* )、《笛安尼须瓦尔书》( *Dnyaneshwar* ) 和《图卡拉姆颂诗》( *Tukaram Gatha* )。①在正统的婆罗门看来，《薄伽梵歌》分明就是黑天与阿周那就真正的战争进行的讨论，结果是劝服了阿周那遵守自己的达摩，杀死俱卢族将士。因此，《薄伽梵歌》在戈德塞看来是对尚武精神、达摩观念的宣扬。而甘地却从阿周那的犹豫中读出了他的非暴力和怜惜生命的思想，这与传统的解读完全相反。凡此种种，都不断推动和催生着印度教极端派对甘地的排斥与厌恶。

我们从戈德塞刺杀甘地的行为及其被审判时的陈述，也可以看出甘地在当时受人排斥的一面。当戈德塞刺杀甘地时，他首先向甘地鞠躬，然后冷静地开枪射击，并且事后他并没有逃走。他后来说，如同《摩诃婆罗多》中黑天教导阿周那大义灭亲，他也是这样完成了自己的职责。戈德塞被捕并最终被判死刑，在他出席法庭进行最后陈述时，现场的反应是："全场观众都感动此情此景，当他说完以后，现场非常安静。许多妇女在哭泣，男人止不住咳几声，摸索着掏出手帕。偶尔的轻声啜泣和压抑的咳嗽使现场的安静更有感染力……如果要这些观众组成陪审团，并负责对戈德塞的上述作出裁决的话，他们将以压倒多数的票判决被告——'无罪'。"②

---

① 帕坦伽利所著的《瑜伽经》是印度教的圣典之一，记载了印度教哲学六大分支之一的瑜伽哲学及其修行方法，是孔雀王朝以来最重要的经文之一。

《笛安尼须瓦尔书》的作者笛安尼须瓦尔，1275 年出生于马哈拉施特拉地区，是 13 世纪印度教著名圣徒、马拉提语诗人。《笛安尼须瓦尔书》是笛安尼须瓦尔在他 16 岁时所写的薄伽梵歌注释，具有很好的学术性和文学性。

图卡拉姆（1608—1650），是印度教传统中的圣徒和帕克蒂运动中卓越的宗教诗人，在马拉提语文学中的地位相当于莎士比亚在英国文学中的地位。

② 〔印〕阿希斯·南迪：《最后的相遇：甘地遇刺之政治》，彭嫣菡译，载《阿希斯南迪读本》，南方日报出版社，2010 年，第 75–76 页。

刺杀甘地是浮出历史地表的极端事例，这背后却反映出当时印度社会存在的反对甘地思想与主张的暗流。甘地用他超凡的魅力征服了大部分印度人，特别是来自底层的民众。但新思想、新势力崛起的同时总会与传统思想、旧势力形成冲突，"作为印度社会特权阶层的一员，戈德塞的实际经济地位以及青少年时期的经历与地位形成了巨大反差。暴力、极端主义和政治复辟集团核心人物通常都来自这样的背景"[1]。即便国大党内部——在甘地改造之前是印度上层精英俱乐部——反对甘地基本主张的人也不在少数。"在经济、社会和其他各种事情上，甘地持有坚强的见解……并没有很多人全部接受这些见解，也有些人不赞同他的基本观点。"[2]这些反对甘地的政治势力、宗教派别因为甘地而聚集、合拢。因此，我们可以说，甘地的宗教思想刺激了印度教在近代的裂变。

我们不能说印度教极端派的出现归因于甘地，但是"善"与"恶"互为因果的转换，却是颠扑不破的真理；"播下龙种收获跳蚤"更是复杂历史条件下的常见现象。印度文明与其他所有文明一样，内部包含了多种亚文化。印度教更是如此，它始终是一个由多元和矛盾构成的复合整体，内部各种规则、教派、亚文化都有各自的侧面与重点。随着英国等资本主义国家的入侵，殖民者"破坏一个旧世界，又不自觉的推动历史的发展"。在这个亘古未有的大变局中，传统的印度均衡被打破，各种地方势力、种姓阶层、利益集团在不断的分化与组合之中重新再聚集。甘地自身的宗教立场与改革主张背离了印度教正统派的立场。那些曾经失势的旧势力（他们的失势从根源上讲，并不是甘地带来的，而是传统社会急剧的变迁导致他们经济地位与社会威望的下

---

① 同上书，第 60 页。

② Jawaharlal Nehru, *The Discovery of India*, Penguin Books, 2004, p.397.

降或改变）却因为甘地而心生恨意，图谋革新。甘地无意刺激极端派，但是极端派却以甘地为靶子，找到了斗争的新目标。这便是甘地对于印度教内部裂变所产生的、无法逃避的负面影响。

（2）受伤的穆斯林

甘地宗教立场与实践对于印度穆斯林的负面影响，对于印巴的最终分治，如同甘地之于印度教内部的裂变所起作用一样，都只是一种"触媒"，起到了一个刺激作用。尽管不是有意为之，但是甘地宗教思想自身的局限性无法避免产生这种负面作用。印巴分治的根源在于英国人"分而治之"的统治方式，也在于穆斯林自我意识的觉醒。近代民族国家、政治权利等观念的传播，议会道路、选举政治引入次大陆，都为近代以来经济与社会地位不断下降的印度穆斯林提供了一个为本派教徒争取地位与权益的便利方式。上述因素是推动穆斯林与印度教教徒不断背道而驰，最终分道扬镳的根本原因所在。而甘地用宗教开展政治斗争，无法避免自身的印度教立场，又恰恰诱发、启示了印度穆斯林对自我身份的明晰与再定位。正是在这个意义和角度上，我们才可以说，甘地的宗教思想对于印度穆斯林造成了负面影响。

甘地的宗教思想对穆斯林造成的负面影响，主要是由两种方式造成的：一、宗教性的口号，二、宗教性的思维方式和斗争方式。

第一，宗教性口号对穆斯林造成的伤害。

甘地宗教思想包含有很多面向，为了更好地被下层百姓接受，他运用了很多易于诵读、记忆的口号，如真理就是神、非暴力（Ahimsa）、坚持真理（Satyagraha）、自治（Swaraj）、罗摩之治（Ramarajya）等。这些口号，并不是甘地随意选择的，而是经过深思熟虑选定的。这些宗教口号有易于传播与接受的一面，但是却也有对非印度教教徒造成排斥和伤害的一面。

甘地"发明"宗教性口号、术语、运动，多数都是甘地深思熟虑的产物。如坚持真理运动（Satyagraha），是甘地在南非为印度侨民争取合法权益，开展的第一次不合作运动后特意命名的。对于这次颇有影响力运动的命名，甘地通过南非的报纸广泛地向印度侨民征集，最终才确定用 Satyagraha。

甘地选择 Satyagraha 有多重考虑：不用英语词汇，因为这是印度人反对殖民统治的斗争；用梵语词根，因为印度很多语言由梵语演化而来，易于多数人群接受；含有坚持真理与爱、非暴力的含义，与甘地的宗教立场相符合。虽然甘地考虑很多，但是却有一个思考的"盲点"——没有兼顾到其他教派，特别是穆斯林的感情。穆斯林学者阿比德·侯赛因（Abid Husain）就认为："甘地发明的这个词汇，是情绪与目的的混合……非暴力抗争意味着最大可能的受难与自我牺牲。"[1]因此，不同宗教背景的人，特别是广大穆斯林，对理解甘地的宗教口号，所产生的效果并不一致。"坚持真理运动"这个词语只是一个例证，甘地思想中的其他词汇都有宗教色彩在其中。甘地反复呼喊的"罗摩之治"更是具有强烈的印度教色彩，这些口号对于当时印度教教徒与穆斯林关系本来不甚友好，甚至对立的历史现实，有可能进一步造成了印、穆之间的隔离、分歧和仇恨。

用宗教口号表达感情，不仅仅是甘地个人的行为，在当时民族独立运动中，也受到国大党以及众多印度教教徒的推崇。1937 年，国大党执掌各省内阁时，各省立法议会开会时首先演奏被国大党视为民族歌曲的《母亲万福》，这首歌是反对伊斯兰的，也是崇拜偶像的，印度穆斯林对此深为厌恶。它最早出现在般吉姆（Bankim Chandra Chattopadhyay,1838—1894）的孟加拉语小说《欢喜寺》（*Vande Matarm or*

---

[1] Fred Dallmayr, "Gandhi and Islam: A Heart and Mind Unity?", from *The philosophy of Mahatma Gandhi for the 21 Century*, edited by Douglas Allen, Lexington Books, 2008, p.146.

*Bande Matarm*）中，在小说中穆斯林被描绘成灵魂肮脏而又逞强好斗的异族人。不仅如此，穆斯林还调查到，"在不少邦和地区，很多学校每年为把真理（Satya）和非暴力（Ahimsa）思想传播给全世界的甘地举行生日庆典，悬挂并崇拜圣雄甘地的画像，宣扬他的崇高思想"。[1]

甘地操控宗教词汇易于激发民众内心宗教感情，但是印度多种宗教并存的现实，使得他的口号对非印度教徒会造成伤害。印度近代以来，穆斯林由于地位的下降，内心对印度教教徒充满了戒备心理。"许多伊斯兰教徒的心中一直有着一种恐惧，怕那个主要的宗教团体，即印度教教徒的，会压倒其他团体。"[2]甘地的宗教口号没有顾及印度广大穆斯林的感情，无意间对他们造成了伤害。

第二，宗教性思维方式和斗争方式对穆斯林造成的负面影响。

不仅仅甘地的宗教口号伤害了穆斯林的情感，更重要的还在于，甘地是用一种宗教的思维处理不同教派和不同利益集团的诉求。它试图用宗教情感与提升道德水准的办法实现政治理想，这背离了现代政治，特别是当时印度已经完全接受英国移植而来的议会政治、民主选举的方式。在这一点上，穆斯林联盟后来的领导人真纳与印度贱民领袖安倍德卡尔一样，他们都主张为少数族裔实现单独选举、在议会中设立保留席位，而这一点遭到了以甘地为首的国大党的激烈反对。甘地与安倍德卡尔、真纳的努力方向完全一致——赶走英国殖民统治者、提高不可接触者地位、促进印度教教徒与穆斯林之间的团结，但是对于实现目标的手段与道路，却大相径庭。甘地试图用宗教手段解决印度穆斯林问题，最终效果却适得其反。

---

[1]〔巴基斯坦〕M.A. 拉希姆等，《巴基斯坦简史》，四川大学外语系译，四川人民出版社，1976年，第349页。

[2] Jawaharlal Nehru, *The Discovery of India*, Penguin Books, 2004, p.421.

甘地以自己在南非成功地将印度教教徒、穆斯林、拜火教教徒共同团结起来，为印度人争取权益的实践而骄傲。回到印度，他试图延续在南非那个小地方的斗争经验。1920 年，甘地积极支持印度穆斯林为声援土耳其哈里发的基拉法运动。甘地当然知道印度教教徒与穆斯林之间一直都存在矛盾和冲突，基拉法运动中两个教派都有大量信徒被捕，"他们之间在宗教与社会上隔阂太根深蒂固了，以致在监狱中他们也不能合在一起"①。而对于实现印、穆之间的团结，当时国大党、穆斯林联盟可以说，都没有一个较为科学、全面的方案。"我们在争取自由的斗争中没有明确的理想和目标，这毫无疑问地助长了教派主义的发展。"②

　　教派问题后多与经济问题交织在一起。1921 年，喀拉拉地区爆发莫普拉起义（Mappila Rebellion），这是 1918 到 1920 年间印度反对运动高潮中最大规模的农民起义运动。大部分莫普拉是低级种姓、信仰伊斯兰教的农业工人和雇佣农民。他们所起义的目的就是要反对地主和高利贷者的剥削，而这些地主多数又是印度教教徒。本来这是与宗教无涉的农民起义，"可是在英国统治者的煽动下，起义被认为不是因为农民对残酷剥削的不满，而是对印度教教徒的仇恨"③。莫普拉起义是一个例证，充分说明当时穆斯林不满印度教教徒的根源在于他们经济地位的落后。而对于后来愈演愈烈的印穆冲突，特别是印度教大斋会与穆斯林之间的冲突，甘地并没有一个相对科学、有远见的解决方案，而是片面地强调用宗教中的爱与包容对待穆斯林。"在不合作运动开始的时候，甘地就已经规定了解决教派问题的方案。他认为只有多数派

---

① 〔巴基斯坦〕M.A. 拉希姆等，《巴基斯坦简史》，四川大学外语系译，四川人民出版社，1976 年，第 312 页。

② 〔印〕尼赫鲁：《尼赫鲁自传》，张宝芳译，世界知识出版社，1956 年，第 155 页。

③ 陈延琪：《印巴分立：克什米尔冲突的滥觞》，新疆人民出版社，2003 年，第 95 页。

表示善意和宽宏大量才能解决这个问题。"①对待印度穆斯林，甘地的侧重点在于强调用情感和宗教，而这种努力方向对于穆斯林现实境况的改善效用不大。

对待这个问题，穆斯林联盟领导人真纳与甘地的宗教立场大为不同。真纳的思想经历了从不支持印度穆斯林分离到支持分离的转变，这不是本文论述的范围，暂且不论。但是，真纳与甘地一样，曾经远赴英国求学，都是英帝国的律师。在后来的历史进程中，真纳逐渐成为一个头脑冷静的理性主义者，他拒绝甘地对草根阶层的动员方式，而倾向走议会道路、政治和谈之路，积极为印度穆斯林争取单独选举。撇开具体政见上的差异，从思维方式上看，真纳孜孜以求的是"分离但平等"的印穆关系，而甘地追求的是多信仰和谐相处的理想模式。

正是由于甘地用宗教视角看待印穆分歧问题，使得甘地在面对真纳为首的穆斯林政治上的分离与独立的诉求时，无法提出一个合理有效的应对之策。甘地反对两个民族理论，反对穆斯林的分离倾向。但是1940年4月，甘地在《令人困惑的形势》的文中写道："我无法用非暴力方式迫使八千万穆斯林同意其他印度人的意愿，尽管多数人的意见应该被考虑。印度穆斯林与其他非穆斯林一样有自己决断的权力，我们目前是个联合大家庭，每个成员都可以宣称分治。"②当然，甘地有很多前后矛盾、彼此冲突的言论，我们不能据此一点说明甘地支持穆斯林分离运动。但是甘地上述讲话内在的逻辑与他一以贯之的宗教立场还是相当契合。即为了非暴力的宗教理念，穆斯林独立也是可以接受的。

凡事有利有弊，对于甘地的宗教思想，我们也应该作如是观。这

---

① 〔印〕尼赫鲁：《尼赫鲁自传》，张宝芳译，世界知识出版社，1956年，第153页。

② *Collected Works of Mahatma Gandhi*, Vol.78, p.109.

样并不是责备甘地，苛求甘地，而是基于当时印度历史条件的客观分析。甘地用宗教领袖的超凡魅力，在唤醒印度民众自信心与自尊心的同时，也激发了不同教派的信徒们更加清晰的自我认识，加速了印度教极端派的成长与穆斯林的分离倾向。甘地试图用非暴力的宗教方法解决现实的政治问题，不料却催生了印度教极端派与印巴分治的"恶果"。印度近代急剧的社会变迁中，启蒙主义带来的个体意识的觉醒、经济与社会地位变迁带来的"身份焦虑"、英国的殖民统治方式（建构法律、议会、现代媒体、推行分而治之策略等）使得不同利益集团、不同教派都在寻找自我权益与表达：这些因素是造成上述"恶果"的主要原因和决定性力量。甘地无法避免地卷入了这个历史的洪流之中，这也是甘地宗教思想这把"双刃剑"难免割伤印度的一面。

## 第二节
## 现代化转型：独立后的发展困局

❋

在早期的印度民族独立运动中（1885—1905），运动主要的领袖都接受了英国教育。这些精英（包括后来的甘地）大多在英国学习法律，多数来自当时经济较为发达的孟加拉、孟买和马德拉斯的中产阶级。这些带有"亲英"色彩的精英们，在学习英国法律与文学的同时，也将近代欧洲树立的价值观念与政治制度传播到印度。尼赫鲁尊敬甘地，但他对甘地反现代化的立场有所保留。尼赫鲁认为现代工业、科学和技术都是印度所必需的。单纯的降低自己欲望，无法满足普通民众对生活舒适与享乐的追求。不仅如此，尼赫鲁认为，现代印度最大的威胁来自宗教社团对政治共同体的威胁。在他看来，世俗主义最为关键的一步是实行民主制度。尼赫鲁的世俗国家遵循着"社会主义 + 民主"的基本原则，一切印度的宗教伦理都要为这两条基本原则让步。①

尼赫鲁的世俗主义国家的理念，即便在他执政期间，都受到保守势力的掣肘。1976 年通过的《印度宪法修正案》强调国家应该适当保

---

① 张弛：《印度政治文化传统研究》，中国政法大学出版社，2014 年，第 228 页。

护印度教徒的权利，保证任何种姓的民众都能进入印度教的庙宇。这些主张其实回避了现代法制最基本的"法律面前人人平等"的观念，忽视了国家行动应该以扩大全体民众福利、维护社会公正的基本目标。这不能简单地理解为尼赫鲁的世俗化路线不彻底，而恰恰说明，在印度，以甘地为典型代表，基于宗教伦理反对现代政治的理论与实践，拥有着深广的群众基础。

### 整体人道主义的反世俗化

摆脱英国的统治后，印度已完成民族独立的任务，但独立后的印度应该走向何方，不同背景、不同观念、不同利益的人有着不同的想法与回答。但大体上国家的体制以宪法的方式得以规定，印度共和国的宪法规定印度是一个世俗国家。尼赫鲁担任了印度共和国的总理，鉴于苏联的迅速崛起，他认为印度也应采取苏联的发展方式，以国家集中投资的方式来推动社会的工业化与经济建设，以此建立大机器工业。但尼赫鲁并不认同苏联的政治模式，他将社会主义与民主原则结合起来，架构一种民主社会主义的意识形态，并用这种意识形态指导国家的建设。但政府中的人并不是全部都是世俗主义者，其中还有很多在政府中任职的人是印度教民族主义者，这些人反对尼赫鲁的模式，并提出一种新的意识形态来反对尼赫鲁的意识形态。

1965 年 4 月 22 日至 25 日，迪达亚尔·乌帕德亚亚（Deendayal Upadhyaya）[①]在孟买举行了四场讲座，讲座的主题是"整体人道主义"，此次讲座中印度教民族主义者的哲学理念得到集中阐述。迪达亚

---

① 迪达亚尔·乌帕德亚亚（1916—1968 年），民族志愿服务团的一位思想家，Bharatiya Janata Party（婆罗多人民党，现在常见翻译为"印度人民党"）的前身 Bharatiya Jana Sangh（婆罗多人民团）的创始人之一。他在一次火车盗窃事件中丧生，1968 年 2 月 11 日在穆加尔萨赖转乘火车站（Mughalsarai Junction railway station）附近的铁路轨道上被发现死亡。

尔·乌帕德亚亚提出这种意识形态是明确地反对尼赫鲁的民主社会主义，这种意识形态在印度教民族主义者中有着广泛的认同。

（1）整体人道主义的思想内容

这里的"整体人道主义"是对原词"Integral Humanism"的翻译。英语中的"Integral"是完整的、整体的意思，"Humanism"由"human"与"ism"构成，"ism"有理论、主义的意思，"human"意思是人或人的，"Humanism"翻译成汉语就是"人的理论"或"人的主义"，也就是人性论——关于人的属性是什么的理论。"Integral Humanism"的意思是完整的人的属性理论，使用这个词时不只是想阐述一种理论，而是认为应从整体的角度来了解人性，然后按照整体的人性规划一条人应该走的道路，所以这里将"Integral Humanism"翻译为"整体人道主义"。

当印度教民族主义者提出这套主义，并认为是印度人应走的道路，甚至认为是人类应走的道路时，他们认为这种主义是一种宗教民族主义，认为并不是一般所说的宗教，也不是一种狭隘的民族主义，而是一种关于人的真理。他们自己也对民族主义进行批评，这样看来好像他们不能被称为"印度教民族主义"，如果不是那就不能将他们纳入印度教民族主义这个概念下讨论。可以肯定地说，用"印度教民族主义"这个词对他们的意识形态进行性质判定是准确的。但这里需对"宗教"这个词作一说明，所谓的"宗教"是立宗以教，"宗"是根本的意思，"教"是教导的意思，"立宗"以教是指祈求寻找或树立一种根本性的东西来教导或规范生活，并认为要以这种根本性的东西来建构社会，以使个人在这种教导中获得应有的愉悦，社会以这种教导获得维持、稳定、和谐、繁荣。他们认为这种"宗"就是宇宙中的法，这种"法"创生了万物，所以他们认为他们说出是真理，而不是一种随便的信仰。而他们的任务就是重新揭示这种法，并向世人宣告，且使这种真法落实到人类生活中。他们认为印度的古人揭示了这种法，并将这种法贯彻到了生活与社会中，后来背离了这种法导致印度社会的衰落，那么印度想重现繁荣起来就得恢复法在社会的地位，恢复到印度的先祖所揭示与倡导的真法中。他们认为法的恢复与重建并不是旧的秩序的回归，而是真法的保存，所以他们认为不能将他们的思想简单地贴上"复古主义"与"保守主义"这些标签。

以真法作为教导的根据，指导个人的生活、社会交往以及社会的建构，而这种真法是什么？他们认为是印度人所特有揭示的生命整体原则，这种对生命作为一个完整的整体的看法是印度人与众不同的地方，而人的生活应是一种完整的生活，印度人应以完整的生活作为自己的原则、理想与目标，整体原则应作为印度人统一的原则。这是一套关于人的普遍理论，具有普世价值。

（2）国法与宗教法的新定位

他们认为人是一个完整的整体，这个整体有四个方面的属性，分别是身体（body）、心灵（mind）、理智（intellect）、灵魂（soul）。这四个方面不能分开来看，任何偏向某个而忽视与否定另外几个方面，都会对人的发展造成问题；四个方面需要协调发展，这样人才会得到真正的进步。

在身体与灵魂的关系上，他们认为：对身体的重视不能忽视灵魂的重要性，而对灵魂的关注也不能忽视身体的重要性，两者需要协调，而印度人对灵魂有着独特的关注。身体是心灵、理智、灵魂的承载，身体有着自己的需要与欲望，对身体的需要与欲望不能压制但应得到节制，身体的需要与欲望是人生的一个方面的目标，但不能成为人生唯一的目标。身体的快乐应得到满足，但不能仅仅将身体的快乐看作是物质需要上的满足，身体的快乐同样需要心灵上的快乐，如果心灵上的不愉快，即使再好的物质满足也不会使人得到快乐。理智上的快乐同样也很重要，如果一个人理智上是陷入混乱的状态，他的身体也会陷入一种疯狂的状态。他们认为印度人独特的教导并不只是关注灵魂，不关注身体，但印度人对灵魂的关注是独特的，随着时间的推移印度人更多是走向灵魂的关注。

由身体、心灵、理智、灵魂四个方面的关系导出人生要有四种致向，这四种致向分别是法（dharma）、财富（artha）、满足（kama）、解脱（moksha）。这四种致向是人生的四重责任，是一个完整的整体，需综合看待，不可分别看待。法是指导活动的规范，欲望涉及各种自然的需要，解脱一般被看作是最高的致向，但他们认为这样看是不对的，手段是由身体上的需要与其余的欲望所产生出来的，手段服务于身体上的需要与其余的欲望。法可以帮助财富的实现，财富的获得要用法来规范，法帮助财富与满足的实现，也只有在法的指导与规范下财富与满足才能实现。法的践行需要依靠财富，财富的增长有助于加强法的贯彻。解脱虽被看作是一种最高的致向，但单独的解脱，对灵魂可能并没有多大好处，解脱需要在四种致向中协调进行。欲望也是必要的，如果欲望没有文明将会停止，法将无所依附，但必须得到法的规范。在这四者中法更为重要。欲望与财富以协调的方式获得与满足才能获得解脱。

由四种致向的关系导出的关于经济、政治、社会关系的看法及其理论为：

1）民族与民族的文化

当追问民族是什么以及民族成立的条件的时候，他们的回答是："民族源于摆在人们面前的一种目标，当一个群体中的各个个体居住于一个目标、一个观念，一个使命，以及将一个特定的地方视为故乡时，这个群体组成一个民族。"①他们认为民族构成必须有两个条件，一个是持有共同的观念，另一个是有特定的故乡。

---

① Humanism，http://www.archivesofrss.org/Why-Hindu-Rashtra.aspx.

对于一个民族得以共立的精神内核，他们认为"在身体中存在一种'自我'，是个体的本质，当他与身体的关系断开时，个体将死亡。同样地，有一种观念或基本的原则是民族的灵魂"①。他们对一个民族之为一个民族的解释是：民族的灵魂使一个民族成为一个民族，而灵魂是不变的，这种灵魂的不变性叫作同一性，正是民族灵魂的同一性保证这个民族之为这个民族。民族灵魂有一种天性，这种天性不会因历史环境的改变而改变，这种天性也不会因文化的改变而改变，反而文化是在因这种天性所创造。他们称这种天性为"Chiti"，"Chiti决定了民族文化层面的前进方向"，"'Chiti'是一个民族的灵魂，依靠'Chiti'的力量，民族的每个伟人将'Chiti'灌注到行动中，民族才会兴起、强壮、雄健"。

印度教民族主义者用民族灵魂与民族的器官来解释社会机构与民族的关系。"灵魂的建构，用Prana的力量，不同的器官作为需要被感到，以此维持生活的目的。就像灵魂在身体中产生不同的器官，同样在民族中不同的器官被产生是为了达到民族的目的。"民族的器官就是各种机构与制度，包括家庭、种姓、行会，婚姻制度与所有制也是民族的器官，国家是民族器官中的一种重要机构，但国家不是民族，国家服务于民族，在以前是没有国家民族依靠法的修行而存在。国家只是一个机构，国家不应压制其他机构的作用，压制将会导致其他机构效率的下降。国家应不一定代表民族，国家可能是外族人的国家，但民族不一定变成这个国家的民族，国家在生活中不应占据中心地位。

2）道法与国法

法是维持社会的东西，国家的宪法应不应与法相违背，且应从法中产生。这种法是人性中的基本性质，这种是一种先天法，先于一切

---

① Humanism，http://www.archivesofrss.org/Why-Hindu-Rashtra.aspx.

世法而先存在。国家应维护法。在国家中立法机构、司法机构不是最高，最高的是法，人民也不是最高的，人民违背法应当受到惩罚，任何人都不能违背法。法高于民意。政府做什么应由法来决定。国家的权力不可过大，国家权力过大会导致法的衰落，对国家的权力需限制。当国家的权力过大时，政府官员会忽视他们应有的责任，以他们的权力去获得利益。

3）个人与社会机构的关系

个人生活于各种社会机构中——家庭、社区、行会、国家，个人是社会机构中的一个成员，而且多个社会机构中的成员，在不同的社会机构中有着不同的成员身份，所以一个人有着多重身份，但一个人应以一种不使自己的生活陷入相互冲突而是相互补充与协调的方式来处理社会关系，这种追求协调的品质是人所固有的。人与人之间、人与机构之间、机构与机构之间是互补关系，不存在根本的冲突，如果冲突存在是堕落的表现而不是本性的结果。

（3）整体人道主义的组织架构

婆罗多人民团（Bharatiya Jana Sangh）[①]是一个印度教民族主义者建立的政治组织。该组织发起人为希亚玛·普拉萨德·慕克吉（Syama Prasad Mukherjee）[②]。1951年10月21日，希亚玛·普拉萨德·慕克吉与民族志愿服务团（RSS）的戈尔瓦卡（M. S. Golwalkar）商议后在德里发起组建婆罗多人民团，他本人成为该组织的第一任主席。婆罗

---

[①] "婆罗多人民团"是对原词"Bharatiya Jana Sangh"的翻译，有的翻译为"印度人民团"，"印度"这个词对应的是"India"，而这个用的是"Bharatiya"，用"印度"这个词翻译"Bharatiya"与"India"，在中文中就变成了一个词，而在在印度人那里这两个词是不同的。

[②] 希亚玛·普拉萨德·慕克吉（1901—1953），印度独立前当过律师，1947年8月15日，印度总理尼赫鲁将希亚玛·普拉萨德·慕克吉引入过渡中央政府任工业和供应部长，在与尼赫鲁发生争吵后退出印度国民大会党。

多人民团成立时就是一个反对以尼赫鲁为代表的印度国民大会党的政治组织。希亚玛·普拉萨德·慕克吉 1953 年死后，迪达亚尔·乌帕德亚亚便担任婆罗多人民团的领导人。

婆罗多人民团将迪达亚尔·乌帕德亚亚的整体人道主义视为其官方哲学，认为这套哲学是他们看待世界、社会、个人以及改造印度的思想指导。人民团在其网站上写道：

> 潘迪特·迪达亚尔·乌帕德亚亚是 1953 年至 1968 年婆罗多人民团的领导者。他是一位深刻的哲学家，忠诚的组织人和领导者，一个在公共生活中保持高标准的个人正直与尊严的领导者，他也是自 BJP 开创以来意识形态指导与道德激励的源泉。他的论文《整体人道主义》是对共产主义和资本主义的批判。它为政治行动和治国方略提供了一个整体的替代性的视角，它符合人类的需要和我们自然本性的可持续性。[①]

### 暗流涌动的教派主义

印度右翼社会文化团体国民志愿服务团（RashtriyaSwayamsevak-Sangh，简称RSS），不仅在印度民族独立运动中有重要影响，而且对当代印度政局走势也有举足轻重的作用。

国民志愿团的创始人海德格瓦（KeshavBaliramHedgewar）曾经参与甘地的非暴力不合作运动，并在运动中被捕入狱一年。在这个过程中，海德格瓦时刻对印度时局进行反思，他逐渐认清了甘地的理念也不能为印度的民族和宗教冲突提供完美的解决方案。海德格瓦出狱之际正值穆斯林的反印度教情绪高涨时期，社会上频现各种突发事件。

---

① 引文来源于 BJP 的网站，http://www.bjp.org/en/about-the-party/history?u=ideologue。

在海德格瓦看来，这些都是穆斯林发起的对印度教徒的迫害，原因是印度教徒明明在人口上占据优势却还在不断遭到占少数人口的穆斯林的伤害。他感到自己有义务帮助印度教徒树立信心，教会他们保护自我。就在这时，海德格瓦阅读了沙韦卡尔（Vinayak Damodar Savarkar）所著的《印度教特性》，非常赞同其中关于印度教徒是一个单独民族集团的观点，并很快就在这本书的鼓舞下成立了印度国民志愿服务团。①

RSS 成立于 1925 年的十胜节。② 十胜节是印度教中用来纪念罗摩战胜魔王罗波那的节日，庆祝正义战胜邪恶。③ 对于崇拜罗摩的 RSS 来说，精心挑选这个日子作为成立之日是一个吉兆。RSS 成立的地点在马哈拉施特拉邦的那格浦尔市。马哈拉施特拉邦是马拉塔人的故乡，17 世纪湿瓦吉（Chatrapati Shivaji）在这里领导了反穆斯林的起义，建立了统一的印度教国家马拉塔帝国。④ 湿瓦吉的统治在这个地区一直延续下来的最大成就就是他所首创的团结、独立的民族精神。这种民族精神到了 19 世纪甚至也令英国殖民者感到震惊。

海德格瓦去世后，戈尔瓦卡（M. S. Golwalkar）继任 RSS 最高领导人。戈尔瓦卡是一名本比海德格瓦更加正统、更加教条化的印度教徒，这使得戈尔瓦卡带领下的 RSS 呈现出了更高的凝聚力和活力。戈尔瓦卡撰写了一系列著作，对印度教民族主义、印度教特性、印度教国家等观点进行了理论化、系统化的表述。他的基本观点是：印度这个国家应当在地理、种族、宗教、文化、语言上都是统一的，亦即印度只能是印度教徒的国家。⑤ 这些明显具有狭隘的民族主义性质的理论

---

① 邱永辉：《印度宗教多元文化》，中国社会科学文献出版社，2009 年，第 101 页。

② 同上。

③ 轩书谨编：《玛雅·印度·巴比伦探索发现大全集》，高等教育出版社，2011 年，第 230 页。

④ 孙士海、葛维钧主编：《印度》，社会科学文献出版社，2010 年，第 130–131 页。

⑤ D. V. Kelkar, "The RSS", *Economic* Weekly, February 4, 1950.

基本上奠定了 RSS 此后的意识形态。

在目前的 RSS 官方网站上，RSS 陈述了它崇高的使命：把印度锻造成一个走在世界前沿的伟大民族。要实现这个民族使命，必须把目前分散状态中的印度从精神上和物质上都组织成一支无敌的力量。并且，这个任务的完成必须有印度教的保障。他们认为印度的强大也是实现整个人类福祉不可避免的前提。[1]考虑到印度是一个多民族、多宗教、多文化所构成的国家，这个使命包含着强烈的排他性和极端性。

RSS 企图用印度教文化保障印度统一的实现，不仅出于对印度当前多语言、多民族、多宗教所造成的分散局面的现实思考，也具有一定的历史依据。他们认为，大多数的其他宗教团体成员都是改变了宗教信仰的早前印度教徒。[2]毕竟，印度教中阶级歧视色彩浓厚的种姓制度使低种姓人群不堪压迫，改变宗教信仰成了低种姓阶层和表列种姓人群摆脱世袭的种姓桎梏的唯一途径。而且，即使伊斯兰教在 16 世纪成了国教，马拉塔帝国还是在一百年后成功建立并一直维持到英国殖民者入侵，这也说明统一而强大的印度教国家的复兴是现实可行的。

尽管在成立之初创始人海德格瓦给 RSS 的定性是一个致力于社会工作、弘扬印度教文化的文化组织[3]。但根据其在日后的发展过程中呈现出的特征，人们往往将其定性为准军事组织。出于对国大党缺乏组织力和印度教人民需要防御力的深刻感悟，海德格瓦认为，为了实现他们的至上目标，成员有必要每天进行身体和精神上的训练。在 RSS 的最基层组织"纱卡"每天一小时的集会中，以青少年和年轻人为主

---

① www.rss.org.

② 〔印〕金舒克·纳格：《莫迪传：街头小贩到大国总理之路》，陈义华、霍舒缓译，花城出版社，2015 年，第 55 页。

③ 邱永辉：《印度宗教多元文化》，中国社会科学文献出版社，2009 年，第 281 页。

的成员们除了念诵梵语祈祷文，还会练习印度传统的游戏和体育项目，从西方引进体育项目是排除在外的；并且在这些训练中，命令都是用梵语发出的。这些项目从海德格瓦创立之初就一直流传下来。一些即使是体力上的活动实际上也是为了达到宣传印度教民族主义价值观的目的。同时，因为训练项目中包含了印度传统武术，需要使用棍棒、刀剑等器具，也给纱卡的集会填充了深厚的军事气氛。

事实上，在 RSS 壮大的过程中，拥有如此激进的印度民族主义意识形态和明确的社会改革目标，从文化传播走向政治和军事手段是一种必然的需要。印度人民党的起源人民同盟的建立也是 RSS 出于表达政见、维护自身利益的政治需求组建的。后来人民同盟和其他政党联合组成了人民党，但是后来人民党因为党员不能同时作为 RSS 成员的问题分裂了，党内的原 RSS 成员最终另成立了印度人民党。于是，至今RSS 都一直是印度人民党（Bharatiya Janata Party，BJP）的精神源泉。

RSS 在一系列印穆教派冲突中扮演了重要角色。1947 年印巴分治之时，RSS 竭力煽动印度教徒的敌对情绪以鼓励印度教徒迁出巴基斯坦。1966 年，RSS 曾与印度人民同盟国民志愿团联合发起禁止宰牛运动，反对穆斯林宰杀母牛。20 世纪 80 年代起，为了复兴印度教，RSS联合其他组织一起在印度掀起声势浩大的"重建罗摩庙""恢复罗摩盛世"的运动，最终导致了 1992 年阿约迪亚的寺庙冲突。

正因为过于极端的观点和行为，自成立以来 90 年的时间，RSS 曾经数次被取缔。造成其首次被取缔的是 1948 的圣雄甘地被刺事件。杀害甘地的凶手是《印度教民族报》的编辑，也是印度教大会成员、前任 RSS 成员。尼赫鲁早就洞察到 RSS 的威胁性，曾形容其"在本质上是一支私人武装"，"在沿着最严格意义上的纳粹路线前进"[①]。这一次刺

---

① 张高翔：《印度教派冲突研究》，人民出版社，2012 年，第 130 页。

杀，被尼赫鲁认为是由 RSS 首先发起的。毕竟，甘地主张的宗教和解在 RSS 内部的极端民族主义者看来是"出卖了印度教"，组织内部对国大党的仇恨和蔑视是毫不掩饰的。[①] 在政府取缔 RSS 的公报中，政府陈述了 RSS 成员的抢劫、谋杀等暴力行为，以及向群众散播恐怖主义、收集武器、反政府、收买警察和军队等非法活动。[②]

在第一次被禁一年后，RSS 与政府达成协议，保证不介入政治，只从事社会和文化活动，才恢复了合法地位。[③] 然而从 50 年代起，RSS 的教育开始在全国各地建立和管理学校，教授篡改的历史，宣传印度教沙文主义。其教育的目的是培养"充满'印度教特性'精神的、没有自我的公民"[④]。

当 RSS 控制下的课程被"罗摩庙怎样属于印度教，又怎样被穆斯林毁坏"这样的一些细节所充斥时[⑤]，他们却从不承认他们反对少数民族特别是穆斯林。RSS 声称他们的理念是"通过一个让所有的团体加入民族主流的一体化过程，看到印度团结成为一个强大的民族"，这就意味着印度穆斯林可以通过接受印度教民族主义观念保证他们在社会上受到尊重。[⑥] 对 RSS 来说，不信仰印度教的人也应当是印度教化的，虽然组织内部从不公开鼓励反穆斯林，但是反穆斯林情绪的确存在的。毕竟，这是印度教徒们对受到穆斯林的暴力反应，也是提倡印度教复兴而导致穆斯林群体的

4 月 22 日。

---

① 郑瑞祥：《印度教派冲突的根源及影响》，《　　　，第 291 页。2003 年，第 281 页。

② D. V. Kelkar, "The RSS", *Economic We*　　　向复兴》，骆淑丽、田文华译，《全球教育展

③ 任继愈主编：《宗教大辞典》，　　会科学文献出版社，2009 年，第 102 页。

④ 邱永辉、欧东明：《印度　　望》2004 年

⑤〔印〕莉迪娅·费　　的影响

⑥ 邱永辉

的必然结果。

虽然相较之主张团结穆斯林的国大党，RSS 在对待穆斯林的态度上明显有失公平，但当国大党的世俗主义日益显得无力和虚伪时，RSS 一直致力于在国大党忽视和失败的地方取得成功。[1]RSS 在全国成立学校和健康中心，参加救灾，发起各种政治、文化项目来帮助穷人，都获得了非常良好的效果。造成这些成功的一部分主观因素来自 RSS 自身的优越性：RSS 的成员必须终生服务于 RSS 并保持清贫和单身[2]，这就十分有利于保证公职人员撤除私心、清正严明；RSS 讲究成员间密切的人际关系，提倡对 RSS 领袖和 RSS 理想的绝对忠诚[3]，这样有利于团结一致，提高办事效率；也许是得益于 RSS 建立的学校逐渐发挥了作用，现在越来越多有学识的年轻人认为印度的强大必须建立在对自身的文化认同中，因此许多受过高等教育的年轻人加入了 RSS[4]，不断为组织注入活力；受到被取缔的影响，RSS 在很长一段时间内并不敢高调参与政治，但是他们钻了空子，允许组织成员以个人的名义加入政党。脱胎于 RSS 的印度人民党，多年来与 RSS 一直保持着紧密的关系。RSS 向印度人民党输送了一批又一批训练有素的政治家。莫迪早在 RSS 委派下加入了 BJP。在莫迪之前，印度前总理瓦杰帕伊是印度国大党首位成为总理的 RSS 成员。但与出身于印度高种姓婆罗门的温和印度教徒瓦杰帕伊截然不同的是，莫迪是一位出身于低种

① Abigail Fradkin, son Quarterly, 39.3, "a: Caste, Inequality, and theRise of Hindu Nationalism," *The Wilson Quarterly*, 39.3,
② Maxine Berntsen, *The* Press, 1988, p.196.
③ Douglas Spitz, Sr., The RSS*induism: Essays on Religion in Mahaeashtra*, SUNY classics/Speel_Festschrift/spitz.h
④《印度神秘组织力挺莫迪有清规戒* in the 1980's, http://department.monm.edu/com/exclusive/2015-05/6408419_2.htm.
〃环球时报》http://world.huanqiu.

姓家庭的激进印度教徒。"可以说，正是国民志愿服务团为莫迪打通了'从草根至总理'的从政之路，这种奇迹在家族政治色彩浓厚的国大党当中几乎不可能。"①

### 自治行动与反全球化运动

印度在政府层面倾向于通过招商引资获得税收，推动地方基础设施建设，带动地方就业，但一直遭到民间的反对；而印度教民族主义者在其中发挥了事件解释、观念宣称、行动组织、势力支援的作用。

在印度社会中的反外资与外货行动有两个典型案例，一个是反对外国饮品公司的入驻，另一个就是反对印度加入世贸组织，并要求政府让印度退出世贸组织。在这些反对活动中，印度教民族主义者在其中起到侵害地方利益，破坏他们的传统的价值观的作用。

（1）反对外国饮品公司的入驻

反对外国饮品公司入驻的典型事例为可口可乐公司在印度所遭到的反对。可口可乐公司于1977退出印度，1993年10月24日再次返回印度市场。在提出可口可乐进入印度市场的时候，印度教民族主义组织"自治觉醒坛"就向中央政府提出过反对。他们在自己的网站中说道：

> 1993年11月15日，在印度全国举行了一次主要工作者会议。在这次会议中，决定抵制产品跨国公司，如百事、可口与高露洁等，要求中央政府不同意邓卡尔的草案。②

---

①《印度神秘组织力挺莫迪有清规戒律更强调国家利益》,《环球时报》http://world.huanqiu.com/exclusive/2015-05/6408419_2.html。

② 信息来源于自治觉醒坛的网站，http://www.swadeshionline.in/content/introduction。

但印度中央政府提出的反对意见并没有得到支持，可口可乐还是进入了印度市场；尽管进入了印度市场，但反对者并没有就此罢休。2001 年的时候，可口可乐公司再次引起民间势力的反对，"自由保卫行动"（ABA）在其网站上这样宣称他们的反抗举动：

> 2001 年 2 月 1 日，在自由保卫行动（ABA）的支持下，超过 35 万来自学校和学院的男女学生在校长和教师的带领下，举行了有史以来最大的反对全球化和消费主义的示威活动，形成了一条 300 千米长的人链，连接阿拉哈巴德到瓦拉纳西，瓦拉纳西到江布尔，江布尔到度印度中心地区的阿拉哈巴德。位于阿拉哈巴德－江布尔高速公路的萨塔里亚段的百事灌装厂和位于阿拉哈巴德－瓦拉纳西高速公路的拉贾塔拉布段可口可乐装瓶厂被链条包围，对于他们来说这两者象征着全球化和消费主义。[①]

这场活动中的主要人群是学生，带领人是学校的校长与学生，自由保卫行动的思想家与学校的老师进行联合，向学生解说碳酸饮料对他们的伤害，号召学生不要购买碳酸饮料，认为这些跨国公司的进入伤害了印度的农民、工人、小企业的利益，而他们捍卫利益的唯一方式就是将跨国公司赶出去，最后他们发信件给这两家的企业管理者要求他们退出印度。在这场活动中主要参与者虽是学生，但其背后是国外的大资家与印度的小资本家之间的斗争，印度的小资本家在自己的市场中竞争不过这些跨国公司，他们就在市场外去号召学生不去消费

---

① 信息来源自自由保卫行动的网站 http://azadibachaoandolan.freedomindia.com/update11.htm，文章的标题为《反全球化与消费主义的最大展现》。

跨国公司的产品，认为捍卫小资本家的根本办法就是将跨国公司赶出去。印度小资本家的思想家在进行意识形态的塑造时将他们的阶级利益描绘成整个民族的利益，在捍卫自己利益的时候，用传统文化作为工具以获得学生和其余民众的支持，用爱国热情去对抗跨国企业。

（2）反对加入世界贸易组织

印度于 1995 年加入世界贸易组织，但反对的号召大有声势。印度教民族主义是反对印度加入世贸组织的一面重要旗帜。他们认为加入世贸组织是为跨国公司的进入降低门槛，伴随者跨国公司的进入，以及他们的产品在市场的销售，必将伴导致民众消费观念、消费方式的转变，这种转变会破坏他们传统的经济结构、生活方式、价值观念，也会破坏的他们原来的宗教生活。他们将这种跨国公司的进入概括为经济殖民主义与文化殖民主义。他们认为退出世贸组织是捍卫印度利益、印度文化、印度宗教的重大事项。他们说：

> 目前，我国已几乎成为世界贸易组织（WTO）的奴隶。我们应该立即取消与 WTO 的协议，且我们应当立即终止 WTO 的成员资格。自由保卫行动认为这件事是最优先和紧急的。一旦我们成为 WTO 的成员，我们就成了 WTO 的奴隶。我们一旦加入 WTO，我们就不再是主权国家，因为我们的政府只不过是 WTO 所希望的跳舞的娃娃。
>
> ……外国粮食、豆类和牛奶已开始进入，没有任何限制。在很短的时间内，成千上万的农民将会饿死。我国的工业正在迅速关闭。8 亿人已经失去工作，成为失业者，被扔进饥饿之中。……自由保卫行动认为这个问题非常严重，因此正在采取行动，在致总理的备忘录中征集一千万个签名，要求他立即退出 WTO。这一运动的目的是要制造足够的舆

论压力，迫使政府屈服于这种舆论压力，从而迫使政府取消WTO 的成员资格，走上正确的道路。

意外的话，如果政府不屈服于舆论的压力，自由保卫行动代表一千万人民，打算到最高法院撤销 WTO 的成员资格，把我国从 WTO 和跨国公司的奴役中拯救出来。[①]

上面的话语表达了他们的核心利益，跨国公司的进入会挤掉印度的农民、工商业者的市场份额，这些话语背后的实质是国内的工商业者与国外的工商业者在印度市场上的斗争。

**本土经济组织的培育与发展**

在自治思潮的影响下，印度出现一些小微企业，这些企业一方面用印度教民族主义激励自己的商业活动，另一方面用印度教民族主义获得国内消费者的认同，也用印度教民族主义反对国外企业产品的进入，捍卫他们自己的市场。

（1）自治合作运动

为了应对跨国资本与国家资本的攻势，印度农村与城市的小生产者不得不展开他们的之间的合作。他们通过宗教拉近彼此之间的距离，通过宗教规范合作，从而使合作带上神性色彩，另外通过民族主义来塑造自己的自治、自强、自尊心。合作的方式有建立营销社、合作银行、信用社、基金会，在农村倡导各个村庄进行经济联合，号召村庄中的人群消费自己村庄或附近村庄所生产的产品。除了小生产者外，印度的一些民族工商业者也加入其中，借此稳定与壮大自己的

---

① 引文来源《经济本土化：取消与 G.A.T.T. 的协议，并取消所有此类国际协议》，http://www.freedomindia.com/04.html。

市场。

营销社主要是用于将印度小生产者的商品的集中起来放到市场上销售，他们生产的产品有一个突出的特征就是富有自身民族文化色彩，所以保卫民族文化其实与他们的利益相一致。全印度手摇纺织品营销合作社有限公司（All India handloom fabrics marketing co-operative society Ltd.）[1]是一个典型的服务于印度纺织手工业者的销售合作社，这个合作社将印度手工纺织者的产品集中到合作社中，然后通过合作社再到市场上销售印度手工纺织者的产品。这种做法就如同甘地在《乡村工业》中所说的："尽管产品由每家每户在村舍里制造，但是产品可以集中，利润可以分享。村民在监督下统一工作，按照计划适当管理，生产原料根据股票的持有情况进行分配。如果有合作的意愿，那么就会有合作的机会、分散劳动以及高效的工作。"[2]

基金会一般用于公共事业，如印度传统文化的传承、研究、教育以及建立印度人自己的学术体系对抗西方对印度的叙述方式，代表性的组织有印度无限基金会（Infinity Foundation India）。这个基金会"于2016年8月在印度金奈成立，旨在开展有利于印度民族性格和促进国家完整的教育活动，帮助建设印度文明的宏大叙事"[3]。该基金会中有个一个重要的学术项目——自治印度学（Swadeshi Indology）[4]，该项目旨在建立一种印度人自己的印度学，用于对抗西方人所主导的印度学。

## （2）巴巴·拉姆德夫的宗教商业策略

巴巴·拉姆德夫（Baba Ramdev）本是一名印度教徒，他了解印度文化传统，自己有着长期的瑜伽修行经历，他将自己的修行体验与对

---

[1] 关于该合作社的一些信息可见其网站 http://handloomhousedelhi.com/index.html。

[2] Village Industries, from Harijan, *Collected Works of Mahatma Gandhi*, Vol. 65, 1934, pp.354–355.

[3] https://rajivmalhotra.com/infinity-foundation/infinity-foundation-india/

[4] 自治印度学的原名为"Swadeshi Indology"，这个词表达的意思是自己制作关于印度的学问。

印度宗教传统的理解打造成商品向印度市场进行推广，并借组印度教在海外的影响开拓国外市场。他借用印度教积累自己的文化资本，通过商业的运作将文化资本变成产业资本与商业资本。这种做法是一种独特的印度人的资本积累的方式，与西方的资本家相比，印度教徒参与市场竞争既没有技术优势，又没有资金优势，也无权力优势，但他们深通民族的文化传统，了解民族的心理倾向，借助宗教文化吸引消费者，又借助宗教文化对抗外国资本。

2006 年，巴巴·拉姆德夫与阿查里雅·巴尔克里希纳（Acharya Balkrishna）① 在哈里瓦创办帕坦伽利阿育吠陀公司（Patanjali Ayurved Limited），公司生产日需生活品，生产的产品有日常护理用品、食品、药品。巴巴·拉姆德夫说他们的产品是借助《阿育吠陀》中的知识研制，研制的产品具有天然、环保、无害的特性。他将自己的产品标称民族自治与印度教自治，以此博得印度教徒的宗教情感。当面对跨国商品的竞争时，巴巴·拉姆德夫会搬出民族自治作为助威的手段，巴巴·拉姆德夫曾说："我们决定扩大在零售领域的业务，以打击跨国公司在印度策划的'抢劫阴谋'。我们的倡议旨在通过推广自治商品来增强经济实力和创造就业机会。"②

巴巴·拉姆德夫突破了以往的印度教徒的宗教束缚，借助印度教推广自己的产品。他的做法展现了一名印度教徒如何向一名商人转变，展现了传统宗教在现代文化中的转变，也展现了印度教民族主义意识

---

① 阿查里雅·巴尔克里希纳 1972 年 8 月 4 日出生于印度的哈里瓦，他结合《阿育吠陀》中的知识进行草药研究与产品制作。

② 引文来源于 https://www.businesstoday.in/current/corporate/ramdev-ayurvedic-products-to-hit-fmcg-market/story/22865.html，这个网站为今日印度集团（India Today Group）下的报纸《今日商务》（*Business Today*）的新闻发布网站，该条新闻的标题为《拉姆德夫的阿育吠陀产品进入公开市场》（*Ramdev's ayurvedic products to foray into open market*）。

形态在印度民族资本成长中的作用。但是他对跨国公司的攻击，对全球化的评判有失客观，他是从自己的利益与自己的文化偏好的角度出发评判他国的跨国公司。他国的跨国公司进入本国的时候他将之渲染为"抢劫阴谋"，而当他自己的公司成为跨国公司后，自己的产品进入他国之后，他会说自己是在用印度教拯救世界。他在网上商店中有着这样一句话："使印度成为阿育吠陀的成长和发展的理想场所，并成为世界其他地区的原型。"[1]

印度教民族主义者所倡导的自治其实是印度小生产者与民族工商业者的利益的表达，在这种自治思潮的背后体现的是地方势力反中央势力、村社势力反政府势力，民间资本反国家资本、民族资本反跨国资本，小资本反大资本。组织之间的联盟体现的是印度的家庭手工业者、民营手工业者、小工商业者、民族企业家之间的利益联盟，在这之中有农民、工人、教师、学生、政客、学者、僧侣参与其中，他们既反对国家对工商业控制，也反对国外工商业力量的进入。在利益的斗争中采取了民族主义的方式，但对于什么是他们的民族，他们以民族文化塑造民族的形象、身份或标示，其实是将自身的状态投射为一个抽象的共同体。所以他们在谈论民族的时候，大多是在谈论一种观念上的民族，而不是一种实际存在的民族。

---

[1] 引文的网页来源为 http://patanjaliayurved.org/vision-mission.html。

# 第三节
# 对西方现代性的批判与纠偏

✤

　　甘地的宗教思想对于印度民族独立的发展具有无可否认的巨大影响。但是，随着时间的推移，在印度独立后，从治国方略到现实政策，尼赫鲁坚持世俗国家的路线基本上完全抛弃了甘地的种种主张。即便在今天，甘地思想也不是印度的主流思想。但是，甘地蕴含的宗教立场与方法是不是就烟消云散，消失在历史长河之中？本节就试图拉开一定的时空距离，在全球化的历史当下，分析甘地宗教思想的潜在影响与特殊价值。

　　在印度独立后的很长一段时间内，印度世俗化建设高歌猛进，甘地小农经济的主张被印度不断推进的工业化遗忘，坚持真理运动在印度独立后失去斗争目标，甘地发明的"哈里真"（Harijan）也不复存在而变成了"达利特"（Dalit）①……甘地的思想似乎完全淡出了印度现代

---

① 哈里真（Harijan），是甘地对不可接触者的称呼，意为"神之子"，而独立后这个称呼不再使用，而接受了 Jyotirao Phule 从梵语改写而来的词汇达利特（Dalit），意为"底层的，受压迫的"。达利特与哈里真最大的不同，就是少了其中的宗教色彩。这个称呼的变化，反映出印度独立后试图用政治手段改善贱民地位政策的努力，而放弃了甘地从印度教自我净化角度改进贱民生存状况的路径。

化的进程。但是上述以西方化为模式的现代化建设暗合了多种矛盾和冲突，20世纪后半期，随着印度人民党的崛起，印度教、宗教与现代性之间复杂的纠葛再次浮出历史地表。甘地的宗教思想再次成为印度人讨论现代与传统、全球化与印度本土文化无法回避的话题。正是在这个意义上，我们发现甘地的小农经济思想、用宗教立场严厉批判西方工业社会的主张依然具有潜在而深远的影响。

20世纪80年代到90年代国际态势发生大变，一是原来实行社会主义模式的国家纷纷改革，二是苏联解体，三是发达国家的企业重新寻求全球的拓展。原来实行社会主义模式的国家对内由计划经济向市场经济转变，对外通过引进外资来弥补自己在资金、技术、管理方面的不足。苏联的解体使得原来的两极格局破解，使一些实行苏联模式的国家对这种经济模式产生了怀疑与不信，而西方的市场工商业模式仍发挥着它的生命力，推动着科学与技术的向前发展。这使得原来奉行社会主义模式的国家想通过西方的资金、技术与管理方式来改善自己的经济状况，他们主动打开国门吸引西方企业的入驻。

印度独立后，在国家的经济发展方面实行的是社会主义模式，这种模式为后发展国家的工业化积累了物质基础，但在后来的运作中各种弊端突显，政府不得不对经济模式进行改革。印度的经济改革从1980年开始，但直到1991年纳拉辛哈·拉奥出任总理，提出对内实施自由的市场经济，对外增加出口与引进外资，印度才正式抛弃尼赫鲁的国家计划管控模式。投资的开放与跨国企业的入驻将使印度社会的运转围绕商业利益，印度人的生活将会更加商业化，生活的商业化将会转变印度人以往的生活方式，以往社会中的宗教式生活将会受到冲击，印度教也必将遭到冲击。如何看待与应对资本主义以及如何在一个现代化的社会中确定印度教的价值与地位是印度教民族主义者需要面对的问题。跨国企业的入驻必将冲击原来的民族工业与农业，他们的社会结构、经济生活、思想文化都将会受到冲击。一些印度教民族主义者既反对原来的社会主义模式，又反对资本主义模式，他们想寻求第三条道路，为此印度教民族主义者再次提出在独立时期已提过的自制主张。

甘地宗教思想中的立场、视野与方法，以更长远的时空下考量，我们发现其对印度及世界潜在的影响在于，在经济上倡导一种有节制的发展道路，以人为重，发展一种"尊严经济"；在政治上，反对强势政府，注重草根力量，开创等级共治的多元政治格局。甘地这两大方面的贡献与印度其他思想家（如庶民学派）一起，不仅对独立后占据主流的经济与社会发展道路形成了批判，也对以私人化、自由化、全球化为主导的西方主流现代化模式形成了批判，是现代性的一种"解毒剂"，具有广泛的影响力。

### 尊严经济：对扩张型经济的纠偏

甘地基于宗教的视角，对西方大工业生产持一种严厉的批判态度，而对印度的传统村社、小农经济大加推崇，这被许多经济学家和学者视为对中世纪田园风光的恋恋不舍，本质上是反现代化的。也正是基于这种的判断，在独立后印度的发展过程中，无论是尼赫鲁主导的民主化、工业化、世俗化为纲领的计划经济体制，还是拉奥（P. V.Narasimha Rao,1921— ）主政后，逐步放开管制，走向自由市场经济的发展模式，甘地都被排斥在国家主流话语之外。但是，没成为主流话语并不意味着没有它应有的地位和价值。甘地的思想主张不像民族独立运动中那样站在历史的前台，而是作为潜流存在，补充、纠偏着主流的发展模式。在印度和世界其他国家，不少组织与学者正是深受甘地影响，认识到无节制的经济扩展可能存在的风险与危害。注重经济的发展目的与品质，以人为重，注重尊严，便是甘地宗教思想对经济发展的最大影响。

甘地的生态哲学在印度本土与西方社会中都产生了广泛而深刻的影响，除了英国经济学家舒马赫之外，还有印度的"绿色革命之父"斯瓦米纳塔（M.S.Swaminathan，1925—）、挪威著名的生态哲学家阿恩·奈斯（Arne Naess，1912—2009），印度的抱树运动也深受甘地生态哲学的影响。

英国经济学家舒马赫是国际学术界最早接受甘地影响、从而形成自己独特观点的学者。舒马赫（E.F.Schumacher,1911—1977）出生于柏林，20 世纪 30 年代，他先后在英国牛津大学和美国哥伦比亚大学学习经济学。二战前，舒马赫移民到英格兰。二战期间，参与英国战时经济政策的咨询和制定工作。战后初期，舒马赫担任英国对德管制委员会的经济顾问，后来担任英国煤炭委员会的首席经济学家。1955年，舒马赫访问缅甸，对发展中国家经济问题产生了浓厚兴趣，此后担任了缅甸政府的经济顾问。在缅甸期间，舒马赫由一个天主教徒转变为一个佛教徒，由一个凯恩斯主义经济学家转变为一个佛教经济学家。他提出关于发展中国家技术路径选择的"中间技术"的思想，提出以佛教经济学指导人类经济行为以避免经济发展带来的灾难的主张。

1960 年，舒马赫受印度甘地信徒纳拉扬（Jaya Prakash Narayan）[①]的邀请，准备赴印度工作，后因公务取消。但他根据以前的工作经历，对战争与经济的关系进行了深入思考，写了《非暴力经济学》[②]论文。1961 年初和 11 月，舒马赫两次到访印度，印度当时的贫穷和落后让他震惊。在广泛考察印度之后，他提出了一个新概念：中间技术。他

---

① 纳拉扬（J.P. Narayan,1902—1979），印度政治活动家，曾和甘地主义信徒巴维（Acharya Vinoba Bhave,1895—1982）一起共同领导独立后为农民争取土地的献地运动，1962 年任全印献地运动主席。他还是印度工会运动领导人之一，被人们誉为"人民领袖"。

② E.F.Schumacher, "Non-violent economics", *Observer*, 1960.

认为介乎传统技艺和现代技术之间的中间技术才是发展中国家最需要的，这种技术比农村中传统的生产工具效率更高，但是比西方进口的现代经济简单、便宜，能够使农民迅速致富。

很显然，舒马赫将经济学视为提升人类生活质量与尊严的手段，而不是人民应该追逐的目标。不仅如此，即便对于发展经济，舒马赫也更强调满足需要而非满足贪婪。在对佛教经济学的分析中，就很明显地体现了他的这一思想："实利主义主要关心的是商品，佛教徒主要关心的是解脱，但是佛教是中道，因此它并不反对现世的福利。妨碍解脱的不是财富，而是对财富的迷恋；不是享受舒适，而是渴望舒适。所以，佛教经济学的主旨是朴素和非暴力。从经济学家的观点看，佛教徒生活方式令人惊奇之处是它的绝对合理性——财力惊人的小却获得特别满意的效果。"[①]这和甘地反复宣扬的，过一种有节制的生活，如此息息相通。

甘地从宗教的角度，对于西方火车、机器大生产、医药技术完全加以排斥，而主张回到小国寡民时代，用手摇纺车织布、用土法治病。甘地这背后的逻辑其实是在于对机器大生产带来的印度农民破产、生活水平急剧下降的反抗，而通过对手纺车的支持，恢复了濒临破产边缘的底层农民的基本生活与尊严。舒马赫发明的"中间技术"一词，其实就是对甘地这一精神的充分继承。"甘地的追随者认为舒马赫是一个能够向印度人，解释甘地经济思想的人，他领会了甘地的精神，然后用经济学家的语言组织成其实可行的、符合发展中国家需要的设想。"[②]舒马赫一再强调发展一种具有人性的技术，他认为现代技术剥

---

① E.F.Schumacher, *Small is Beautiful: Economics as if People Mattered*, Harper and Row Publishers, 1973, p.57.

② 马小鹤：《甘地》，东大图书公司印行，1993 年，第 269 页。

夺了人们使用双手与大脑进行创造性劳动的权力。"所以应该创造一种技术，促使双手与大脑具有更大的生产能力。他称这种技术为中间技术，它能遵循生态学的规律，为人们服务，而不是让人们成为机器的仆人。"①

对于科学发展带来的发展与进步，舒马赫与甘地一样，并不认为这必然带来人性向善和灵魂的净化。他反对经济的进步必然带来人的进步与品质的提升，反而认为科学与经济的发展不可能对人性、对提升有帮助，人性提升需要人自我的修炼。"甘地过去曾蔑视地谈到梦想一些制度会完善到用不着任何人去行善的程度。但这不正好是现在我们用惊人的科学技术威力可以在现实中加以实现的梦想吗？人类本来就没有养成美德，既然需要的只是科学推理与技术能力，那又何需什么美德呢？"②

1973 年，舒马赫的名作《小的是美好的》(*Small is Beautiful*) 出版了，此书集中反映他的经济伦理思想。此书核心的内容是对"人"的重视，而不是让人成为单纯的"经济动物"。他在第一章"现代世界"(The Modern World) 的结尾部分写下了如下带有总结色彩的论述："民主、自由、人的尊严、生活水平、自我发挥、满足，这些词汇的涵义是什么呢？是关于物的问题还是关于人的问题呢？当然是关于人的问题。人只有在能相互理解的小集体中才能有自我的存在，因此我们要学会以一种能够适应大量小型组织的灵活结构为出发点来思考问题。如果经济思想不能掌握这一点，那就毫无用处。"③在这里，舒马赫提出了两点，第一，经济发展要以"人"为中心，而不是以"物"为中心；

①〔英〕舒马赫：《小的是美好的》，虞钧、郑关林译，商务印书馆，1984 年，前言。

② E.F.Schumacher, *Small is Beautiful: Economics as if People Mattered*, Harper and Row Publishers, 1973, p.24.

③ Id. p.75.

第二，为了让农业发展得更好，发展灵活多样的小型组织甚有必要。这与甘地反复强调"建设自给自足的村社、自治与神治之下更是自我品性提升"的观念如此相似。

英国经济学家舒马赫的思想影响巨大，他的《小的是美好的》出版后，立刻成为畅销书。1973 至 1979 年间，共重版了 12 次，世界各国竞相出版。[①]而这影响力的背后，又与他接受甘地的思想、佛教，从而形成的一种有节制、有尊严的发展经济思路密切相关。甘地反对西方机器大生产的"荒诞"看法，深深感染、影响着舒马赫。舒马赫没有教条式地接受甘地关于手纺车的具体实践，而用经济学家的逻辑和语言，将甘地所倡导回到小农社会的设想用以人为重的"中间技术"进行了新阐发。他的这一思想，会同 20 世纪后半期西方世界《增长的极限》《寂静的春天》[②]等著作中的主张，共同构成了对西方 20 世纪不断扩展的现代性的反思，是西方现代化发展过程中的"解毒剂"。

除了英国经济学家舒马赫之外，印度"绿色革命之父"斯瓦米纳塔（M.S.Swaminathan，1925—　）同样继承了甘地中对下层民众的重视，提升了民众尊严与价值的宝贵立场。斯瓦米纳塔是剑桥大学农业学博士，曾任印度农业部长。1966 年上任之初就邀请诺贝尔奖得主诺曼·博洛格（Norman E.Borlaug,1914—2009）到印度，引进优质农业种子。在他担任印度农业部长期间（1966—1972），推动印度"绿色革

---

① 国内有两个译本，一是虞鸿钧、郑关林翻译，商务印书馆，1984 年版；另外一本是李华夏翻译，译林出版社，2007 年版。

② 《增长的极限》(*The Limits to Growth*)，1972 年出版，作者为麻省理工学院的丹尼斯·米都斯（Tennis L.Meadows）；《寂静的春天》(*Silent Spring*)，1962 年出版，作者为美国联邦政府鱼类及野生生物调查所研究人员蕾切尔·卡逊（Rachel Carson）。这两部著作反映了人类既往发展模式将会带来资源枯竭、环境恶化、人口爆炸、经济失控等问题，对 20 世纪后半期世界经济发展模式转变、环保主义的兴起有重要而深远的影响。

命"，使得印度农业获得自独立以来最大的发展。对于印度的"绿色革命"，多数研究者从农业生产技术革新的角度对这场革命的成功进行了分析，这当然是印度"绿色革命"取得成功的关键。但是，我们不要忘记，运动的创始人来自一个深受甘地思想影响的家庭。

斯瓦米纳塔的父亲是一名外科医生，是国大党议员，积极参与甘地领导的斯瓦德希运动。"斯瓦米纳塔本人深受甘地非暴力的影响，追求个人与国家的自由、独立与自力更生。"[①]他在1999年在南斯拉夫的布达佩斯发表有关甘地的主题演讲中说道："当我忆起那些最贫穷、最无助的人群的脸庞，我就会问自己：我对于他们改善现状是否采取了步骤，开始了行动？他们将从这些行动中得到什么？是否会能让他们重新掌握自己的命运和生活？"[②]在这里，斯瓦米纳塔将底层民众的尊严与命运放在重要位置上。从斯瓦米纳塔饱含深情的演讲中我们可以看出，推动他大胆引进墨西哥新小麦种子、推广化肥与农业科技的使用、促进农村小额贷款、改善农村水利建设诸多努力背后的原动力所在。

挪威哲学家阿恩·奈斯提出了深层生态学（deep ecology），深层生态学是阿恩·奈斯于1973年构造的一个词条，这个词条是相对于浅层生态学（shallow ecology）而言。奈斯认为战后初期的西方环境保护组织虽然提高了公众对当时环境问题的认识，但在很大程度上来说他们未能洞悉并解决这些环境问题的潜在文化和哲学背景。奈斯认为，20世纪的环境危机是由于现代西方发达社会中某些未被承认的思想预设和思想态度而产生的。因此，奈斯区分浅层的生态运动与深层的生态运动。奈斯将"浅层"的生态运动描述为一种与污染和资源消耗做

---

① 参加维基百科相关条目，http://en.wikipedia.org/wiki/M._S._Swaminathan。

② 见斯瓦米纳塔官方网站 http://www.msswaminathan.com/。

斗争以维护人类健康和物质持续富有的运动，而"深层"的生态运动是出于对生活方式和形式的深切敬畏甚至崇敬而进行的运动。浅层生态学认为，自然的多样性对我们来说是宝贵的资源，植物物种或动物物种之所以需要保存，是因为它们对人类农业和医学的基因储备具有价值。浅层生态学的价值观以人作为前提，浅层生态学认为价值是相对人而言，价值是物的功能、属性与人之间的效用关系，离开人谈论价值是无稽之谈。在奈斯看来，"浅层"生态运动并没有跳出人类中心主义，环境保护的目的是为维护人类的生存健康与生存物质的持续富有。深层生态学认为自然的多样性有其自身的内在价值，这种价值不是相对于人而言，而是从生态系统内部看待各种物种的价值。深层生态学认为将物种的价值认为是物与人的效用关系的看法是一种种族偏见，各种物种应该因其内在价值而被拯救或保护。

　　奈斯的深层生态学有一个生活来源与两个思想来源，生活来源是他在攀登挪威山脉时与自然相处的生活体验，两个思想来源分别是斯宾诺莎与甘地。奈斯的深层生态学吸收了甘地的宇宙观、自我观、生物伦理、抗争原则。甘地认为宇宙中的各种事物在根本上统一，而这个统一的根本就是良知。甘地在《上帝是》（GOD IS）说道："宇宙中有秩序性，有一种不变的律法，统治着每个事物以及每个生物的存在与生存。它不是一种盲目的律法，因为没有盲目的律法能统治生物的行为。那种律法——统治生命的——是上帝。"[1] 对于上帝是什么，甘地回答："他就是爱，他就是至高的善。"[2] 甘地所说的爱就是指良知，但良知不是人仅有的，他认为所有的生物都具有良知，良知统治着生

① M. K. Gandhi, GOD IS, *Collected Works of Mahatma Gandhi*, Vol. 43, Navajivan Publishing House, p.96.

② Ipid.

命，所以甘地认为在良知层面人与其他生物是平等的，并认为"上帝的所有生物都有权像我们一样生活"[①]。甘地认为身体上的我不是最根本的自我，精神上的我才是最根本的自我，这个根本的自我就是上帝，也就是蕴藏于心灵中的良知。甘地认为人应当认识这个蕴藏于心灵中的良知，并与之合而为一，也就是做到不与良知相违背。甘地从他的仁爱学说中导出一条根本性的行动法则，也就是非暴力的行动法则。甘地的宇宙观是其思想的基础，甘地的自我观是其宇宙观的具体运用，甘地的生物伦理是从其宇宙观与自我观中引申出来的一条用于处理人与其他生物关系的原则，甘地的非暴力抗争原则是从其宇宙观与自我观中阐发出来的实践原则。

奈斯吸收甘地宇宙观的基本形式，用甘地宇宙观的基本形式构建自己的生态整体论，这个基本形式就是：世界是一个整体，从根本上来看，所有生物都是一体的。针对西方流行的自我观，奈斯借鉴了甘地的自我观提出了生态自我（ecological self）。奈斯认为西方流行的自我观是一种孤立的自我观，这种自我观将自己树立成世界的中心，认为人可以操控与主宰自然，孤立的自我观是造成人类中心主义的思想根源。"生态自我"是指什么？奈斯的回答是"生态自我是个体的'认同过程'"[②]。而个体的自我认同是指什么，奈斯举出自己的一次情感经历说明。"40年前，我遇见的一个非人类生物。当时，我正用一台老式的显微镜，观察两滴化学物质相遇的奇妙瞬间。一只跳蚤从桌边行走的老鼠身上蹦下，这只可怜的昆虫一下跳进了酸性物质的中间。救它是不可能的了。就这样，几分钟后跳蚤终于死了。整个过程表现得

---

① M. K. Gandhi, Right to live, *Collected Works of Mahatma Gandhi*, Vol.64, Navajivan Publishing House, p.215.

② Naess，Arne., Self-Realization: An Ecological Approach to Being in the World, *The Selected Works of Arne Naess: VIII*, Dordrecht:Springer, p.517.

很可怕。自然的，我体会到了一种痛苦的怜悯和共情。但是共情并非根本，根本的是认同的过程，'我在跳蚤身上看到了自己'。如果我与跳蚤疏离，不用心观察也不把它类比为自己，那段死亡的挣扎将给我截然不同的感受。因此，对人类而言有了共情和团结一致，就一定会有认同存在。"[①] 由这段话可知，奈斯所说的"个体的自我认同"是指人的同情心，在这点上奈斯与甘地有着一致的想法，甘地也认为仁爱就是上帝，就是世界的根本。

奈斯认为："甘地表明了自我实现、非暴力和生物圈平等主义之间的内在关系。"[②] 奈斯将他的生态运动与甘地的非暴力结合起来，并在一些场合直接参与行动。1970 年，他与许多抗议者一起将自己拴在挪威的马尔达尔斯瀑布（Mardalsfossen）前面的岩石上，抗议大坝的修建计划，这种反抗方式借鉴了甘地的非暴力式的抗争方式。从 1930 年开始，奈斯就一直是甘地的钦佩者。1931 年，当在巴黎读罗曼·罗兰（Romain Rolland）的《甘地传记》时，他经常会读到甘地关于真理和所有生命在本质上是一体的论说。奈斯认同甘地的非暴力原则，认为对自然保护的核心是非暴力的。

甘地发展小农经济的具体构想无疑是"荒诞"的，但这"荒诞"背后所暗含的用宗教中"自我约束"规约现代化以来经济的扩张与膨胀，用自我提升"净化"人的欲望与贪婪，却具有深远的影响。索尔孟曾担任过法国总理顾问（1995—1997），曾为法国外交部领导下法印论坛成员，他也同样认为甘地追求的是尊严。"甘地主义当然不是要取代市场经济，它只是另外加了一个道德面向，这为市场带来了'灵魂

---

① Naess, Arne. Self-Realization: An Ecological Approach to Being in the World, *The Selected Works of Arne Naess: VIII*, Dordrecht:Springer, pp.517–518.

② Id. p.524

的补遗'。甘地的纺车在他的时代，主要就是教育意义。"①对经济扩张的制约、倡导关注民众，特别是底层民众的"尊严经济"，这是甘地对于现代经济最突出的贡献，也是对西方以机器生产不断满足人消费与欲望单一现代性的解构与纠偏。

**等级共治的政治格局：多维的现代性**

甘地的宗教思想不仅在经济上对于以人为重、"尊严经济"的形成有重要影响，而且在政治上对于国家强权之外非政府组织的形成与发展也有着重要影响。甘地对作为暴力组织的国家一直持有怀疑与戒备，使得他更倾向于个人道德的提升、注重草根阶层的自我管理与民主发展。这为印度以及其他国家非政府组织的形成与发展、非政府组织内部的运作与管理，提供了理论支撑。在20世纪90年代之后，由于印度市场的开放，融入全球化进程加速，印度各种非政府组织发展兴盛。甘地催生了国家之外的社会空间，对于"政府—社会—民间组织"等级共治的多元政治格局的形成有着重要影响。

**（1）甘地对国家与个人主义的双重批判**

甘地是国家的反对者，也是个人主义的反对者。印度学者马宗达就认为甘地"作为一个哲学无政府主义者而闻名于世"。②甘地对国家的反对，概括起来包括如下几个方面：第一，根据非暴力的原则，反对以国家、党派、议会等国家强力机构对普通民众形成的"暴政"。甘地认为："国家深深地根植于强权和暴力之上，准确地说，这就是国家的本质。它以集权和有组织的形式表现为暴力……它是永远

---

① 〔法〕索尔孟：《印度制造：探索现代印度的文明密码与智慧》，吴志中、王思为译，台湾允晨文化实业股份有限公司，2009年，第362页。

② 彭树智：《甘地的印度自治思想及其国家观》，《史学集刊》，1989年第1期，第60页。

不能与暴力分开的实体。"① 对于印度从英国引进的、作为国家重要构成的议会制度，甘地的立场是："议会的真正主人在它之外。在首相的控制下，它的活动不稳定，像是一位饱受折磨的娼妓。首相对自己权力的关心超过了议会的利益。他的精力全部投入到确保自己党派的胜利中。他关注的并不总是议会秉公办事。众所周知，首相使议会只服务于党派的利益。这些都值得我们反复思索。"② 第二，对于个人的理解，甘地建立在独特的神灵观念上，而不仅仅是西方民主制度下的法律人。在《印度自治》中，甘地认为，爱与灵魂的力量支持着整个世界的存在和发展。"爱的力量和灵魂的力量或真理的力量相同。在它发挥作用的每一过程中，我们都有证据。如果没有爱的力量存在，整个宇宙早就不见踪影了。"③ 因此，如果两个兄弟吵架，由于某一方内心深处的爱觉醒了，那么他们就能和好如初。可是，如果付之于法律，效果并不一定就好。"两位兄弟拿起武器或诉诸法律——这是野蛮武力的另一种形式，他们的所作所为立即成为报纸关注的焦点，成为邻居茶余饭后的谈料，并可能载入史册。"④ 第三，在反对国家暴力的同时，甘地也反对西方意义的个人主义。甘地认为："我重视个人自由，但你们不要忘记个人本质上是一个社会存在物。他从现有的条件下学会调适自我，达到社会进步的要求。无限制的个人主义是野蛮法则。"⑤

甘地在批判国家与个人主义的同时，提倡的是基层组织、农村村

---

① N.K.Bose, *Selections from Gandhi,* 1959, p.41, 转引自彭树智,《甘地的印度自治思想及其国家观》,《史学集刊》, 1989 年第 1 期, 第 60 页。

② Hind Swaraj, *Collected Works of Mahatma Gandhi,* Vol. 10, p.257.

③ Id. p.291.

④ Id. p.292.

⑤ Harijan, *Collected Works of Mahatma Gandhi*, Vol. 75, 1939, p.383.

社的建设。甘地认为，村社治理机构——每年由成年男女选举出的代表组成村行政委员会，以及在此基础上的合作使它成为真正的"民主实体"。1942 年，甘地在《哈里真》上写道："我的想法是乡村自治是完全的共和体，它自己的基本需要不会依靠邻村，其他的东西可以和许多其他的村庄相互依赖。……村政府是由五人组成的'潘查亚特'，这五个人每年由符合最低限度规定资格的成年男女村民选举出来。这五个人将具有一切权威和司法权。"①在甘地的理想村社中，把村行政委员会看作民主实体，赋予它许多重要功能，这些功能主要为三大方面。在精神道德方面培养诚实、勤奋、谦让的品德，让民众懂得自我克制和约束，尽可能地避免争端；在生产方面主张自我生产土布，种植粮食，养殖牲畜用以自足；在社会生活方面改善居住环境，取缔不可接触制度，确保公正与秩序。

甘地对国家与个人主义双重批判的背后是试图回到理想中的"罗摩之治"——个人道德普遍提升后，统治者与被统治者之间和睦相处。"民主政治能够通过统治者实现，但无论是统治者还是被统治者，这两种身份都应当消失，两者中共同的善才能实现和谐治理。简而言之，这两者都是达摩之一种，而不是一种强制力。"②甘地不同于尼赫鲁等国大党领导人孜孜以求建立民主宪政国家；对待个人主义，也不同于早期启蒙主义者罗易等人西化的立场。甘地在排斥国家过多强力介入的同时，主张恢复印度古老村社自治的传统与活力。正是对统治者与被统治者的上述定位，甘地才最后形成了对议会、国家颇有深意的表达："议会政治的伟大之处应该在于它将目标集中在广大人民身上，人民是

---

① Harijan, *Collected Works of Mahatma Gandhi*, Vol. 83, 1942, p.113.

② *Collected Works of Mahatma Gandhi*, Vol. 41, p.161.

根，国家是果；如果根是甜的，果必然也是甜的。"①

## （2）等级共治的多元格局：对政治生态的影响

等级共治的含义就是在政府以国家名义进行治理的大框架下，实现各种区域或利益团体的协会自治、村民自治、非政府组织自我运营。尽管独立后印度政府的架构和运作并没有完全遵循圣雄倡导的方式，但是甘地的这种分散的、自下而上的、自治的小社会理论，特别是把工作的基点放在农村、放在基层的设想，为后来印度的草根政治、基层民主提供了理论来源。

甘地对乡村自治与草根民主的影响，我们可先从两个具体事例来分析。一个是在印度乃至世界影响颇大的"抱树运动"（Chipko Movement），另外一个是法国学者记录的一份田野调查。

20世纪60年代，曾有固定工作的帕特（Chandi Prasad Bhatt）辞职回到家乡，组织了一个致力于共同乡村发展的联合会，在此基础上，1964年成立了达萨里的农村自治协会（Dashauli Gram Swarajya Sangh），这后来成为成功组织"抱树运动"的母体机构。但是帕特及其同伴"利用家乡的森林资源，出售树脂、松节油，采集并出售医用药草，其目标在于建立以森林资源为基础的乡村工业"。②1973年，他们向当地政府提出砍伐阿达克南达河谷上游的一些树木制造农业生产工具，遭到了政府的拒绝。可是，由于某种原因，政府却批准由本土之外来自阿拉哈巴德市的一家运动品公司采伐上述地区的树木2500棵。帕特知道后，极力反对政府的决定。当地居民得知此事后，强烈支持帕特他们，也反对政府的决定。

1974年3月26日，当那家运动品公司的雇员要在村里砍伐森林

---

① *Collected Works of Mahatma Gandhi*, Vol. 41, p.162.

② 张淑兰：《印度的环境政治》，山东大学出版社，2010年，第85页。

时，留守在村里的妇女与儿童，身单力薄，别无他物。面对伐木工人，她们唯一能做的事情就是用双手紧紧地将树抱住。她们被伐木工人羞辱殴打，但绝不松手，并在夜里为树林站岗，直到村里的男人和当地的支持者赶来。帕特得知消息后，带领达萨里的农村自治协会的成员赶来，手拉手将树林围起来，用人墙成功阻止了开发商的伐树——这就是印度著名的抱树运动的起源。[①]

抱树运动受到甘地宗教思想的影响是多方面的，运动所运用的抗争手段是非暴力的——用自己的血肉之躯拥抱大树，阻止开发商的砍伐。更主要的在于，从整个运动产生的背景和最后产生的效果看，抱树运动很好地体现了草根阶层的行动力量及对国家强权不断入侵的反抗，最终国家与乡村之间达成妥协，形成了互不干涉、等级共治的政治格局。

开发商之所以有权砍伐村民赖以生活的森林，根源在于印度独立后以国家法律的形式制定了森林国有化政策。在此背景下，政府有权决定由谁进行砍伐，而不需要征求当地村民的意见。在英国统治印度之前，由于交通闭塞，各地的自然资源基本归于居住者开放使用，满足自我生活交换的需要，这也是前现代社会的一般形态。而英国以现代国家的形式统治印度，将森林、矿产等重要的自然资源视为国有。独立后的印度政府在统治方式上，延续着这个大框架。抱树运动的出现，其实质"是几个世纪以来农民保护森林权利的传统，是民众反对国家剥削的运动"[②]。而自此之后，政府承诺15年内禁止伐木。到20世

---

① 之所以说是抱树运动的"起源"，因为此时的"抱树运动"还只是特定地区为自我利益进行的抗争，而后来抱树运动之所以具有广泛的影响力，与相关社会活动家、学者、环保主义的参与有关。最后，抱树运动不仅成功地否决了印度政府企图加强对森林控制和开放的法案，也成为印度环保运动的标志性事件。

② Rohan D'Souza, Colonialism, Capitalism, and Nature, EPW, March 30, 2002, 转引自张淑兰：《印度的环境政治》，山东大学出版社，2010年，第91页。

纪 80 年代已经发展成上百个村民自治的基层社会网络，有效地保护了喜马拉雅山区周围 5 000 平方千米森林。不仅如此，在新德里知识分子的继续努力下，1983 年成功地制止了印度政府试图通过的一项法案，该法案曾试图强化对全国森林的控制，剥夺当地居民管理的权利，并且由国家决定赔偿数额。这场运动由"人民民主权利阵线"和"印度社会研究所"领导，组织来自森林地区的社会活动家在议会不停地游说，最终迫使政府放弃该法案。

抱树运动的最初源头是帕特在家乡开展乡村建设——利用本地的森林资源发展经济、提升村民生活——这就是甘地倡导的小农经济、乡村自治的再版；作为事件高潮的"抱树"行为，斗争手段和策略也是甘地式的——用血肉之躯阻止砍伐；事件后续的发展，森林居民与知识分子一道为反对国家通过立法加强对森林的掌控而抗争——这种精神便是甘地对国家强权排斥，对乡村自治推崇的重要体现。作为一个发展中国家，印度这样"弱政府"是利是弊需要另撰文讨论，但是"弱政府"的形成，却与甘地在政治上对国家强权的排斥，对乡村自治的推崇，对于国家之外形成新多元共治的政治空间有着必然联系。

法国学者索尔孟用田野考察的方式记载了对一次乡村谋杀案的审判过程，充分说明了在印度，国家权力机关之外，古老的潘查亚特制度是如何运作，以及乡村自治的传统与合理性。索尔孟在印度东南本地治里（Pondicherry）的一个村庄维明帕迪南（Veerampatinam）参加一个潘查亚特审议一桩谋杀案并最终形成决议的全过程。一个寡妇来到潘查亚特的常设机构——长老会上诉，因为她的丈夫被谋杀，要求经济上的赔偿。而杀害她丈夫的凶手，就坐在寡妇旁边的草席上，辩称这是因自我防卫导致的。事实上，这个杀人犯与寡妇的丈夫都是渔夫，彼此之间为了钱财而起冲突，最后闹出人命。听完双方的陈述之后，村社长老会议的长老们开始发言，原来他们在讨论赔偿金数额问题。最后，大会的负责秘书在一张纸上写下一个金额，并流传给大会的长老手中，每个长老在纸上写下意见，并对数字进行加减。最后，经过平均，一笔大约 75 000 卢布的价钱终于定下来。被控谋杀的渔夫立刻提出抗辩，因为他没有这么多钱。长老会议的大会主席就问这位渔夫："你有房子吗？"渔夫点头称是，长老会有立刻做出裁决，将渔夫的房子与其内所有物当场判给寡妇，并规定渔夫在付出所有的赔偿金之后，可以将房子及其财产赎回。寡妇当场表示同意判决，杀人的渔夫经过片刻的思考后，也表示接受判决结果。[①]

对于这样双方都接受的审判结果，作为局外人的索尔孟却不接受。因为在西方国家司法观念下，即便受害人的家属接受赔偿金而"私了"，检察机构也应该出于维护正义的目的提出公诉。当索尔孟告诉当地检察官朋友时，检察官告诉他，如果印度司法机关被告知而介入，那位渔夫肯定会判终身监禁的无期徒刑，而那位寡妇势必也因为没有钱请律师或贿赂法官，因此得不到任何赔偿。"这件事最好的处理方式，就是寻求村庄长老会议的解决，其结果比国家介入好得多。"[②]

索尔孟记录的是一件个案，很多方面具有一定的偶然性，其目的也并不是要将此案例作为判决例证为其他地区效仿。但是这桩案件判决的背后，反映当地村民对乡村长老会的认同与接受，对长老会这种共识体有着如此坚固地认同与接受才是最珍贵与不易之处。潘查亚特、长老会议审判在国家法律管理之外，开拓出了自我自治、自我完善的新空间，多元共治的政治格局得以形成并发展，并起到了很好的自我调节作用。

---

① 该事情的记载来自索尔孟：《印度制造：探索现代印度的文明密码与智慧》，吴志中、王思为译，台湾允晨文化实业股份有限公司，2009 年，第 72–73 页。

② 〔法〕索尔孟：《印度制造：探索现代印度的文明密码与智慧》，吴志中、王思为译，台湾允晨文化实业股份有限公司，2009 年，第 75 页。

乡村自治共同体的形成，长老会调停共识的认可，与甘地对国家强权的消极态度，对草根政治、基层民主的鼓吹有着极大关系。印度是一个幅员广阔，内部包含诸多差异——各种语言、种族、信仰、地理环境、亚文化传统、区域发展水平都有着极大差异——的国度。因此，即便是印度这个现代意义上的国家政权建立60余年后，作为国家整体发展，依旧是"前现代"与"现代"并存的局面。上述种种差异将共存一段时间，甚至有些差距将永远存在。尼赫鲁等早期建国者试图按照西方启蒙运动以来建立的以国会、议会、政党、法律等"现代文明国家"为主体的统治，有些时候根本无法完全渗透到印度社会的"肌体"中去，而这也就为甘地倡导的等级共治的多元政治格局提供了发挥空间。

甘地的宗教思想从现代政治的角度看，伟大之处就在于，它为不同阶层，特别是下层民众的自我发展、自我提升提供了理论支撑与精神动力。这也就是为什么在国家层面上，甘地的思想主张完全被抛弃，却对环保主义者、非政府主义者、乡村自治实践者依旧有着持久而广泛的影响力。帕瑞克（Bhikhu Parekh，1935—）是当代研究印度政治哲学的知名学者，他分析了甘地的政治哲学所具有的地位和意义。甘地关注各种形式的压迫，甘为受压迫者代言，以受压迫者为中心的视角是甘地政治理论的基础。因此，"甘地比他同时代的民族运动领导更清醒地认识到，国家对于少数利益集团的偏袒与现有社会秩序的维系。因此，作为一名道德主义者与个人权利者，甘地反对任何集体主义的道德许诺"①。正因为如此，甘地对国家充满了怀疑，并以此为基础，大力宣扬印度传统的村社与自治。而正是甘地的宣扬，使得国家

---

① Bhikhu Parekh, *Gandhi's Political Philosophy: a Critical Examination*, MacMillan Press, 1989, p.110.

之外等级共治的多元政治格局得以形成。（当然，这并不是说这种政治生态的形成完全归因于甘地，但至少甘地的思想观念在其中起到了重要作用。）

　　甘地对基层民主、草根政治的重视，开创了"政治社会"的生存空间。在这样的社会里，人们利用各种资源——宗教的、文化的、口头的、书面的，维持自己的利益和表达。[①] 甘地开创的政治空间，打破了在现代民族国家形式下用法律整编所有民众的单一可能性，而是在国家政权、法律体系之外，形成了等级共治的多元政治格局。在这种格局之下，民众利益的协调、纠纷的处理不完全是按照宪法规定的条文来进行，而是依据宗教、传统等非现代的方式去进行。这种方式不是反现代（完全是愚昧与蛮荒状态下的），也不是后现代，而是非现代（不同于西方世俗化以来，以国家——社会——法律——个人为递进关系的发展模式，而在国家之外，容许宗教社团、乡村长老会等各种机构作为一种利益协调机制的存在），这是一种极富印度本土色彩的另类现代性。甘地的宗教立场与思维方式在民族独立运动蓬勃发展的阶段，对当时运动的发展和斗争方式产生了巨大的、显而易见的影响。同时，由于自身宗教特性，不可避免地具有积极影响和消极影响的双重作用。

-------------

① "政治社会"（Political Society）是印度庶民学派主将，美国哥伦比亚大学教授查特吉（Partha Chatterjee, 1947— ）创造的一个术语。他试图与西方启蒙运动后形成的"市民（公民）社会"（Civil Society）相区分。西方近代以来，世俗化带来"身份社会"向"契约社会"的转变，个人的自由、权利日益受到重视，并最终形成以法律和协约为基础的公民社会。而在印度，自独立运动以来，农民加入现代政治时，并不完全按照政治精英立下的规范，如政党政治、议会斗争等，他们依靠传统的种姓身份、宗教信仰参与斗争，为自己争取权利。甘地的宗教思想正是暗合了古老的传统，并由于自身的努力影响并强化了这种传统。——以上总结来自 2000 年查特吉教授在台湾举行的系列讲座，后汇编成文集《发现政治社会：现代性、国家暴力与后殖民民主》，陈光兴主编，台湾高雄复文图书出版社，2000 年。

独立后，甘地从印度现代化进程的主流话语中渐渐消逝，不再具有显而易见的影响。但是，甘地对于底层民众权利与尊严的重视，对于国家之外基层民主、草根政治的宣扬，使得甘地对发展"尊严经济"，对等级共治的多元政治格局的形成，都有着潜在而深远的影响。甘地的宗教思想，不仅对独立后如何建设印度现代化有着重要的补充作用；而且从全世界范围看，对于以私人化、自由化、全球化为主要特征的现代性也具有批判作用。因此，无论从哪个角度看，甘地的宗教思想都具有重要意义。

### 政治哲学：对现代国家理论的反思

主权国家是当今世界最常见的政治单元与治理团体，但我们现在所熟知的国家概念，更多的是近代的民族国家（nation state）。在全球的现代化到来之前，各大文明都有自己的文化共同体，可能是封建帝国、城邦国、王国等多种类型。社会学家蒂利（Charles Tilly）曾说："五千多年来，国家是世界上最庞大、最强有力的组织……因此这一术语包括城邦国家、帝国、民主国家和许多其他形式的政府，但是同样地不包括部落、宗族、公司和教会本身。"[①]在现代化之前，世界上存在着多种国家类型，而不是今天这样民族国家占压倒性优势的局面。主权国家数字的变化趋势，也很好地说明了这一点。在 1870 年看，全球有 15 个主权国家，1930 年增加为 35 个，1945 年增加为 54 个，1960年为 107 个，1980 年为 165 个，而 1995 年增加至 190 个。[②]

梳理了"国家"之一概念演变的历史，我们就可以避免用今日之

---

① 〔美〕查尔斯·蒂利：《强制、资本和欧洲国家（公元990—1992年）》，维洪钟译，上海世纪出版集团，2007年，第2页。

② 联合国会员国之会员数统计资料，参见网站 http://www.un.org/zh/menbers/growth.shtml。

"国家"观去理解前现代时期印度的莫卧儿王朝、中国的清王朝这样的封建帝国。就印度而言，无论是印度教时期的印度——从孔雀王朝（Maurya Dynasty，前322—前185）、贵霜帝国（Kushan Empire，55—425），到笈多王朝（Gupta Empire，320—500），还是穆斯林印度——从德里苏丹国（Delhi Sultanates，1206—1526）到莫卧儿帝国（Mughal Empire，1526—1857），他们的共同之处在于，在王朝或帝国的版图内存在多民族、多语言、多宗教共存的局面。面对如此巨大的内部差异，帝国保持有效管理与一致性的秘密在于两项制度：种姓制度与潘查亚特制度（Panchayat）。无论"城池被掠、资本易主、王国兴衰，但印度社会却几乎不受影响"[1]。这是作为封建帝国的印度保持超稳定结构的关键所在。印度近代遭遇的英国殖民入侵与统治，最后形成了我们今天看到的主权国家印度，经历了封建帝国瓦解到现代民族国家重建的艰难历程。这一过程，延续了印度作为文明共同体的一致性，但更多的是对传统帝国的重塑。

### 国家的反对者：甘地的国家观

虽然《甘地全集》最终有近100卷，但其中有关国家、民族与社会的论述并不多见，较为集中体现甘地政治思想的是其早期用古吉拉特文撰写的《印度自治》（Hind Swaraj）。当然，甘地不是一位书斋中的学者。他有关现代国家的构想，不仅体现在他的著述中，更体现在他对现实的政治诉求与斗争中。通观甘地的政治著述与实践，我们可以发现，甘地追求印度民族国家独立，但又反对现代国家利用"政治规则"愚弄普通民众；甘地希望印度成为一个团结的统一体，但又反

---

[1]〔印〕迪帕克·拉尔：《印度均衡：公元前1500——公元2000的印度》，赵红军主译，北京大学出版社，2008年，第28页。

对中央集权，主张通过去中心化（Decentralization）的权力架构，激活草根阶层的活力；甘地希望印度摆脱贫困，但又反对市场化与大规模工业化，主张回到自给自足的小农经济时代。从现代政治的视角看，甘地主要是作为西方现代国家批判者的角色存在，他批判代议制民主，否定工业化与城市化，希望通过每个印度人道德普遍提升从而实现印度传说中理想社会——"罗摩盛世"。

甘地是"印度国父"，他追求印度脱离英国的殖民统治，但他又是国家的"反对者"，反对西方现代国家制度。印度学者马宗达就认为甘地"作为一个哲学无政府主义者而闻名于世"[①]。甘地反对现代国家制度，基于如下三方面原因：

第一，根据自身虔诚的有神论信仰，甘地认为精神权威高于任何世俗政治统治者。在甘地看来，人之为人，不仅是躯体骨肉，更在于有独特的神灵观念。甘地认为："爱的力量和灵魂的力量或真理的力量相同。在它发挥作用的每一过程中，我们都有证据。如果没有爱的力量存在，整个宇宙早就不见踪影了。"[②]正是因为对精神因素的强调与重视，所以在甘地看来，外在的制度性约束，如现代国家的法律制度都必须消除。第二，根据非暴力的原则，甘地反对以国家、党派、议会等国家强力机构对普通民众形成的"暴政"。甘地认为："国家深深地根植于强权和暴力之上，准确地说，这就是国家的本质。它以集权和有组织的形式表现为暴力……它是永远不能与暴力分开的实体。"[③]在甘地眼里，现代国家制度的重要组成——议会只是运用党派的力量谋求少数人私利的工具。第三，甘地主张恢复村社制度，并以此抗衡国家

① 彭树智：《甘地的印度自治思想及其国家观》，《史学集刊》，1989 年第 1 期，第 60 页。

② Hind Swaraj, *Collected Works of Mahatma Gandhi*, Vol. 10, p.291.

③ N.K.Bose, *Selections from Gandhi*, 1959, p.41，转引自彭树智，《甘地的印度自治思想及其国家观》，《史学集刊》，1989 年第 1 期，第 60 页。

的中央集权，用潘查亚特制度规范与治理地方共同体。甘地认为："我的想法是乡村自治是完全的共和体……村政府是由五人组成的'潘查亚特'，这五个人将具有一切权威和司法权。"[1]在甘地的理想社会蓝图中，通过建设这种小而独立、自给自足的村社，从而实现高度分权的社会结构，进而消解国家的中央集权。

甘地反对现代国家制度，但又不是将个人利益置于首位的自由主义者，也不是将集体利益与阶级利益置于首位的马克思主义者，而是将公共的善与服务置于首位的有神论者。甘地希望通过否定现代国家制度、完善潘查亚特的村社制度，构建自我与他人、自然、神灵之间的和谐世界。甘地对国家与个人主义双重批判的背后，是试图回到印度传统的理想社会。甘地的这种国家观，是一种用"社会包含国家"的观念。甘地反对现代国家的制度设计，用印度理想的村社制度反抗现代国家制度。甘地的这一理念，与他的其他诸多主张一样，不仅遭到了同时代政治家的反对，甚至受到不少知识精英的嘲讽。但历史的吊诡之处就在于，恰恰是甘地的上述主张，让他赢得了多数民众的认同。

### 全能主义国家：毛泽东的国家观

近代中国没有完全沦陷为西方国家的殖民地，但是毛泽东对中国社会"半殖民地半封建"的论断充分说明，近代中国与印度一样，都面临着由殖民地走向民族独立，由传统的封建帝国向民族国家现代转型的挑战。而面对这个历史性转型，政治伟人毛泽东的设计与理想与甘地有着云泥之别。毛泽东与甘地的国家观相比，最大的不同之处在于，毛泽东是位坚定的国家主义者，他主张以党建国，通过强化中央权力，建立全能主义国家。

---

[1] Harijan, *Collected Works of Mahatma Gandhi*, Vol 83, 1942, p.113.

**继承与革新：东方文明古国的转型之路**

甘地强调精神权威的重要性，反对世俗国家，他国家观的核心是用"社会包含国家"。甘地当时所面临的历史困境是，精英型政党如印度的国大党与中国的国民党均无法实现整合国家、治理社会的任务，无法动员人口多数的底层民众参与到现实的政治斗争。甘地运用宗教的手段、精神的力量吸引底层民众参与到非暴力不合作的运动中，从而将庶民阶层整合到国家中去。

甘地将宗教的超越性置于世俗政权之上，进而以此否认现代国家的必要性。这种观念，不只是受到西方反现代化者的影响，更和印度传统社会中注重精神力量有关。在古代印度，"婆罗门至上"是由来已久的传统，世俗王国的统治者有至强的权力却未必有至尊的地位。印度古代法典《摩奴法论》有很多"抬举"婆罗门的论述："早晨起来以后，国王应该伺候最优秀的学习过三明（即三吠陀）的博学的婆罗门，还应该听从他们的指教。"① "国王应该进行要花费大量祭礼的种种祭祀；为了求功德，他应该把种种供享受的物品和钱施舍给婆罗门。"② 正因为此，印度人视人生的最高追求为"解脱"（Moksa）——超脱生死轮回的涅槃为人生最高理想。甘地对国家制度的批判，从根本的精神上看，充分继承了印度不重现实世界，而注重来世往生、精神解脱的传统文化。这充分说明，作为现代国家的反对者，甘地不只是从托尔斯泰、梭罗与爱默生等西方现代文明的反对者那里借鉴了经验，而是作为印度"文化之子"，从印度传统中汲取了养分。

但甘地又不只是一味复古，而是对传统进行了创造性改造——打破阶层限制，反对因出生不同导致的不平等。这种改造，其本质是将

---

① 《摩奴法论》，蒋忠新译，中国社会科学出版社，2007年版，第121页。
② 同上书，第125页。

印度从种姓制、等级制中解脱出来，使得印度民族独立运动具有了现代政治的特征。但是庶民的崛起，打破了种姓制度下社会的稳定与阶序，让注重秩序与法规的婆罗门阶层感到不安。中下层种姓的崛起，给部分失势的婆罗门和旧贵族带来巨大的压力。他们将自身社会与经济地位的下降，归因于甘地。在甘地1948年遇刺身亡之前，还有三起针对甘地的刺杀事件，这三次事件都发生在婆罗门势力强大的马哈拉施特拉邦。甘地之死从侧面反映出甘地提升底层民众社会地位的努力，打破了印度旧有的差序格局，动摇了种姓间的限制。让低种姓成员与高种姓成员平等地参与反对英国的殖民统治，这是甘地试图将等级制度下的庶民转变为具有平等资格公民的努力，尽管这种努力受到了旧势力的反对，并且甘地为此付出了生命的代价。但由种姓社会向公民社会的转变，正是建构现代印度所必需的。从现代国家建构的视角看，甘地对印度传统文化的超越之处，正表现在此。

甘地的政治哲学从现代政治的角度看，特别之处就在于它为不同阶层，特别是下层民众的自我发展、自我提升提供了理论支撑与精神动力。帕瑞克（Bhikhu Parekh, 1935—）是当代研究印度政治哲学的知名学者，他分析了甘地的政治哲学所具有的地位和意义。甘地关注各种形式的压迫，甘为受压迫者代言，以受压迫者为中心的视角是甘地政治理论的基础。"甘地比他同时代的民族运动领导更清醒地认识到，国家对于少数利益集团的偏袒与现有社会秩序的维系。因此，作为一名道德主义者与个人权利者，甘地反对任何集体主义的道德许诺。"[①]正因为如此，甘地对现代国家充满了怀疑，并以此为基础，大力宣扬印度传统的村社与自治。这也就是为什么在国家层面上，甘地的政治哲学完全

---

① Bhikhu Parekh, *Gandhi's Political Philosophy: a Critical Examination*, MacMillan Press, 1989, p.110.

被抛弃，却对印度乃至全世界的环保主义者、非政府主义者、乡村自治实践者依旧有着持久而广泛的影响力。

从世界历史的大格局来说，印度在近代以前基本上还处于一个前现代的王朝政治时代，与西方文明的相遇，使得印度面临着由传统王朝政治向现代民族国家迈进的历史性挑战。甘地很好地完成了这一挑战，也有力地推动着发展中国家向现代国家的转型。印度的现代化包括政治、经济、科技等诸多方面的内容，但现代化的本质，意味着人的解放，即从"人的依附性"走向"人的独立性"。如何让印度庶民阶层摆脱对高种姓的依附、摆脱对宗教神灵的依附，如何让占印度人口多数的农民摆脱对柴明达尔的依附，从而让印度庶民成为具有自我权利与意识的现代公民，便是甘地面临的历史性任务。印度的现代化，依然处在现在进行时，依然是未竟之伟业，而且印度的国家建设、民主政治还存在不足与缺陷。甘地的政治理论与实践，可以成为当代印度发展的精神财富。

# 结　语

伟大的物理学家爱因斯坦曾这样评价甘地："一个用纯粹的人性尊严对抗欧洲的残暴，并在任何时候都不屈服的人。在未来的时代，可能极少有人相信，这样的血肉之躯曾在地球上匆匆走过。"这是两位伟大人物间的英雄相惜，更加凸显了作为精神力量——宗教——之于个人与群体的重要性。

甘地的宗教思想是理解甘地传奇的一生、了解印度近代独具特色的独立之路、揭秘当代印度崛起背后的精神性因素的关键所在。但甘地又不是印度教的神学家，不是书斋里的理论家。他的宗教思想与他的政治主张、印度自治、贱民解放密切相关，更与他和国大党的高层共同推动印度走向独立的伟大斗争密切相关。梳理甘地宗教思想的构成、剖析其思想的特质、分析宗教思想在当时及后世的影响，是本著基本的构想。

在甘地登上历史舞台之前，南亚次大陆宗教改革的思潮暗流涌动。莫卧儿帝国晚期，伊斯兰教与印度教各自掀起了宗教改革运动。1857年印度民族大起义之后，受西方文化观念影响的罗易等人开启了印度近代启蒙运动。莫卧儿帝国自身的宗教发展、西方近代理性与民主观念的传播在近代印度产生了重要影响。甘地的成长与印度近代知识分子类似，经历了英伦求学、向往西方到回归本土、重塑民族精神的转变。

甘地是印度民族独立运动过程中最具影响力的政治领袖，他在20世纪20至40年代，到达影响力的顶峰，对印度最终获得民族独立起到了重要的推动作用。甘地的思想主张既有改革印度宗教与社会痼疾的内容，也有反抗殖民地政府、争取自由与权利的主张。甘地的这些现实斗争目标在他回国之前，印度国大党激进派与温和派的斗争纲领和目标中都有所体现。但甘地与前人最大的不同之处在于，它为了实现上述目标而展开的坚持真理运动具有广泛的鼓动性和影响力。甘地与其追随者、合作者一道，创造性地提出了新的运动口号，展开了新的政治斗争。非暴力、坚持真理运动、印度自治、自我净化、罗摩之治等，这些既来自印度传统宗教、又有别于古老印度的新观念，让民众特别是下层普罗大众找回了信心与尊严，激发了各阶层民众参与政治的热情。民众高昂的热情与甘地独特的"坚持真理运动"相结合，推动着印度独立的浪潮滚滚向前。印度近代以来知识精英主导的启蒙运动、民族独立运动，第一次有了更广泛的民众参与。甘地充分利用了宗教，并且将传统的宗教运动逐步转换为现代政治运动，这是甘地最不寻常之处。

甘地的成功，本质上在于其思想内涵既脱胎于印度宗教文化母体之中，又有创新之处。甘地的宗教思想包含了哲学思想、经济思想、政治思想和社会思想等多个方面，这些现实政治口号、术语看似新颖，实则都是其宗教观念的自然流露。同时，甘地的宗教思想在形成与发展过程中，又吸收了现代西方政治、宗教的思想与观念，而不是简单地复古与回归传统。宗教与现代政治思想，在甘地这里水乳交融地混在了一起。

甘地的真理，并非来自客观世界绝对的真理，而是一种宗教化的真理观。"真理"在甘地这里，不是现代西方意义上科学家或研究者苦苦追寻的客观存在物，而是一种宗教目标与实践对象。"真理就是神"，很好地体现了甘地对真理的理解。追求真理，就是以神的名义实现自我完善与解脱。对真理追求的过程，就是不断"体验"最高真理和道德自我完善的过程。这样的真理观是甘地行动哲学的基础，也是其"印度自治"的基础。甘地强调：宗教的行动与实践不是停留在书斋或书本中。坚持真理运动（即非暴力不合作运动）是甘地真理观的必然要求和自然结果。而要实现印度自治，甘地认为最重要的不仅仅是赶走殖民者，而是印度人自我的完善与提升。

非暴力源自印度古老的不害、不杀生的观念。甘地吸收了西方基督教的因素，对其进行了改造，非暴力不再是简单的不伤害生命与生灵，而是对真理的坚守与执着。坚持真理运动必须坚持非暴力原则，但是非暴力这个单纯的宗教信仰与教条必须提升到政治运动与斗争的层面上。因此，坚持真理运动中，无疑有宗教的因素，但是又不止于宗教，而有现实的可操纵性和目的性。以甘地思想为指导开展的各种斗争——为佃农争取权益，为工人增加工资，废除贱民制度，向殖民政府争取自由，反对贱民与穆斯林等少数族群单独选举，都是在非暴力的原则下进行的。这里的非暴力已经不是个人宗教信仰意义上的一种戒律，而是出于现实政治协调与斗争需要的一种策略和方法。

甘地的印度自治论充满了对西方现代文明的批判，主张回到印度自给自足的农耕社会，实现宗教传说中的"罗摩之治"。这种观念的形成，不仅仅反映了当时孱弱的印度在面临英国等现代文明冲击后企图回归印度传统、寻找精神支柱的要求，而且饱含了甘地对于物质生产与人的欲望、科技进步与人的道德水准等关系的思考。"罗摩之治"的构想，唤醒了民众蛰伏已久的民族自豪与骄傲；印度自治中对自我约束与自我控制的反复强调，又是对不断扩展的现代性、不断膨胀的消费社会的深刻批判。印度自治的这种双方展开——追逐印度教幻想中的盛世与对西方现代社会的批判，其实是一体双面，其根源依旧是宗教的立场与出发点。

甘地基于印度教自我净化的思想，主张废除贱民制、反对贱民阶层与穆斯林作为少数族裔设立单独选区。同样是为贱民争取尊严与权益，甘地的方案与安倍德卡尔提出的政治解决方案呈现出很大的不同。甘地认为贱民问题是印度教内部的问题，通过宗教改革与净化就可以逐步改善贱民处境，最终消除贱民制这个印度教的"毒瘤"。甘地主张用宗教方法废除贱民制度，并不是简单地继承印度近代宗教社会改革运动中梵社或雅利安社关于种姓改革的主张。在印度近代的宗教社会改革运动中，宗教领袖们并没有其他的解决方案解决印度社会由来已久的贱民问题、穆斯林与印度教教徒不团结的问题。但在甘地所处的时代，选举制度、阶层代表、政党等现代西方的政治元素与运作方法已经在印度社会扎根并开始运作。甘地主张在宗教内解决贱民问题与印度教教徒、穆斯林之间的矛盾，表面上看是回归印度传统，实际上其终极目的是为了避免政治解决方案带来的各种分裂倾向、教派主义。

从上述回顾与归纳，我们可以看出甘地的宗教思想与现实政治主张之间的复杂关联。因此，对于甘地的宗教思想，便呈现出了三个方面的特征：政治与宗教的结合，信仰与理性的统一，印度传统与西方概念的融合。甘地将政治宗教化，但并不主张宗教政治化，而是强调宗教的行动性、实际效用性。甘地认为国家应该包含宗教，反对把宗教分离出去，而是应该将所有的宗教置于平等的位置，这与尼赫鲁的世俗化方案有着根本的不同。甘地重视宗教的行动性与现实效用，但并不否认信仰者的虔诚信仰。用理性观念革新印度教内部的陋习与迷信，用虔诚的信仰约束自我、提升自我的道德水准。个人信仰与现实政治理性要求在甘地这里实现了统一。甘地运用印度民众耳熟能详的词汇，既宣扬印度传统的观念，也灌输西方现代民主与政治意识。非暴力的抗争方式，既有印度人熟悉的"不杀生""不害"口号，又有一份勇于变革、固守己见的坚定与执着。下层民众第一次参与到争取民族独立运动的政治斗争中去，现代政治所需要的鼓动性、广泛性、可操控性在坚持真理运动中都有明显的表现。印度传统与西方观念在甘地宗教思想中不分彼此地融合在一起。

甘地宗教思想是印度宗教文化土壤中长出的幼苗，但它的成长又得到了印度之外各种思想资源的"滋养"，最终长成一棵极富印度特色，并具有广泛影响力的"常青树"。甘地宗教思想的影响，既可以从民族独立运动的进程中分析，也可以拉开一定的时空，置于现代化、全球化的背景下考量。

在印度争取民族独立运动过程中的甘地，利用宗教发动民众，开展各种政治斗争，极大鼓舞了民心与士气。我们不能将印度最终走向独立完全归因于甘地个人，但是甘地独具特色的思想，确实对当时的印度社会有着广泛而深刻的影响。甘地利用宗教，唤醒了印度民众自信心与自尊心，但同时也激发了不同教派的信徒们更加清晰的自我认识，印度教内部极端派迅速发展，印度穆斯林倍感排挤。印度近代急剧的社会变迁中，启蒙主义带来个体意识的觉醒、经济与社会地位变迁带来的"身份焦虑"、英国的殖民统治方式（建构法律、议会、现代媒体、推行分而治之策略等），使得不同利益集团、不同教派都在寻找自我权益与表达……这些因素是造成上述印度教内部分化、印度穆斯林社会地位下滑并追求自我权益的根本原因。但是甘地自身无可避免的宗教特性，对于印度教极端派的出现、穆斯林的分离运动，客观上起到了刺激与加速作用，甘地这把宗教"双刃剑"，在发动印度民众赶走英国殖民者的同时，也不可避免地割伤了印度自身。

甘地从宗教立场出发，主张回归小农经济与建设古老的村社制度，这在本质上是对不断扩展的现代经济的批判与纠正。经济上走向这种有节制的发展道路，更符合可持续发展之道，在全球化的当下更具有参考价值；在政治上，强调个人道德提升与自我完善，反对强势政府，注重草根力量，开创等级共治的多元政治格局。甘地思想这两大方面的特性，不仅是对印度独立后占据主流经济与社会发展道路的一种补充，还是对当下以私人化、自由化、全球化为主要内容的现代化模式的解构与批判。

毫无疑问，甘地与甘地宗教思想是研究印度民族独立运动、印度近代以来的思想与哲学绕不过去的"节点"之一。而甘地之所以在印度独立运动中具有如此广泛的影响力，独立后直至今日依然是常谈常新的话题，与其自身的宗教魅力密不可分。从宗教的角度分析甘地思想，可以说抓住了甘地思想的要害与关键。

甘地的时代与我们渐行渐远了。在中印两国已经成为世界经济举足轻重角色的今天，在经济全球化日益加深的当下，我们拨开历史的烟云，重新审视甘地及其精神，是在追溯东方民族精神的过程中重塑人类主体性精神的重要参考。这种主体性精神，甘地借用宗教口号、神圣话语、社团组织等形式，实现印度走向独立的政治目标，同时甘地也弘扬了每个生命个体应该具备的强健的生命力、坚强的意志力。而后者对人生命力与意志力的弘扬，在工具理性日益膨胀的后现代，在资本全球化的逻辑碾压多样性文化的今天，却绽放出璀璨夺目的光彩。甘地，与托尔斯泰、爱因斯坦这样的历史伟人一道，给世界民众带来永恒的光明与温暖！

# 参考文献

## 一、甘地文集或选集

1. *Collected Works of Mahatma Gandhi* Online, from http:www.gandhiserve.org/cwmg.

2. Tendulkar, Dinanath Gopal, *Mahatma: Life of Mohandas Karamchand Gandhi*, Delhi: Government of India, Ministry of Information and Broadcasting, Publications Division, 1960, Vol1-8.

3. M.K.Gandhi, *An Autobiography: The Story of My Experiments with Truth*, translated from the Original in Gujarati by Mahadev Desai, Navajivan Publishing House, 1927.

4.〔印〕甘地:《圣雄箴言录》, 吴蓓译, 新星出版社, 2007年版。

## 二、甘地相关传记

1. Catherine Clement：《甘地：神圣的骡子》，施康强译，时报文化出版企业有限公司，1995 年。

2.〔印〕甘地：《甘地自传：我体验真理的故事》，吴耀宗、杜危译，商务印书馆，1959 年版。

3.〔法〕多米尼克·拉皮埃尔、〔美〕拉里·柯林斯：《圣雄甘地》，周万秀、吴葆璋译，新华出版社，1984 年版。

4.〔印〕克里斯纳·克里帕拉尼：《甘地》，陈武俊、李运民译，中国人民大学出版社，1989 年版。

5.〔印〕拉吉莫汉·甘地：《我的祖父圣雄甘地》，邓俊秉、周刚译，国际文化出版公司，2009 年版。

6.〔美〕伊克纳斯·伊斯沃兰：《圣雄·甘地：非暴力之父》，林东涛、苏德华、孙燕译，中国言实出版社，1998 年版。


## 三、中文学术类参考文献

1.〔印〕A.L. 巴沙姆主编：《印度文化史》，闵光沛等译，商务印书馆，1997 年版。

2.〔巴基斯坦〕M.A. 拉希姆等：《巴基斯坦简史》，四川大学外语系译，四川人民出版社，1976 年版。

3.〔印〕R.C. 马宗达等：《高级印度史》（上、下），张澍霖等译，商务印书馆，1986 年版。

4.〔美〕埃里克·埃里克森，《甘地的真理——好战的非暴力起源》，吕文江、田嵩燕译，中央编译出版社，2010 年版。

5.〔苏〕安东诺娃、戈尔德别尔格、奥西波夫主编:《印度近代史》（上、下），北京编译社译，生活·读书·新知三联书店，1978 年版。

6.〔古印度〕毗娑耶:《薄伽梵歌》，黄宝生译本，商务印书馆，2010 年版；张宝胜译本，中国社会科学出版社，1989 年版。

7.〔印〕巴萨特·库马尔·拉尔:《印度现代哲学》，商务印书馆，1991 年版。

8.〔瑞士〕贝尔纳德·伊姆哈斯利:《告别甘地:现代印度的故事》，王宝印译，人民日报出版社，2009 年版。

9.〔印〕德·恰托巴底亚耶:《印度哲学》，黄宝生、郭良鋆译，商务印书馆，1980 年版。

10.〔印〕迪帕克·拉尔:《印度均衡:公元前 1500——公元 2000 的印度》，赵红军译，北京大学出版社，2008 年版。

11.〔法〕杜蒙:《阶序人:卡斯特体系及其衍生现象》，王志明译，远流出版事业股份有限公司，1992 年版。

12. 高善必:《印度古代文化与文明史纲》，王树英译，商务印书馆，1998 年版。

13.《印度现代文学》，黄宝生、周至宽、倪培耕译，外国文学出版社，1981 年版。

14. 黄心川:《印度哲学史》，商务印书馆，1989 年版。

15.〔印〕贾瓦哈拉尔·尼赫鲁:《印度的发现》，齐文译，世界知识出版社，1956 年版。

16.《摩奴法论》，蒋忠新译，中国社会科学出版社，2007 年版。

17. 林承节:《印度民族独立运动的兴起》，北京大学出版社，1984 年版。

18. 林承节:《殖民统治时期的印度史》，北京大学出版社，2004 年版。

19. 刘建、朱明忠、葛维均：《印度文明》，福建教育出版社，2008年版。

20. 刘欣如：《印度古代社会》，中国社会科学出版社，1990年版。

21.〔英〕罗伯特·扬：《后殖民主义与世界格局》，容新芳译，译林出版社，2008年版。

22.〔美〕马克·斯洛宁：《现代俄国文学史》，汤新楣译，人民文学出版社，2001年版。

23.〔印〕南布迪里巴德：《圣雄甘地与甘地主义》，何新译，生活·读书·新知三联书店，1961年版。

24.〔印〕南迪：《最后的相遇：甘地遇刺之政治》，彭嫣菡译，《阿希斯南迪读本》，南方日报出版社，2010年版。

25. 孟桢、周骅：《甘地与毛泽东政治哲学比较：基于现代国家建构的视角》，《毛泽东思想研究》第30卷02期，2013年3月25日出版。

26.〔印〕尼赫鲁：《尼赫鲁自传》，张宝芳译，世界知识出版社，1956年版。

27.〔英〕尼尼安·斯马特：《世界宗教》，高师宁、金泽、朱明忠等译，北京大学出版社，2004年版。

28.〔印〕帕尔塔·查特吉：《民族主义思想与殖民地世界：一种衍生的话语》，范慕尤、杨曦译，译林出版社，2007年版。

29. 彭树智：《甘地的印度自治思想及其国家观》，《史学集刊》，1989年第1期。

30. 彭树智：《东方民族主义思潮》，西北大学出版社，1992年版。

31. 邱永辉：《印度宗教多元文化》，社会科学文献出版社，2009年版。

32. 任鸣皋、宁明编：《论甘地——中国南亚协会甘地学术讨论会论文集》，上海社会科学院出版社，1987年版。

33.〔印〕沙尔玛：《印度教》，张志强译，上海古籍出版社，2008年版。

34. 尚劝余：《圣雄甘地宗教哲学研究》，中国社会科学出版社，2004年版。

35. 石海军：《后殖民：印英文学之间》，北京大学出版社，2008年版。

36.〔英〕舒马赫；《小的是美好的》，虞鸿钧、郑关林译，商务印书馆，1984年版。

37.〔法〕索尔孟：《印度制造：探索现代印度的文明密码与智慧》，吴志中、王思为译，台湾允晨文化实业股份有限公司，2009年版。

38. 汤用彤：《印度哲学史略》，中华书局，1988年版。

39.《〈梨俱吠陀〉神曲选》，巫白慧译解，商务印书馆，2010年版。

40.〔印〕西贝尔·夏塔克：《印度教的世界》，杨玫宁译，台湾城邦文化事业股份有限公司，1999年版。

41.〔印〕辛哈、班纳吉：《印度通史》，张若达、冯金辛译，商务印书馆，1973年版。

42. 许志伟：《基督教神学思想导论》，中国社会科学出版社，2001年版。

43. 颜芙：《南非印度人》，北京大学亚非研究所编，1984年版。

44. 杨正先：《托尔斯泰研究》，中国社会科学出版社，2008年版。

45. 袁传伟：《甘地与比哈尔靛蓝农民运动（1917—1918）》，《南亚研究》，1984年第4期。

46.〔美〕詹姆斯·斯密特编：《启蒙运动与现代性：18世纪与20世纪的对话》，徐向东、卢华萍译，上海人民出版社，2005年版。

47.〔意〕詹尼·索弗里：《甘地与印度》，李阳译，生活·读书·新知三联书店，2006 年版。

48. 张淑兰:《印度的环境政治》，山东大学出版社，2010 年版。

49. 朱明忠、会鹏:《印度教:宗教与社会》，世界知识出版社，2003 年版。

50. 周骅:《宗教净化与公民权利:甘地和安倍德卡尔贱民立场比较》，《东南亚南亚研究》，2013 年第 4 期。

51. 周骅:《圣俗之间:甘地宗教哲学的特征》，《湘潭大学学报（人文社科版）》，2013 年第 5 期。

# 四、英文学术类参考文献

1. B.R.Nanda, *Gandhi and His Critics*, Oxford University Press, 1985.

2. E.F.Schumacher, *Small is Beautiful: Economics as if People Mattered*, Harper and Row Publishers, 1973.

3. E.T.Cook, *The Life of John Ruskin*, George Allen & Company Ltd., 1912.

4. Eleanor Zelliot, Gandhi and Ambedkar, A Study in Leadership, from *Caste in History*, edited by Ishita Banerjee-Dube, Oxford University, 2008.

5. Fred Dallmayr, Gandhi and Islam, A Heart and Mind Unity? from *The philosophy of Mahatma Gandhi for the 21 Century*, edited by Douglas Allen, Lexington Books, 2008.

6. Hervey De Witt Griswold, *Insights into Modern Hinduism*, Aryan Books International, 1996.

7. J.C.Chosh, *Bengali Literature*, Oxford University Press, 1948.

8. J.K.Mehta, *Gandhian Though*, Ashish Publishing House, 1985.

9. J.T.F.Jordens, *Gandhi's Religion: A Homespun Shawl*, ST.Marthin's Press, 1998.

10. Jainism, edited by Sarvepalli Radhakrishnan and Charles A. Moore, *A Source Book in Indian Philosophy*, Princeton University, 1957.

11. James L.Rowell, *Gandhi and Bin Laden: religion at the extremes,* University Press of America, 2009.

12. Jawaharlal Nehru, *The Discovery of India*, Penguin Books, 2004.

13. Joan V. Bondurant, *Conquest of Violence: The Gandhian Philosophy of Conflict*, University of California Press, 1965.

14. John Ruskin, Thoughts on Ethics, Selected from *The Writing of John Ruskin* by A.C.Hartshorne, Tokyo Eigaku Shinpo Sha, 1903.

15. Lloyd I.Rudolph, Susanne Hober Rudolph, *The Modernity of Tradition: Political Development in India*, The University of Chicago Press, 1967.

16. M.K.Gandhi, *Hind Swaraj or Indian Home Rule*, Navajivan Publishing House, 1938.

17. Mahadev Desai, The Diary of Mahadeo Desai, p.301, from *Caste in History*, edited by Ishita Banerjee-Dube, Oxford University, 2008.

18. Margaret Chatterjee, *Gandhi's Religious Thought*, the Macmillan Press Ltd, 1983.

19. Monier—Willianms, *Sanskrit English Dictionary*, Oxford, first edition 1899.

20. P.A.Raju, *Gandhi and his Religion*, Concept Publishing Company, 2000.

21. P.K.Mohanty, *Encyclopaedia of Castes and Tribes in India*, Indian Publishers Distributors, 2000.

22. Prakash C. Jain, *Indians in South Africa: Political Economy of Race Relations,* Kalinga Publications, 1999.

23. Raghavan N.Iyer, *The Moral and Political Thought of Mahatma Gandhi*, Oxford University Press, 1973.

24. Ramashray Roy, *Gandhi and Ambedkar: A Study in Contrast*, Shipra Publications, 2006.

25. Robert Ellsberg ed., *Gandhi on Christianity*, Orbis Books, Maryknoll, 1997.

26. S.Abdul Sattar, *Humanism of Mahatma Gandhi and M.N.Roy*, the Associated Publishers, 2007.

27. Samaren Roy, *The Banglees: Glimpses of History and Culture* Allied Publishers Limited, 1999.

28. Samir Dayal, *Resisting modernity: counternarratives of nation and masculinity in pre-independence India*, Cambridge Publishing, 2007.

29. Subhmani N.Busi, *Mahatma Gandhi and Babasaheb Ambedkar: Crusaders against Caste and Untouchability*, Saroja Publication, 1997.

30. T.N. Khoshoo, John S. Moolakkattu, *Mahatma Gandhi and the Environment: Analysis Gandhian Environmental Thought*, TERI Press, 2009.

31. *The Indispensable Vivekananda: an Anthology for Our Times*, edited by Amiya P. Sen, Permanent Black, 2006.

32. Thomas Weber, *Gandhi as Disciple and Mentor*, Cambridge University Press, 2007.

## 五、印地语参考文献

1. 书名 सीधी सच्ची बातें, 作者 भगवतीचरण वर्मा, 出版社 राजकमल प्रकाशन, नई दिल्ली（新德里）, 2000。

2. 书名 महात्मा गांधी 作者 मुकेश सिंह 出版社 वंदना पब्लिकेशन्स, नई दिल्ली（新德里）, 2012。

3. 书名 महात्मा गांधी-जीवन और दर्शन 作者 रोमां रोलां 和 प्रफुल्ल चन्द्र, 出版社 लोक भारती प्रकाशन, इलाहाबाद（伊拉哈巴德）, 2008。

## 六、中文已出版甘地传记及研究著作（以出版年度先后为序）

1. 高山、化鲁、亦庵：《甘地主义》，东方杂志社编印，商务印书馆发行，1923。

2. 樊仲云：《圣雄甘地》，上海：梁溪图书馆，1926。

3. 罗曼·罗兰：《甘地奋斗史》，谢济泽译，上海：卿云图书公司，1930。

4.〔奥〕孚勒普密勒：《列宁与甘地》，伍光建译；上海：华通书局，1931。

5.〔法〕罗兰：《甘地》，陈作梁译，商务印书馆, 1933。

6.〔英〕C.F.Andrews 编：甘地自传，向达译，上海：中华书局，1934。

7. 徐懋庸：《甘地》，上海：新生命书局发行，1934。

8.〔印〕甘地：《甘地自传》，吴耀宗译，上海：青年协会书局，1935。

9. 王森然：《印度革命与甘地》，北平：文化学社，1941。

10. 止默：《甘地论》，重庆：美学出版社，1943。

11.〔印〕甘地：《甘地自叙传》，台北：文星书店，1965。

12.〔印〕甘地:《甘地自传:我体验真理的故事》,杜危、吴耀宗合译,北京:商务印书馆,1959。

13.吴俊才:《甘地与现代印度》,台北:正中书局,1966。

14.糜文开、薛镏森:《圣雄甘地传》,台北:台湾商务印书馆,1967。

15.圣提:《在圣雄甘地左右》,台中:蓝灯文化事业股份有限公司,1976。

16.〔印〕甘地:《甘地》,高明仁译,台北:名人出版事业股份有限公司,1980。

17.〔美〕路易斯·费希尔:《甘地传》,许章真译,台北:远景出版事业公司,1985。

18.〔法〕多米尼克·拉皮埃尔、〔美〕拉里·柯林斯:《圣雄甘地》,周万秀、吴葆璋译,新华出版社,1986。

19.〔美〕凯瑟琳·布什主编:《甘地》,董佩琪译,台北:鹿桥文化事业股份有限公司,1990。

20.〔印〕克里斯纳·克里帕拉尼:《甘地》,陈武俊、李运民译,方瑾校,北京:中国人民大学出版社,1992。

21. Catherine Clément:《甘地:神圣的骡子》,施康强译,台北:时报文化出版企业有限公司,1995。

22.〔美〕伊克纳斯·伊斯沃兰:《圣雄甘地:非暴力之父》,林东涛、苏德华、孙燕绎,北京:中国言实出版社,1998。

23.〔印〕甘地:《博爱圣雄——甘地自传》,吉力译,长春:时代文艺出版社,2002。

24.尚劝余:《圣雄甘地宗教哲学研究》,北京:中国社会科学出版社,2004。

25.〔美〕马克·杰根史迈尔:《甘地之道:解决冲突的典范》,林苑珊译，台北：天下远见出版股份有限公司，2005。

26.〔意〕Gianni Sofri：《甘地与印度》，李阳译，香港：三联书店（香港）有限公司，2006。

27.〔印〕甘地：《圣雄箴言录》，吴蓓译，北京：新星出版社，2007。

28.〔印〕甘地：《甘地自传》，叶李、简敏译，武汉：长江文艺出版社，2007。

29.〔德〕伯纳·英哈斯利：《告别甘地：现代印度的故事》，阙旭玲译，台北：英属维京群岛商高宝国际有限公司台湾分公司，2008。


# 七、国内有关甘地的学位论文（截至 2017 年 12 月）

1.《感化型政治：一种独特的政治变革模式——以圣雄甘地绝食的理论与实践为例》，黄迎虹，中山大学博士论文，2010 年。

2.《甘地和平主义研究》，孙艺桐，北京外国语大学硕士论文，2015 年。

3.《甘地在中国：思想解读与形象变迁》，周永生，复旦大学硕士论文，2014 年。

4.《孙中山与甘地民族主义思想比较研究》，王波，华侨大学硕士论文，2013 年。

5.《论甘地的宗教思想及其对印度民族解放运动的影响 》，杨梓，云南大学硕士论文，2011 年。

6.《甘地与国大党的关系》，李林涛，云南大学硕士论文，2009 年。

7.《基于多元现代性视角的甘地教育思想研究》，张强，华南师范大学硕士论文，2009 年。

8.《甘地与基督教》，初晓波，北京大学国际关系学院硕士论文，1997 年。

9.《甘地与印度现代民主政治过程》，王立新，北京大学硕士论文，2000 年。

10.《甘地非暴力主义述评》，王楷，北京大学硕士论文，2003 年。

11.《浅析甘地思想的复杂性》，谢敏华，华中师范大学硕士论文，2006 年。

12.《圣雄甘地与印度分治》，王晓建，华中师范大学硕士论文，2009 年。

13.《尼赫鲁与甘地》，尚劝余，西北大学博士论文，1994 年。

# 后　记

　　印度与中国作为东方两大文明古国，山水毗邻，渊源有自，国情相仿。但近代以来，两个国家无论是走向民族独立的斗争方式，还是在全球化当下的发展道路，都呈现出不一样的特性。这与各自的民族文化传统有关，也和各自民族英雄与领袖的精神特质相关。研究甘地及其思想，是分析"不可思议的印度"的关键所在。甘地的复杂之处在于，他是当之无愧的政治领袖、国大党党魁，但他又不同于流俗的政治家——追求政治权力的巩固，而更注重精神魅力对印度普通民众的影响，追求以精神性见长的印度文明对欧洲物质文明的超越。古鲁（导师）、巴布（父亲）是印度民众对圣雄发自内心的呼喊，这种呼喊一直贯穿于印度宗教文化的传统之中，只是在近代印度，在甘地这里又一次复活了而已。

　　在以实用理性与乐感文化为特质的中国文化中，彼岸世界的宗教与神秘力量一直受到正统"子不语，怪力乱神"的限定。中华人民共和国成立以后，阶级斗争与现代化话语的此消彼长，成为我们分析域外思想与人物的草蛇灰线。但甘地成长于一个东方文明古国与现代西方激烈的交流与碰撞之中，他的政治诉求、终极目标、组织设想、行为方式与印度由来沉淀已久的宗教传统紧密相连。同时，甘地又吸纳了欧洲文明因子，将现代性蕴含的自由与平等的观念贯彻于民族独立与公民权利的追求之中。选择甘地作为研究对象，选择甘地的宗教思想作为切入点，是深入理解甘地与现代印度的关键。

在研究的过程中，得到了中国社科院宗教所的卓新平老师、邱永辉老师（现已调回四川）、董江阳老师的指点，北京大学张志刚老师、王邦维老师、唐孟生老师、姜景奎老师的点拨，中央民族大学宫玉宽老师等前辈的帮助。工作单位外国哲学研究方向的罗伯中老师曾就甘地的政治哲学与我真挚地展开讨论，给我启发良多。甘地无疑是具有世界影响力的人物，但他的中文文献资料较为匮乏。这既是本著的潜在价值所在，也给研究与翻译工作带来一定的挑战。

印度哲学与宗教在国内属于小众学科。印度宗教的专业研究者同样不多。未来本人的研究将继续围绕印度现代哲学、现代宗教展开。在笔者看来，我们对东方近邻的理解有多深，我们未来的视野就有多广。从这个角度说，拙著既是现有研究的阶段性结束，又是另一学术旅途"探险"的开始。